ELExprés
Nueva edición

Curso intensivo de español

Raquel Pinilla

Alicia San Mateo

SGEL

Primera edición, 2016
Tercera edición, 2017
Produce: SGEL – Educación
Avda. Valdelaparra, 29
28108 - Alcobendas (Madrid)

© Raquel Pinilla, Alicia San Mateo
© Sociedad Española de Librería, S. A., 2016

Dirección editorial: Javier Lahuerta
Coordinación editorial: Jaime Corpas
Edición: Ana Sánchez
Corrección: Belén Cabal

Diseño de cubierta: Thomas Hoermann
Diseño de interior y maquetación: Verónica Sosa

Ilustraciones: Miguel Can: págs. 12 (viñetas), 18 (dibujo), 20 (dibujo), 22 (dibujo), 23 (mapas), 24 (dibujo), 25 (dibujo), 30 (dibujo), 31 (viñetas), 34 (dibujo), 36 (viñetas), 44 (viñetas), 45 (dibujo), 46 (viñeta), 51 (viñeta), 52 (dibujos), 54 (dibujos), 56 (dibujos), 57 (mapa), 59 (dibujo), 60 (dibujos), 64 (dibujos), 66 (viñetas), 67 (dibujos), 70 (dibujos), 71 (dibujo), 72 (dibujo), 75 (dibujos), 79 (dibujo), 82 (viñeta), 83 (dibujos), 86 (viñeta), 93 (viñetas), 99 (dibujos), 106 (dibujos), 111 (dibujo), 114 (mapa), 121 (dibujos), 131 (dibujos), 132 (dibujo), 139 (dibujos), 142 (mapa), 149 (dibujos), 164 (viñetas), 166 (dibujos); Shutterstock (resto de ilustraciones y cartografía).

Fotografías: CORDON PRESS: pág. 42 Frida Kahlo y Diego Rivera; pág. 45 fotos 3 y 4; pág. 134 foto Antonio Muñoz Molina pág. 142: fotos Andrés Bello, Gabriela Mistral, Octavio Paz.; pág. 152 foto B; RAQUEL PINILLA: pág. 38 foto actividad 2; pág. 103 foto actividad 9; SHUTTERSTOCK: Resto de fotografías, de las cuales, solo para uso editorial: pág. 10 foto waterpolo (Roberto Zilli / Shutterstock.com); pág. 17 foto 2 (Toniflap / Shutterstock.com); foto 10 (Popova Valeriya / Shutterstock.com); foto 13 (Tupungato / Shutterstock.com); pág. 19 foto Príncipe Pío (Papa Bravo / Shutterstock.com); pág. 35 foto 3 (AGIF / Shutterstock.com); pág. 39 foto 1 a (Art Konovalov / Shutterstock.com); foto 2 a (Mario Cales / Shutterstock.com); foto 2 b (J Stone / Shutterstock.com); pág. 45. Foto Bill Gates (J Stone / Shutterstock.com); foto Penélope Cruz (Featureflash / Shutterstocik.com); pág. 47 foto Jesús (Elzbierta Sekowska / Shutterstock.com); foto María (Elzbierta Sekowska / Shutterstock.com); pág. 52 foto aeropuerto Madrid-Barajas (Jorg Hackemann / Shutterstock.com); foto Estadio Calderón (Anton Ivanov / Shutterstock.com); foto catedral de Barcelona (Pavel Kirichenko / Shutterstock.com); pág. 55 foto Roma (Ana del Castillo / Shutterstock.com); pág. 58 foto 1 (David Molina / Shutterstoclçk.com); foto 2 (TK Turikawa / Shutterstock.com); foto 4 (Jakkrit Orrasri / Shutterstock.com); pág. 59 foto fútbol (Paolo Bona / Shutterstock.com); pág. 68 foto avión (Toniflap / Shutterstock.com); pág. 73 foto los Reyes Magos (Iakov Filimonov / Shutterstock.com); pág. 87 foto 1 (Semmick Photo / Shutterstock.com); pág. 90 foto las Fallas (FGC / Shutterstock.com); foto la Feria de Abril (SandiMako / Shutterstock.com); foto la tomatina (Iakov Filimonov / Shutterstock.com); pág. 91 foto carnaval de Cádiz (Algefoto / Shutterstock.com); foto las Fallas (Holbos / Shutterstock.com); pág. 94 foto izquierda (José Angel Astor Rocha / Shutterstock.com); pág. 96 foto Alejandro Sanz (Andrus V / Shutterstock.com); pág. 98 foto izquierda (Katatonia82 / Shutterstock.com); foto derecha (Christian Bertrand / Shutterstock.com); pág. 99 foto Osaka (Cigmusic / Shutterstock.com); foto Kioto (Juli Scalzi / Shutterstock.com); foto Joaquín Cortés (Featureflash / Shutterstock.com); pág. 100 foto Shakira (D Free / Shutterstock.com); pág. 108 foto C (Rich Carey / Shuttertock.com); pág. 114 foto 1 (Meunierd / Shutterstock.com); foto 2 (Meunierd / Shutterstock.com); pág. 115 foto avión (Anibal Trejo / Shutterstock.com); foto plaza (Meunierd / Shutterstock.com); pág. 118 foto izquierda (Frontpage / Shuttertock.com); foto centro (Dubes Sonego / Shutterstock.com); foto derecha (Toniflap / Shutterstock.com); pág. 131 foto Museo del Louvre (Pichetw / Shutterstock. com); pág. 133 foto terraza (Tutti Frutti / Shutterstock. com); foto Museo del Louvre (Nattee Chalermitiragool / Shutterstock.com); pág. 140 foto superior (Maly Designer / Shutterstock. com); foto inferior (Catwalker / Shutterstock.com); pág. 152 foto C (Maurizio Biso / Shutterstock. com); foto F (Iván Abramkin / Shutterstock.com); pág. 154 foto catedral Barcelona (Rodrigo Garrido / Shutterstock.com); pág. 155 foto C (ICloud Mine Amsterdam / Shutterstock.com); foto D (José Ignacio Soto / Shutterstock.com); pág. 156 foto izquierda (Cristina Muraca / Shutterstock.com); pág. 160 foto 1 (Iurii Osadchi / Shutterstock.com); foto 2 (Paolo Bona / Shutterstock.com); foto 5 (Katatpnia82 / Shutterstock. com); foto 6 (Denis Kuvaev / Shutterstock.com); foto 8 (Alicia Chelini / Shutterstock.com).

Para cumplir con la función educativa del libro se han empleado algunas imágenes procedentes de internet.
Audio: Cargo Music

ISBN: 978-84-9778-905-9
Depósito legal: M-1.314-2016

Impresión: Marbán Libros, S. L.
Printed in Spain – Impreso en España

Presentación

Nueva edición actualizada y renovada de *ELExprés*, un curso intensivo de español destinado a estudiantes jóvenes y adultos que desean progresar rápidamente.

- Contiene 27 unidades estructuradas en tres secciones: Empezamos, Avanzamos y Ampliamos.

- Incluye repasos, autoevaluaciones y portfolio para comprobar los conocimientos adquiridos.

- Nuevas actividades y textos.

- Cuaderno de ejercicios con más actividades.

Su metodología se inspira en un minucioso análisis de las necesidades de comunicación de los estudiantes. Las actividades propuestas han sido elaboradas para que el alumno progrese de una manera gradual y ordenada y se sienta cada vez más seguro en el uso y dominio del español. Por ello, la nueva edición de *ELExprés* propone el trabajo con las diferentes destrezas a través de una amplia tipología de actividades de comprensión, expresión e interacción orales y escritas, así como la integración de los aspectos funcionales, gramaticales, léxicos, discursivos y culturales de la lengua.

Las 27 unidades de la nueva edición de *ELExprés* conducen al alumno desde un nivel de principiante absoluto hasta un dominio de nivel B1 (usuario independiente) conforme a los niveles del Marco Común Europeo de Referencia. Las 15 primeras unidades corresponden a los niveles A1 y A2, y las unidades 16-27 al nivel B1.

Las primeras 15 unidades (A1 + A2) constan de 4 páginas. En ellas el alumno avanza con rapidez y, como ocurre en los primeros niveles, se produce un aprendizaje acelerado. Las 12 unidades siguientes (B1) son más extensas (constan de 6 páginas), porque tanto los textos de comprensión auditiva como los de comprensión lectora son más amplios y se requiere un mayor número de actividades para fijar los contenidos. Además, se ha calculado un número de horas similar para el nivel A (A1 + A2) y para el B1.

Cada cuatro unidades se ofrece una unidad de repaso y seguimiento del progreso realizado en ese bloque, para que así el estudiante sea consciente de sus logros y, en caso necesario, vuelva sobre aquellos contenidos trabajados, pero no consolidados.

Los repasos del nivel A (A1 + A2) tienen, además, una hoja de autoevaluación, mientras que en el nivel B1 hay una autoevaluación al final de cada unidad.

Contenidos

Contenidos

Unidad 12 Antes todo era diferente (pág. 70)

Funciones
- Indicar el contraste entre *antes* y *ahora*
- Describir personas, cosas y lugares en el pasado
- Referirse a acciones habituales en el pasado
- Hablar de recuerdos personales

Gramática
- Pretérito imperfecto de indicativo de los verbos regulares e irregulares
- Expresiones temporales que indican acciones habituales
- *Solía* + infinitivo
- *Ser* y *estar*

Léxico
- Momentos de la vida de una persona
- Recuerdos infantiles

Cultura
- Tradiciones: los Reyes Magos

Unidad 14 Y entonces le conté mis recuerdos (pág. 78)

Funciones
- Narrar y describir en el pasado
- Hablar sobre recuerdos y anécdotas personales

Gramática
- Pronombres personales de objeto directo e indirecto
- Orden de dos pronombres + verbo
- Contraste entre pretérito indefinido y pretérito imperfecto de indicativo
- Conectores

Léxico
- Recuerdos personales
- Objetos de un mercadillo

Cultura
- Recuerdos y anécdotas del pasado

Unidad 16 Nos vamos de fiesta (pág. 90)

Funciones
- Hablar y preguntar sobre hábitos
- Ordenar una historia en el tiempo
- Hablar sobre fiestas y costumbres

Gramática
- Presente de indicativo de verbos regulares e irregulares
- *Se*
- Verbos *poner* / *quitar*; *encender* / *apagar*

Léxico
- Partes del día y horas
- Comidas y bebidas tradicionales

Cultura
- Fiestas populares
- Costumbres y tradiciones
- Ciudades de España

REPASO 12-15 (pág. 86)

Unidad 13 Apaguen sus móviles, por favor (pág. 74)

Funciones
- Pedir algo a alguien
- Comprender y mantener una conversación telefónica
- Solicitar información
- Pedir y dar permiso

Gramática
- Imperativo afirmativo de los verbos regulares e irregulares
- *Poder* + infinitivo
- Imperativo + pronombre / *Poder* + infinitivo + pronombre

Léxico
- Vocabulario relacionado con el teléfono

Cultura
- El uso del teléfono móvil

Unidad 15 ¿Qué nos traerá el futuro? (pág. 82)

Funciones
- Hablar de acciones futuras
- Expresar planes e intenciones
- Expresión de la condición
- Expresión de deseos
- Comentar las impresiones sobre el curso y las expectativas
- Expresar acuerdo y desacuerdo

Gramática
- Futuro imperfecto de indicativo: verbos regulares e irrregulares
- *Si* + presente, presente / futuro
- *Si* + presente, imperativo
- *Me gustaría* + infinitivo

Léxico
- Predicciones para el futuro

Cultura
- Las impresiones del curso

Unidad 17 Vamos a recordar el pasado (pág. 96)

Funciones
- Referirse a acciones pasadas recientes
- Referirse a momentos pasados: pasados lejanos y periodos de tiempo terminados
- Expresar opinión

Gramática
- Repaso de los tiempos de pasado de indicativo: pretérito perfecto / pretérito indefinido

Léxico
- Estilos musicales

Cultura
- El cantante español Alejandro Sanz
- La cantante colombiana Shakira
- El bailaor Joaquín Cortés

Contenidos

El Exprés

Nueva edición

¿Empezamos?

El abecedario español

🎧 1 Escucha el abecedario y las palabras.

a, A (a)	b, B (be)	c, C (ce)	d, D (de)	e, E (e)	f, F (efe)
avión	barco	casa	dedo	España	foto

g, G (ge)	h, H (hache)	i, I (i)	j, J (jota)	k, K (ka)	l, L (ele)
gato	huevo	isla	jirafa	koala	libro

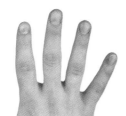

m, M (eme)	n, N (ene)	ñ, Ñ (eñe)	o, O (o)	p, P (pe)	q, Q (cu)
mano	nube	niño	ojo	pato	queso

r, R (erre)	s, S (ese)	t, T (te)	u, U (u)	v, V (uve)	w, W (uve doble)
ratón	sol	taza	uvas	vaca	waterpolo

x, X (equis)	y, Y (i griega, ye)	z, Z (zeta)
taxi	yogur	zorro

En Hispanoamérica b = be alta, be larga o be grande; v = ve, ve baja, ve corta o ve chica; w = ve doble, doble ve o doble u.

2 Escribe cómo se deletrean estas palabras. Después, escucha y comprueba.

1 *ge-a-te-o*

2 _____

3 _____

4 _____

5 _____

6 _____

3 Deletrea a tu compañero cinco palabras que conoces en español.

uve - a - ce - a

Saludos y despedidas

 4 Lee y escucha.

Saludos
Hola
Buenos días
Buenas tardes
Buenas noches

Despedidas
Adiós
Hasta luego
Hasta pronto

¡Hola!   *¡Hola!*

¡Adiós!   *¡Hasta pronto!*

Expresiones para la comunicación en clase

5 Escucha estas expresiones para comunicarte en clase. ¡Son muy útiles!

1 Más despacio, por favor.

2 Más alto, por favor.

3 ¿Cómo se dice... en español?

4 ¿Qué significa...?

5 ¿Cómo se deletrea *huevo*?

6 ¿Cómo se escribe, con *be* o con *uve*?

7 No entiendo, ¿puedes repetir, por favor?

8 ¿Cómo? Otra vez, por favor.

6 ¿Qué expresiones puedes usar cuando...

1 no sabes si es *unidad* o **hunidad? ¿Cómo se escribe, con hache o sin hache?*
2 te hablan rápido? _____
3 no sabes el significado de una palabra? _____
4 necesitas entender todas las letras? _____
5 te hablan bajo? _____
6 no sabes cómo se escribe una palabra? _____

7 Relaciona las palabras con las imágenes.

1 ☐ escucha   4 ☐ escribe   7 ☐ completa

2 ☐ lee   5 ☐ trabaja en parejas   8 ☐ relaciona

3 ☐ habla   6 ☐ trabaja en grupos

1 En la biblioteca

Empezamos

1 Miguel busca amigos en un chat. Lee el texto y escribe un mensaje a Miguel.

**CHAT AMIGO
TU CHAT en español**

¡Para escribir y hablar
EN ESPAÑOL
con tus amigos de todo el mundo!

Miguel:
¡Hola! Me llamo Miguel Sánchez Pino. Soy español y trabajo en un banco. Y tú, ¿cómo te llamas?, ¿de dónde eres?, ¿qué haces?

Ricardo:
Me llamo Ricardo Romero Pereira y soy colombiano. Estudio Derecho en la Universidad de los Andes.

Me llamo _____.
Soy _____.
Estudio / Trabajo en _____
_____.

🎧 2 **Escucha y lee los siguientes diálogos.**

Necesito un ordenador

Hilde: Hola, buenos días. Necesito un ordenador para mandar un *e-mail*.[1]
Ana: Muy bien. ¿Cómo se llama usted?
Hilde: Hilde Oksavik.
Ana: Perdón, ¿cómo se escribe?
Hilde: hache, i, ele, de, e, o, ka, ese, a, uve, i, ka.

[1] *e-mail* en español se dice *correo electrónico*.

Te presento a Ana

Pablo: Birgit, te presento a Ana, una compañera de clase.
Birgit: Hola, ¿qué tal?
Ana: Encantada. ¿Hablas español, Birgit?
Birgit: Un poquito, no mucho.
Ana: ¿Y de dónde eres?
Birgit: Soy alemana, de Berlín.

3 Lee los textos anteriores y completa el diálogo.

Ricardo: ¿ _cómo te llamas_ ?
Carlo: Me llamo Carlo Ponte.
Ricardo: ¿ _De dónde eres_ ?
Carlo: Soy de Italia.
Ricardo: ¿ _Qué haces_ ?
Carlo: Estudio informática.

4 ¿*Encantado* o *encantada*? Relaciona.

Encantad**o**
Encantad**a**

- El señor Romero
- La compañera de clase
- Pablo
- La profesora

5 Fíjate en los diálogos y relaciona.

1 el / un
2 la / una
3 los / unos
4 las / unas

a universidad
b ordenadores
c bibliotecas
d amigo

● Avanzamos

6 Completa las frases con el artículo determinado o indeterminado.

1 Estudio en _la_ Universidad Autónoma de Madrid.
2 Necesito _un_ ordenador para mandar _un_ correo electrónico.
3 _La_ profesora de español se llama Isabel.
4 Ernesto trabaja en _una_ oficina.

GRAMÁTICA

El artículo determinado
Cuando nos referimos a algo conocido.

	singular	plural
Masculino	**el** banco	**los** bancos
Femenino	**la** biblioteca	**las** bibliotecas

El artículo indeterminado
Cuando nos referimos a algo por primera vez o cuando no lo conocemos.

	singular	plural
Masculino	**un** ordenador	**unos** ordenadores
Femenino	**una** compañera	**unas** compañeras

7 Completa la tabla y el texto.

El sustantivo

		singular	plural
Vocal + -s	Masculino	diccionario	diccionarios
	Femenino	profesora	profesoras
Consonante + -es	Masculino	estudiante	estudiantes
	Femenino	universidad	universidades

Normalmente, los sustantivos que terminan en **-o** son (1) _masculino_ (excepciones, *la mano, la foto*) y los que terminan en **-a** son (2) _femenino_ (excepciones, *el problema, el idioma*).
Los sustantivos que terminan en **-e** pueden ser (3) _masculino_ o (4) _femenino_ : *el cheque, la calle;* o invariables, admiten los dos géneros: *el / la estudiante*.
El plural de *vez* es *veces* y el de *lápiz* es (5) _lápices_ .

8 Escucha los diálogos y completa las frases.

1 Me llamo _____ .
Soy _____ .
Trabajo en un _____ .

2 Me llamo _____ García.
_____ argentina.
Estudio _____ .

3 Me llamo Marta _____ .
Soy _____ .
Estudio _____ .

9 Pregunta a tu compañero su nombre y su nacionalidad.

■ *¿De dónde eres?* ● *Soy italiano.*

COMUNICACIÓN

Pedir y dar información personal

INFORMAL	FORMAL
tú	**usted**
¿Cómo te llamas?	*¿Cómo se llama?*
¿De dónde eres?	*¿De dónde es?*
¿Qué haces?	*¿Qué hace?*

10 Mira las imágenes y habla con tu compañero.

Nacionalidades	
italiano/-a	peruano/-a
francés(a)	inglés(a)
estadounidense	

La torre de Pisa es italiana.

La estatua
de la Libertad

La torre de Pisa

La torre Eiffel

El Big Ben   El Machu Picchu

GRAMÁTICA

Presente de indicativo

	llamarse	estudiar
(yo)	me llamo	estudio
(tú)	te llamas	estudias
(él, ella, usted)	se llama	estudia
(nosotros/-as)	nos llamamos	estudiamos
(vosotros/-as)	os llamáis	estudiáis
(ellos/-as, ustedes)	se llaman	estudian

	ser	trabajar
(yo)	soy	trabajo
(tú)	eres	trabajas
(él, ella, usted)	es	trabaja
(nosotros/-as)	somos	trabajamos
(vosotros/-as)	sois	trabajáis
(ellos/-as, ustedes)	son	trabajan

	hacer	hablar
(yo)	hago	hablo
(tú)	haces	hablas
(él, ella, usted)	hace	habla
(nosotros/-as)	hacemos	hablamos
(vosotros/-as)	hacéis	habláis
(ellos/-as, ustedes)	hacen	hablan

Me llamo Romina y **soy** italiana.

11 ¿De dónde es? ¿Qué idiomas habla? Escucha y completa el diálogo.

1 Jean es _____ y habla _____ .
2 Rocío es _____ y habla _____ .
3 Isabel es _____ y habla _____ .
4 Michiko es _____ y habla _____ .

12 Pregunta a tus compañeros qué lenguas hablan.

inglés	francés	chino
portugués	japonés	noruego
alemán	árabe	griego
sueco	italiano	ruso

▪ *¿Qué idiomas hablas?*
● *Hablo inglés y alemán.*

13 Imagina que trabajas en una biblioteca. Pregúntale a tu compañero sus datos personales para hacerle el carné.

BIBLIOTECA **AGUSTÍ CENTELLES**

C/ Roselló, 127
08029 Barcelona
Tel.: 93 433 43 44

Nombre y apellidos _____
Nacionalidad _____
Correo electrónico _____
Profesión / Estudios _____

- *¿Cuál es tu correo electrónico?*
- *carloponte arroba expres punto es.*

14 Después, preséntaselo a los demás compañeros.

- *Este es Carlo...*
- *Esta es Ingrid...*

> *En español, @ se llama arroba.*

Ampliamos

15 ¿Comprendes estas palabras? ¿Cómo se dicen en tu lengua? Relaciónalas con la imagen correspondiente.

13 taxi	1 fútbol	4 teléfono	9 bar	6 restaurante
12 zoo	15 aeropuerto	5 televisión	8 tenis	11 diccionario
2 estación	3 hotel	10 museo	7 metro	14 radio

16 ¿Sabes más palabras en español? Pregúntale a tu compañero.

2 Busco estudiante para compartir piso

Funciones	Gramática	Léxico
• Hablar por teléfono	• El adjetivo: género y número	• Números del 0 al 20
• Describir una vivienda	• Presente de indicativo de los verbos	
• Preguntar datos personales	regulares terminados en -er y en -ir	**Cultura**
• Describir físicamente a una persona	• Verbo *tener*	• Tipos de vivienda
• Comprender y redactar un anuncio	• Contracciones *del* y *al*	• Aspecto físico

Empezamos

1 Lee estos anuncios, ¿qué ofrecen? Escribe el número del anuncio correspondiente.

a ⊡ clases de idiomas   d ⊡ amigos
b ⊡ un animal   e ⊡ una bicicleta
c ⊡ una habitación   f ⊡ clases de tenis

2 Lee y escucha.

Busco piso para una amiga

Fernando: ¿Dígame?

Beatriz: Hola, buenas tardes, llamo por el anuncio del cibercafé. Tengo una amiga extranjera que busca un piso para compartir en Madrid. Ahora vive en Londres y llega el próximo mes para estudiar español.

Fernando: Sí, sí, claro. Tengo una habitación libre.

Beatriz: ¿Dónde está la casa?

Fernando: En la calle Luisa Fernanda, muy cerca de la calle Princesa y del metro de Ventura Rodríguez.

Beatriz: ¿Y cuál es el precio?

Fernando: 400 euros al mes.

En casa de Fernando

Fernando: Mira, esta es la habitación.

Beatriz: No es muy grande, ¿verdad?

Fernando: No, pero es muy tranquila y tiene mucha luz porque da a la calle.

Beatriz: Sí, es verdad. ¿Vives tú solo en la casa?

Fernando: No, somos tres: una chica ecuatoriana que es enfermera, un chico sevillano que es dependiente en una tienda de ropa y yo. Y tu amiga, ¿qué hace?

Beatriz: Es arquitecta, se llama Alice. Es estadounidense.

1

¿BUSCAS AMIGOS?
Ven al centro cultural del barrio.
C/ Senegal, 32

2

Profesor nativo con mucha experiencia. Clases de **alemán**, gramática y conversación. Preguntar por Hans.
☎ 602 23 35 67

3

¿Quieres aprender a jugar al **tenis**?
C/ Segovia, 26.
Tel.: 91 234 65 74

4

Vendo bicicleta.
Pablo: 696 43 21 76

5

Alquilo habitación a estudiantes
Tel.: 91 324 65 78
ZONA PRÍNCIPE PÍO.
Preguntar por
Sra. Blanco.

6

¡Miauuu!
Regalo dos gatitos.
Llamar a Marta (noches).
Tel.: 91 267 54 30.

3 Vuelve a leer los diálogos y completa.

1 Beatriz busca un piso para _su amiga, Alice_ .
2 La amiga de Beatriz se llama _Alice_ .
3 La amiga de Beatriz vive en _Londres_ .
4 Fernando alquila _habitación_ .
5 Fernando vive con _2 otras personas_ .
6 El piso está en _la calle L.F. muy cerca del metro_ _V.R_ .
7 La habitación no es _muy grande_ .
8 La habitación tiene _mucha luz_ .

4 Fíjate en la terminación de los verbos de los anuncios del tablón y de los diálogos, y clasifícalos.

terminan en -AR	terminan en -ER	terminan en -IR

GRAMÁTICA

Presente de indicativo

Verbos regulares terminados en *-er* y en *-ir*

	aprender	vivir
(yo)	aprend**o**	viv**o**
(tú)	aprend**es**	viv**es**
(él, ella, usted)	aprend**e**	viv**e**
(nosotros/-as)	aprend**emos**	viv**imos**
(vosotros/-as)	aprend**éis**	viv**ís**
(ellos/-as, ustedes)	aprend**en**	viv**en**

*Mi mejor amiga **vive** en Londres.*

5 Relaciona. ¿Qué combinaciones son posibles?

1 una habitación   a nativo
2 una amiga   b tranquila
3 una zona   c grande
4 un restaurante   d céntrica
5 un profesor   e extranjera

Avanzamos

6 Completa las frases con el verbo *tener*.

1 Tú _tienes_ un piso muy grande.
2 Mi amiga _tiene_ un gato.
3 Mis compañeros _tienen_ muchos amigos.
4 Mi compañero de piso y yo no _tenemos_ televisión en casa.
5 Vosotras _tenéis_ una habitación libre.
6 Yo _tengo_ una compañera de piso alemana.

GRAMÁTICA

Presente de indicativo del verbo *tener*

(yo)	ten**g**o
(tú)	**tie**nes
(él, ella, usted)	**tie**ne
(nosotros/-as)	tenemos
(vosotros/-as)	tenéis
(ellos/-as, ustedes)	**tie**nen

*¿**Tenéis** un diccionario de español?*

7 Escucha y completa esta conversación telefónica.

Sra. Blanco: (1) _____.
Tú: Buenas noches, (2) _____ por el anuncio de la habitación.
Sra. Blanco: Sí, sí.
Tú: ¿Dónde (3) _____ la casa?
Sra. Blanco: En la Cuesta de San Vicente, muy cerca **de** la estación **del** Norte.
Tú: ¿(4) _____ cerca **del** metro?
Sra. Blanco: Claro, **al** lado de la estación de Príncipe Pío.
Tú: ¿Cuál es el (5) _____?
Sra. Blanco: 450 euros **al** mes.
Tú: ¿(6) _____ otros estudiantes en la casa?
Sra. Blanco: Sí, una chica de Marruecos y un coreano.
Tú: Me gustaría ver el piso...

GRAMÁTICA

Contracciones

de + el → **del**   a + el → **al**
*Está cerca **del** metro.*   *Son 400 euros **al** mes.*

8 Lee los números y escribe frases en tu cuaderno como en el ejemplo.

El número uno es alemán.

Nacionalidades

alemán(a)	español(a)	argentino/-a
marroquí	iraquí	mexicano/-a
brasileño/-a	japonés(a)	estadounidense
italiano/-a	ruso/-a	irlandés(a)
francés(a)	chino/-a	griego/-a
portugués(a)	australiano/-a	peruano/-a
canadiense	cubano/-a	

GRAMÁTICA

El adjetivo

El adjetivo concuerda en género y número con el sustantivo al que acompaña:

	singular	plural
Masculino	-o: cuban**o**	-os: cuban**os**
Femenino	-a: cuban**a**	-as: cuban**as**

*Omara Portuondo es cuban**a**.*
*Ibrahim Ferrer es cuban**o**.*
*Ibrahim y Omara son cuban**os**.*

Los adjetivos que terminan en **-e** y en **-í** son invariables para masculino y femenino:

*Montreal es una ciudad canadiens**e**.*
*El Zoco es un restaurante marroqu**í**.*

9 ¿Quién es quién? Elige a una persona y descríbesela a tu compañero para que adivine quién es.

Tiene el pelo rizado...

COMUNICACIÓN

Describir físicamente a una persona

tiene
lleva
{
gafas
barba
el pelo liso / rizado / corto / largo
}

es
{
alto/-a – bajo/-a
guapo/-a – feo/-a
rubio/-a – moreno/-a
}

10 Escucha el diálogo entre Alice y el policía, y completa la ficha con los datos de ella.

Apellido: _____
Nombre: *Alice*
Pasaporte: _____
Sexo: *Mujer* Edad: _____
Fecha de nacimiento: _____ *de julio de 1978*
Lugar de nacimiento: *Eugene, Oregón*
Nacionalidad: _____
Profesión: _____
Dirección en España: *c/ Luisa Fernanda,* _____, *3.°*
Teléfono de contacto: *Beatriz* _____
Futura casa: _____

Firma: *Alice*

11 Habla con tu compañero y haz una ficha con sus datos personales.

12 Escribe un anuncio para el tablón de la clase.

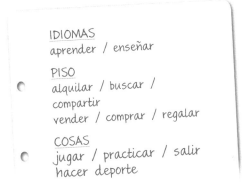

IDIOMAS
aprender / enseñar

PISO
alquilar / buscar / compartir
vender / comprar / regalar

COSAS
jugar / practicar / salir
hacer deporte

▪ Ampliamos

13 Lee el siguiente texto publicado en una revista para estudiantes de español y contesta a las preguntas.

Viviendas para vivir

En España, una casa independiente con jardín se llama **chalé** o **vivienda unifamiliar** (casa para una sola familia).

En las ciudades españolas, casi toda la gente vive en **pisos**, que son casas con más de una habitación o dormitorio, en edificios de más de una planta. Las casas con solo un dormitorio se llaman **apartamentos**. Un **estudio** es más pequeño: tiene cocina, cuarto de baño y salón-dormitorio. En la actualidad, en las zonas residenciales alrededor de las ciudades, mucha gente vive en **casas adosadas**. Las casas adosadas están unas junto a otras y tienen un pequeño jardín.

En muchos países hispanoamericanos, los pisos se llaman **departamentos** o **apartamentos**. En Argentina, Perú y otros países hispanoamericanos, la habitación se llama **pieza**.

1 ¿Qué es un *chalé*?

2 Ordena de mayor a menor tamaño:
☐ un estudio
☐ un piso
☐ un apartamento

3 ¿Qué diferencias hay entre un *chalé* y una *casa adosada*?

4 ¿A qué se llama *pieza* en Hispanoamérica?

5 ¿Cómo se llaman estos tipos de viviendas?

chalé

estudio

casa adosada

pisos

3 No vivo lejos de aquí

Empezamos

1 Lee, escucha y completa estas frases.

1 Michelle coge _____ y
   _____ para ir a la universidad. Vive muy
   _____ y tarda _____ en llegar.

2 Paula va _____ y _____
   diez minutos, más o menos.

Mi casa está muy lejos
Paula: Oye, ¿tú vives lejos de la universidad?
Michelle: ¡Uy! Mi casa está muy lejos. Tardo casi una hora en llegar. Tengo que coger dos autobuses y el metro. ¿Y tú?
Paula: No muy lejos, a unos diez minutos andando.
Michelle: ¡Qué suerte!

2 Lee, escucha y completa el diálogo con las palabras que faltan.

continúas • cruzas • tienes que • hay

¿Hay un supermercado cerca de aquí?
Lucía: Perdona, ¿hay un supermercado cerca de aquí?
Ernesto: Sí, (1) _____ uno en la calle Reina Cristina.
(2) _____ coger la primera calle a la derecha y
(3) _____ recto hasta una plaza, donde está la estación de trenes. (4) _____ la plaza y la primera calle a la izquierda, después de una farmacia. No es difícil llegar.

3 Lee, escucha y marca el itinerario. Rosa está en la estación de Goya.

En la estación de Goya
Rosa: Por favor, ¿para ir a Metropolitano?
Emilio: Mira, tienes que coger la línea 4, en dirección a Pinar de Chamartín, hasta Avenida de América. Allí cambias a la línea 6, la Circular, y creo que hay cuatro o cinco estaciones hasta Metropolitano.
Rosa: Vale. Gracias.

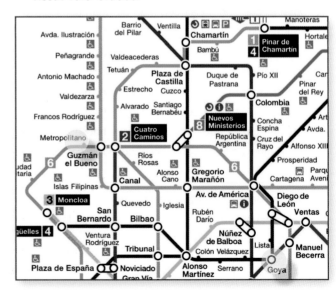

● Avanzamos

4 Pregunta a tu compañero y señala en el plano.

Alumno A: ¿Dónde está / hay...?
- la parada del autobús número 17 más cercana
- el centro comercial Marcial
- una farmacia
- un cajero automático

Estoy en..., ¿cómo voy a / para ir a...?
- el banco Par
- la fotocopiadora *El copión*

Alumno B: ¿Dónde está / hay...?
- la estación de metro de Plaza Mayor
- el videoclub
- un quiosco de prensa
- la estación central de autobuses

Estoy en..., ¿cómo voy a...? / para ir a...?
- la oficina de Correos
- la academia *Aprende todo*

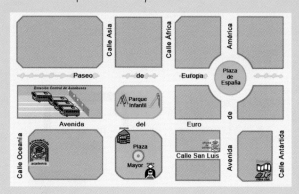

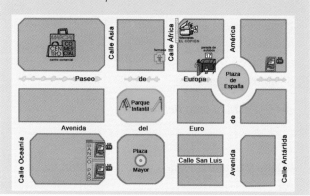

5 Completa las frases con las siguientes palabras del cuadro de Comunicación.

1 La estación de metro _____ cerca.
2 ▪ Señor, _____, ¿sabe dónde está la oficina de Correos?
  ● Sí, _____ al lado del cine Azul.
3 ▪ _____, Juan, ¿tienes un rotulador negro?
  ● Sí, toma.
4 Para ir al parque _____ cruzar la calle América.
5 _____, mamá. ¡Qué juguetes tan bonitos!

GRAMÁTICA

Presente de indicativo del verbo *estar*

(yo)	estoy
(tú)	estás
(él, ella, usted)	está
(nosotros/-as)	estamos
(vosotros/-as)	estáis
(ellos, ellas, ustedes)	están

*Mi casa **está** muy lejos. / Ahora **estoy en** casa.*

COMUNICACIÓN

Llamar la atención

tú		
perdona	oye	mira

usted		
perdone	oiga	mire

Localizar lugares
- ▪ *El cine **está** allí.*
- ▪ *Mauro **está** en la plaza Mayor.*
- ▪ *Los servicios **están** a la izquierda.*
- ▪ ***Hay** un supermercado cerca de aquí.*
- ▪ ***Hay** muchos / pocos teatros.*
- ▪ ***Hay** planos de metro ahí.*

Preguntar por un lugar
- ▪ *Perdona, ¿**para ir** a la plaza Mayor?*

Expresar obligación
- ● ***Tienes que coger** la segunda calle a la izquierda.*

3

6 Relaciona.

1 La biblioteca
2 En el centro de la ciudad
3 ¿Qué autobús
4 Mis amigos
5 Tienes que
6 ¿Hay

a coger la primera calle a la derecha.
b está cerca de la escuela.
c hay un museo.
d un cine cerca de aquí?
e coges para llegar a la escuela?
f están en la universidad.

GRAMÁTICA

Presente de indicativo del verbo *coger*(1)

(yo)	cojo
(tú)	coges
(él, ella, usted)	coge
(nosotros/-as)	cogemos
(vosotros/-as)	cogéis
(ellos, ellas, ustedes)	cogen

(1) En Hispanoamérica, se utiliza el verbo *tomar*.

***Coges / Tomas** la segunda calle a la derecha y después continúas todo recto.*

COMUNICACIÓN

Situar un objeto

- cerca de / lejos de
- al lado de
- enfrente de
- delante de / detrás de
- encima de / debajo de
- a la derecha / a la izquierda de
- entre… y ...

*La mesa está **al lado del** sofá.*

7 Escucha y ayuda a Rosa a ordenar el salón de su casa.

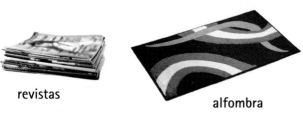

revistas

alfombra

8 Habla con un compañero y describe cómo es una habitación de tu casa.

Mi habitación tiene dos ventanas.

sillón

mesa de centro

teléfono

sofá

gafas

lamparita

mando a distancia

radiador

lámpara de pie

planta

equipo de música

cortinas

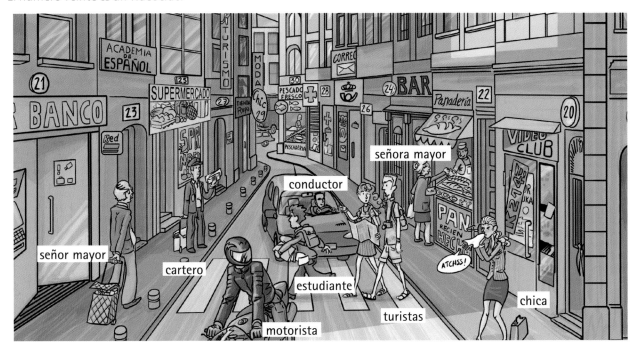

9 Estamos en la calle de las compras. ¿Sabes cómo se llaman los establecimientos marcados con números? Haz una lista con tu compañero.

El número veinte es un videoclub.

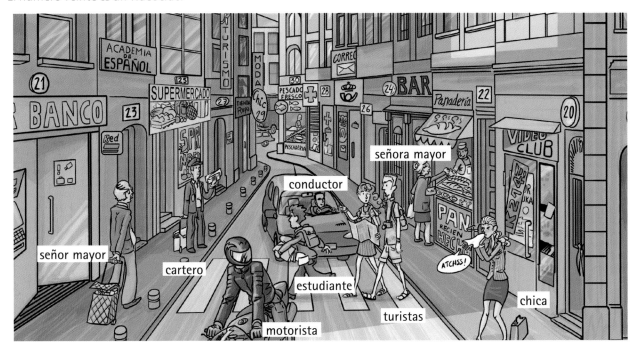

LÉXICO

Los números del 20 al 100

20 veinte	27 veintisiete	40 cuarenta
21 veintiuno	28 veintiocho	50 cincuenta
22 veintidós	29 veintinueve	60 sesenta
23 veintitrés	30 treinta	70 setenta
24 veinticuatro	31 treinta y	80 ochenta
25 veinticinco	uno	90 noventa
26 veintiséis	32 treinta y dos	100 cien

10 ¿A dónde crees que van las personas del ejercicio anterior? Coméntalo con tu compañero.

Yo creo que el cartero va al número 22.

GRAMÁTICA

Presente de indicativo del verbo *ir*

(yo)	voy
(tú)	vas
(él, ella, usted)	va
(nosotros/-as)	vamos
(vosotros/-as)	vais
(ellos, ellas, ustedes)	van

11 En parejas. Pon un precio de 0 a 100 euros a los objetos. Tu compañero te va a preguntar cuánto cuestan.

A	Precio	B	Precio
revista		planta	
cuadro		alfombra	
teléfono		lamparita	

Ampliamos

12 Lee el texto, subraya los establecimientos que aparecen y señala cuáles de esos hay en tu calle.

LAS TIENDAS DEL BARRIO

En los barrios de las ciudades y pueblos españoles hay pequeñas tiendas para comprar productos frescos: carnicerías, pescaderías, supermercados, etc. También hay tiendas de ropa y zapaterías. Normalmente, en todos los barrios hay una oficina de Correos, una biblioteca, un polideportivo, un mercado… Los establecimientos que podemos encontrar en casi todas las calles son farmacias, bares, oficinas bancarias, peluquerías y panaderías.

13 Elabora una lista de cosas que podéis comprar en los establecimientos del ejercicio 8.

CUÉNTAME: Nos vamos a La Habana

1 Estás interesado en estudiar español en la Universidad de La Habana. Escribe un corrreo electrónico al director de los cursos de español con tus datos personales.

Incluye tu nombre, apellidos, domicilio, nacionalidad, edad, dónde trabajas o qué estudias, qué otras lenguas hablas o estudias...

2 Este es el folleto de los cursos de español de la Universidad de La Habana. Marca si las siguientes informaciones son verdaderas (V) o falsas (F).

Español en LA HABANA

La capital de Cuba es una ciudad llena de coches de los años 50, edificios coloniales y un ambiente difícil de encontrar en cualquier otro lugar del mundo. Los cubanos son extremadamente hospitalarios y atentos y La Habana tiene también la ventaja de ser un sitio muy seguro para estudiantes de español. La Habana ofrece a los alumnos de nuestra escuela grandes oportunidades de hablar español con los nativos. Si quieres aprender español en el extranjero, La Habana es tu ciudad, completamente diferente al resto y, para la mayoría de sus visitantes, un lugar sencillamente encantador. La escuela tiene biblioteca, sala de ordenadores y cafetería. Las aulas están en una zona tranquila y céntrica, no muy lejos de La Habana Vieja.

La Universidad de La Habana en la web: www.uh.cu

1 ☐ La capital de Cuba es Santiago de Cuba.

2 ☐ Los cubanos no son amables.

3 ☐ La Habana es igual que otras ciudades.

4 ☐ La escuela no está en el centro de la ciudad, está en una zona residencial.

5 ☐ Puedes consultar tu correo electrónico y navegar por internet en la cafetería de la escuela.

3 Lee el texto otra vez y subraya los adjetivos. Después, escríbelos al lado del sustantivo al que acompañan cambiando el número.

una ciudad llena → unas ciudades llenas.

4 Pregunta a un compañero sus datos personales y completa su inscripción en los cursos de español de la Universidad de La Habana.

AÑO DEL CURSO:

CURSO
DE ESPAÑOL INICIAL

UNIVERSIDAD DE LA HABANA (CUBA)
Facultad de Lenguas Extranjeras
Avda. 19 de Mayo, 14

APELLIDOS:

NOMBRE:

DIRECCIÓN:

TELÉFONO:

CORREO ELECTRÓNICO:

PROFESIÓN:

ESTUDIOS:

IDIOMAS:

5 En parejas. Aquí tenéis un plano de los alrededores de la universidad. Os encontráis en el punto A. Marca en el plano los lugares de tu lista.

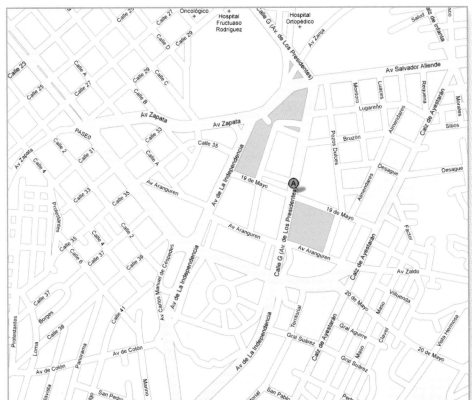

Alumno A
1 Teatro Nacional
2 Museo Marítimo
3 Casa de José Martí
4 Hotel Nacional
5 Iglesia de San Francisco

Alumno B
1 Hotel Cohíba
2 Parque Martí
3 Farmacia Sarra
4 Cementerio de Colón
5 El Ché 1990 (monumento al Ché Guevara)

6 Ahora, pregúntale a tu compañero dónde están los sitios que él ha señalado en el mapa.

■ *¿Dónde esta el teatro Nacional?*
● *Primero, la segunda calle a la izquierda y después...*

AUTOEVALUACIÓN

Contesta a estas preguntas. Después, compara tus respuestas con las de tu compañero.

1 ¿Cuál es tu dirección de correo electrónico?

_____

_____

2 Escribe tres nombres de establecimientos.

_____

_____

3 Completa.

1 una _____ de autobús.

2 una _____ de metro.

4 Escribe el contrario.

1 cerca / _____

2 delante / _____

3 encima / _____

5 Elige la opción correcta.

En esta calle *hay / están* tres restaurantes.

6 ¿Qué idiomas hablas?

_____

7 Cuando alguien habla muy rápido, le dices:

_____.

8 ¿Qué es una *biblioteca*?

_____

_____

9 ¿Recuerdas el abecedario?

_____

_____

10 ¿Cómo se dice *computer* en español?

_____

11 Ordena de mayor a menor tamaño: *estudio / piso / apartamento.*

_____

12 Diego es de Río de Janeiro (Brasil). Es _____.

13 ¿Cómo se escriben en español estos números: 5, 15 y 50?

_____

_____

_____

14 ¿Recuerdas una palabra con *h*?

_____

15 Deletrea el nombre de tu ciudad.

_____

16 Completa: *Mañana por la tarde tengo que* _____.

17 Para llamar la atención dices:

_____.

18 ¿Qué es una *casa adosada*?

_____

19 ¿Dónde trabaja una *enfermera*?

_____

_____

20 Cuando no entiendes algo, dices:

_____.

Total:_____ de 20

¿QUÉ SABES HACER?

Señala todas las actividades que ya sabes hacer. Si no recuerdas alguna, vuelve a la unidad de referencia y repásala.

COMPRENSIÓN ESCRITA

¿Qué puedes comprender cuando lees?

☐ Soy capaz de entender formularios (solicitud de inscripción) para proporcionar los datos más relevantes sobre mí mismo (1 y 2).

☐ Comprendo mensajes cortos y sencillos, por ejemplo, anuncios, tarjetas... (2).

☐ Entiendo letreros como *plaza, estación, calle, banco,* etc. (3).

☐ Soy capaz de comprender la información e interpretar los símbolos de, por ejemplo, el plano del metro (3).

COMPRENSIÓN AUDITIVA

¿Qué puedes entender?

☐ Soy capaz de entender fórmulas como *Buenos días, Adiós, Gracias, Perdone,* etc. (1, 2 y 3).

☐ Comprendo preguntas breves e información sobre cuestiones personales básicas en conversaciones sencillas, como *¿Dónde vive?, Vivo en Berlín, ¿Cómo te llamas?,* etc. (1 y 2).

☐ Entiendo información básica sobre precios (2).

☐ Soy capaz de comprender indicaciones sencillas como *la segunda calle a la izquierda* (3).

EXPRESIÓN ORAL

¿Qué puedes expresar?

☐ Soy capaz de decir que no entiendo algo, puedo pedir que alguien repita lo que ha dicho, que hable más despacio y que deletree una palabra o nombre propio (0 y 1).

☐ Puedo dar información personal (1 y 2).

☐ Soy capaz de describir el lugar donde vivo (2).

☐ Puedo localizar lugares en un plano (3).

☐ Soy capaz de expresar obligación y dar mi opinión sobre un tema sencillo (3).

INTERACCIÓN ORAL

¿Cómo puedes interactuar con los demás?

☐ Puedo presentarme a mí mismo y a otros (1).

☐ Puedo saludar (1).

☐ Soy capaz de pedir y dar información personal (1 y 2).

☐ Puedo utilizar fórmulas como *Buenos días, Adiós, Gracias, Perdone,* etc. (1, 2 y 3).

☐ Soy capaz de expresar y preguntar un precio (2 y 3).

☐ Puedo pedir y dar direcciones (3).

EXPRESIÓN ESCRITA

¿Qué puedes escribir?

☐ Soy capaz de rellenar un formulario con mis datos personales (1 y 2).

☐ Puedo escribir mensajes cortos y sencillos con información personal básica; por ejemplo, un anuncio (2).

Soy capaz de utilizar y comprender vocabulario sobre los siguientes temas:

☐ Países (1 y 2).

☐ Nacionalidades (1 y 2).

☐ Transportes (3).

☐ Tipos de viviendas y partes de la casa (2).

☐ Muebles (3).

☐ Establecimientos (3).

4 ¿Por qué no vamos los tres?

Funciones
- Proponer un plan o hacer una invitación
- Aceptar y rechazar planes e invitaciones
- Expresar planes futuros
- Preguntar y hablar sobre las horas

Gramática
- Futuro inmediato: *ir* + *a* + infinitivo
- Presente de indicativo de los verbos irregulares con cambio vocálico: *querer*, *poder* y *pedir*

Léxico
- *Ir* / *Irse*
- Las horas
- Los días de la semana

Cultura
- Una ciudad monumental: Toledo

Empezamos

Segovia

Toledo

1 Kioko comparte piso con Mauro y con Emma. Lee y escucha qué les propone y qué ocurre el sábado.

El sábado voy a ir a Toledo

Kioko: Oye, el sábado que viene me dan el coche y voy a ir a Toledo. ¿Por qué no vamos los tres?
Mauro: ¿El sábado? Yo no puedo, voy a ir a Segovia con unos compañeros de la embajada.
Kioko: ¡Qué pena! Y tú, Emma, ¿quieres venir?
Emma: No sé... El sábado por la mañana voy a descansar. No quiero levantarme pronto.
Kioko: Bueno, podemos salir sobre las doce, ¿vale?

¿Qué hora es?
Mauro: Chicas, me voy, son las diez... Adiós.

Tres horas después...
Kioko: Emma, Emma, despierta, ¡vamos!
Emma: ¿Por qué? ¿Qué hora es? Tengo sueño...
Kioko: Muy tarde, es la una menos cuarto, no vamos a llegar nunca.
Emma: No, un poquito más, por favor, Kioko.

2 Vuelve a leer los diálogos anteriores y responde si es verdadero (V) o falso (F).

1. ☐F Kioko quiere ir a Segovia.
2. ☐F Mauro se va de casa a las diez de la noche.
3. ☐V Emma quiere descansar el sábado.
4. ☐F Kioko quiere dormir un poco más.
5. ☐F Mauro invita a Emma a un concierto.

3 ¿Cómo se dice en los diálogos anteriores?

1. El próximo sábado:

2. A eso de las doce:

3. Tres horas más tarde:

4 Completa las frases con *ir* o *irse*.

1 Normalmente Lucía ___va___ al trabajo en autobús.
2 Nosotros ___nos vamos___ al cine. ¡Hasta luego!
3 Los sábados mis padres ___van___ al cine.
4 ¡Son las ocho! ¡Yo ___me voy___!
5 ¿Vosotros ___vais___ a la playa todos los fines de semana?
6 Mercedes y Julián ___van___ al gimnasio.

LÉXICO

IR - IRSE

Con el verbo *ir* expresamos desplazamiento; con el verbo *irse* expresamos que dejamos un lugar para desplazarnos a otro.

5 Lee y escucha los mensajes que Mauro y Emma le dejan a Rosana y relaciona.

1 Mauro llama para   aceptar
2 Emma llama para   rechazar   una invitación
                            hacer

Hola, este es el contestador automático de Rosana. Ahora no estoy en casa, pero, si quieres, puedes dejar un mensaje después de la señal. Gracias.

"Rosana, soy Mauro. Mañana no puedo ir a clase de tenis porque voy a ayudar en la fiesta de la embajada. Lo siento. Creo que Emma y Kioko sí pueden ir. Hablamos, ¿vale?".

"Hola Rosana, soy Emma. Mira, son las cinco y tengo entradas para el concierto de esta noche en el auditorio, ¿vamos? Si puedes ir, llámame antes de las siete. Chao".

6 Lee otra vez los mensajes anteriores y completa. ¿Crees que el verbo *poder* es regular?

	poder (o>ue)
(yo)	puedo
(tú)	puedes
(él, ella, usted)	puede
(nosotros/-as)	podemos
(vosotros/-as)	podéis
(ellos, ellas, ustedes)	pueden

7 Ahora conjuga el verbo *dormir*.

	dormir
(yo)	duermo
(tú)	duermes
(él, ella, usted)	duerme
(nosotros/-as)	dormimos
(vosotros/-as)	dormís
(ellos, ellas, ustedes)	duermen

● Avanzamos

8 Escribe la hora.

1 *Son las dos y diez.*   2 _____

3 _____   4 _____

5 _____   6 _____

COMUNICACIÓN

Decir la hora

Es la una y veinte.   *Son las siete menos diez.*

Mercado de La Paloma

HORARIO

De lunes a viernes
Mañanas: de 9 a 14 h
Tardes: de 17 a 20 h

Sábados
De 9.30 a 14.30 h

Domingos
Cerrado

COMUNICACIÓN

Hablar de horarios

- ¿**A qué hora** abre el mercado de La Paloma entre semana?
- **A las nueve** de la mañana.
- ¿**A qué hora** cierra los sábados?
- **A las dos y media**, y no abre por la tarde.

9 Lee el cartel y completa los diálogos.

1 ¿A qué hora cierra el jueves por la tarde el mercado de La Paloma?
 - _____

2 ¿A qué hora abre los sábados?
 - _____

3 _____
 - A las cinco de la tarde.

4 ¿Qué día no abre el mercado?
 - _____

10 Escucha los diálogos y mira las agendas de María, Carlos y Carmen. ¿De quién es cada una? ¿Qué día van a ver la exposición en el museo Guggenheim?

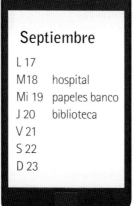

SEPTIEMBRE

LUNES 17 — 15 h inglés
MARTES 18 — 15.45 h hospital
MIÉRCOLES 19
JUEVES 20
VIERNES 21
SÁBADO 22
DOMINGO 23

Septiembre

L 17
M 18 — hospital
Mi 19 — papeles banco
J 20 — biblioteca
V 21
S 22
D 23

Septiembre

Lunes 17	Martes 18	Miércoles 19
Reunión universidad	16 h fútbol 21.30 h concierto	Biblioteca
Jueves 20	Viernes 21	Sábado 22
Domingo 23	Lunes 24	Martes 25

11 Completa las frases con el plan más adecuado.

preguntar al profesor • quedarse en su ciudad
ir al médico • estudiar toda la tarde
comprar al mercado de La Paloma • coger el metro

1 Luis tiene fiebre, por eso, *va a ir al médico.*
2 Gema tiene la nevera vacía, por eso, ahora _____ *va a comprar al mercado de La Paloma*.
3 Pedro no tiene vacaciones este año, por eso, _____ *va a quedarse en su ciudad*.
4 María no encuentra un taxi libre, por eso, *va a coger el metro*
5 No entiendo el ejercicio de español y, por eso, *voy a estudiar toda la tarde*
6 Los alumnos de inglés quieren aprobar el examen, por eso, *van a estudiar toda la tarde*

preguntar al profesor

GRAMÁTICA

Futuro inmediato
Para expresar planes futuros, utilizamos:
ir + a + infinitivo

(yo)	voy	
(tú)	vas	
(él, ella, usted)	va	**ir** a Segovia el sábado.
(nosotros/-as)	vamos	**a**
(vosotros/-as)	vais	**descansar**.
(ellos/-as, ustedes)	van	

También, es muy frecuente usar el presente con valor de futuro:

*El viernes **tengo** clase de tenis.*
*¿Qué **haces esta** tarde?*

12 Escribe tu agenda para la próxima semana y habla con tu compañero. ¿Podéis hacer algo juntos? Llegad a un acuerdo.

COMUNICACIÓN

Invitar y proponer

Para proponer planes o hacer una invitación:

¿Quieres / Puedes...? / ¿Por qué no...?

Para proponer planes alternativos:

¿Y qué tal el lunes / la próxima semana...?

Para aceptar:

Sí, buena idea. / Vale. / De acuerdo. / Claro.

Para rechazar:

No puedo. / Lo siento, es que... / Gracias, pero... / Imposible.

13 Completa las frases.

> pide • entiendo • queremos • puedo • corrige
> duermes • cierran • recuerdo • comienzan • vuelvo

1 El domingo no _puedo_ ir al cine porque tengo una fiesta.
2 ¿A qué hora _cierra_ el restaurante?
3 Esta profesora siempre _corrige_ a los alumnos.
4 Las clases _comienzan_ a las diez.
5 No _entiendo_ a tu amigo cuando habla español.
6 ¿Cuántas horas _duermes_ normalmente?
7 El sábado mis amigos y yo _queremos_ ir al campo.
8 Juan, _pide_ la cuenta en el restaurante.
9 _Recuerdo_ el día que vi el mar por primera vez.
10 _Vuelvo_ enseguida. Voy a comprar el pan.

● Ampliamos

14 Lee el texto e imagina que mañana vas a ir a Toledo. Con un compañero decide que vais a hacer y qué monumentos vais a visitar.

¡Nos vamos de excursión a Toledo!

Toledo está al suroeste de Madrid, a unos 60 km y es la capital de la Comunidad Autónoma de Castilla-La Mancha. Está situada sobre un monte, elevado 100 metros sobre el río Tajo, que rodea la ciudad. Tiene unos 84 000 habitantes.

Toledo es una de las grandes ciudades medievales de España, declarada Ciudad Patrimonio de la Humanidad por la Unesco. Su casco viejo [1], ofrece al visitante monumentos que pertenecen a diferentes momentos de la historia y reflejan la diversidad cultural y lingüística a través de los siglos.

La arquitectura religiosa es una manifestación de las tres culturas: la grandiosa catedral gótica cristiana, las sinagogas judías del Tránsito y de Santa María la Blanca y la mezquita del Cristo de la Luz.

Entre la arquitectura civil, destaca el Alcázar, uno de los edificios más representativos de la ciudad. Además, en Toledo están algunos de los cuadros más famosos del pintor Domenicos Theotocopulos, El Greco, como su obra *El entierro del Conde de Orgaz*.

[1] Casco viejo: parte antigua de la ciudad.

15 En internet, puedes encontrar más información sobre Toledo. Contesta a estas preguntas.

1 ¿Conoces otras Ciudades Patrimonio de la Humanidad en España?
2 ¿Qué otros cuadros de El Greco puedes ver en Toledo?

GRAMÁTICA

Conjugate (write down)

Presente de indicativo: verbos irregulares con cambio vocálico

	querer e>ie	poder o>ue	pedir e>i
(yo)	qu**ie**ro	p**ue**do	p**i**do
(tú)	qu**ie**res	p**ue**des	p**i**des
(él, ella, usted)	qu**ie**re	p**ue**de	p**i**de
(nosotros/-as)	queremos	podemos	pedimos
(vosotros/-as)	queréis	podéis	pedís
(ellos, ellas, ustedes)	qu**ie**ren	p**ue**den	p**i**den

También tienen cambio vocálico:
- **e>ie**: *c**e**rrar, com**e**nzar, emp**e**zar, ent**e**nder, p**e**nsar, pref**e**rir, s**e**ntir...*
- **o>ue**: *d**o**rmir, enc**o**ntrar, rec**o**rdar, v**o**lver...*
- **e>i**: *cons**e**guir, corr**e**gir, el**e**gir, rep**e**tir, s**e**guir...*

*No **quiero** llegar tarde.*
***Podemos** salir a las doce.*
*Cuando como en un restaurante siempre **pido** agua para beber.*

5 Un día de mi vida

Funciones
- Hablar de acciones cotidianas
- Expresar frecuencia
- Expresar simultaneidad de acciones con el momento actual

Gramática
- Presente de indicativo de los verbos reflexivos: *levantarse*
- Verbos reflexivos y con cambio vocálico: *despertarse, acostarse, vestirse*
- *Soler* + infinitivo
- Presente continuo: *estar* + gerundio

- Presente continuo de los verbos reflexivos

Léxico
- Acciones habituales

Cultura
- La radio de tu vida

Empezamos

1 Lee el correo electrónico de Kari. ¿Cómo es un día normal para ella? Escribe frases sobre lo que hace en las horas que marca el reloj.

> Hola, Victoria:
>
> ¿Qué tal todo? Esta es mi segunda semana en España. ¡Llevo 14 días y soy casi una española más! Te cuento cómo es un día normal para mí aquí en España. Me levanto sobre las ocho, me ducho y tomo un desayuno ligero y rápido: café con leche y galletas. A las nueve tomo el autobús y a las nueve y media, más o menos, llego a la universidad. Tengo clase de diez menos cuarto a dos. Suelo comer en la cafetería de la universidad y por la tarde voy a clases de español, de cuatro a seis. Luego, vuelvo a casa o voy de compras o al cine.
>
> Ceno muy tarde, como muchos españoles, a las nueve y media o diez, y normalmente me acuesto sobre las doce.
>
> Los fines de semana son diferentes. Salgo por la noche y suelo llegar a casa muy tarde ¡o muy pronto!, a las seis o las siete de la mañana. ¡Qué sueño! Después, me voy a dormir.
>
> Y tú, ¿qué haces? Escríbeme.
>
> Un beso muy fuerte, Kari

1 *Se levanta a las ocho.*

2 *tiene clase*

3 *va a clases de español*

4 *cena*

5 *se acuesta*

2 Busca en el texto la 1.ª persona del verbo *soler*. ¿Qué crees que significa?

a ☒ normalmente
b ☐ siempre
c ☐ nunca

 3 Lee y escucha la conversación entre Olga e Irene. ¿Por qué van a cenar tarde?

¿Qué estás viendo?
Olga: ¡Hola Irene!, ¿qué estás viendo?
Irene: Un partido amistoso entre España y Holanda. Están jugando muy bien…
Olga: ¿Y Richard?
Irene: Está hablando por teléfono con su novia, en su habitación, ¡lleva tres cuartos de hora!
Olga: ¡Oh, Dios mío! Hoy no cenamos antes de las once.

4 ¿Qué tienen en común estos tres verbos? Intenta conjugar todas las personas.

levantarse		ducharse		acostarse	
me	levanto	me	ducho	me	acuesto
te	levantas				
se	levanta				
nos	levantamos				
os	levantáis				
se	levantan				

5 Responde a las preguntas.

1 ¿A qué hora sueles levantarte?

2 ¿A qué hora sueles acostarte?

3 ¿A qué hora sueles desayunar?

4 ¿A qué hora sueles cenar?

5 ¿A qué hora sueles comer?

Avanzamos

6 ¿Qué está(n) haciendo?

1 _____ 2 _____ 3 _____ 4 _____ 5 _____ 6 _____

 7 Un detective está siguiendo a Pablo. Escucha y completa lo que está haciendo en cada momento del día. ¿A qué crees que se dedica?

 1 _____   2 _____

 3 _____   4 _____

 5 _____   6 _____

GRAMÁTICA

ESTAR + gerundio

Para expresar la simultaneidad de una acción con el momento actual.

(yo)	estoy
(tú)	estás
(él, ella, usted)	está
(nosotros/-as)	estamos
(vosotros/-as)	estáis
(ellos, ellas, ustedes)	están

-ar **>** -ando: **jugando**

-er **>** } -iendo: **viendo**

-ir **>** **escribiendo**

Con verbos reflexivos

El pronombre puede ir separado antes del verbo *estar* o unido al gerundio.

Me *estoy duchando = Estoy duchándome.*

Gerundios irregulares

dormir - d**u**rmiendo   leer - le**y**endo

vestirse - v**i**stiéndose

8 Pregunta a tu compañero y cuéntaselo al resto de la clase.

¿Qué haces normalmente por la mañana?

Por la mañana

Por la tarde

Por la noche

GRAMÁTICA

Presente de indicativo: verbos reflexivos

	levantarse
(yo)	**me** levanto
(tú)	**te** levantas
(él, ella, usted)	**se** levanta
(nosotros/-as)	**nos** levantamos
(vosotros/-as)	**os** levantáis
(ellos, ellas, ustedes)	**se** levantan

Verbos reflexivos con cambio vocálico

despertarse i>e	acostarse o>ue	vestirse e>i
me desp**ie**rto	me ac**ue**sto	me v**i**sto
te desp**ie**rtas	te ac**ue**stas	te v**i**stes
se desp**ie**rta	se ac**ue**sta	se v**i**ste
nos despertamos	nos acostamos	nos vestimos
os despertáis	os acostáis	os vestís
se desp**ie**rtan	se ac**ue**stan	se v**i**sten

Son también verbos reflexivos: *bañarse*, *ducharse*, *lavarse*, *afeitarse*, *peinarse*...

9 Piensa en diferentes actividades relacionadas con las imágenes y pregunta a tu compañero con qué frecuencia las realiza.

¿Sueles levantarte tarde los fines de semana? ¿Escuchas música normalmente cuando estudias?

NUNCA								
A VECES								
A MENUDO								
SIEMPRE								

10 Y para ti, ¿cómo es un día normal? ¿Qué haces? Cuéntaselo a un amigo en un correo electrónico.

11 Describe qué están haciendo estas personas. ¿Quiénes crees que son las personas que aparecen en las fotos?

12 Busca una foto tuya, y preséntasela a tus compañeros. Entre todos elegid la más curiosa, la más original y la más divertida.

● Ampliamos

13 ¿Sueles escuchar la radio? ¿Qué clase de programas? ¿Por qué?

Programa de humor • Programa de música
Programa de cocina • Programa deportivo • Entrevista
Programa informativo • Programa cultural
Reportaje • Concurso

14 Lee el anuncio. ¿De qué crees que trata cada programa? ¿Quién lo escucha? Coméntalo con tu compañero. ¿Cuál es más interesante?

Yo creo que "El mundo despierta" es un programa de... para gente ...

7:00
EL MUNDO
DESPIERTA
Graciela Barros

10:00
LAS MAÑANAS
DE ONDA 10
Sofía Benítez

ONDA 10

está siempre a tu lado, compartiendo
tu día y tu noche,
tu trabajo y tu descanso.
*Onda 10 va a donde tú vas.
Onda 10 es tu mejor compañía.
Onda 10 es la radio de tu vida.
Toda tu vida pasa por Onda 10.*

24:00 ⬆
HORA DEPORTIVA
Gael García

14:00
TODO NOTICIAS
Ismael Ortega

20:00 ➡
LA MÚSICA
DE TU VIDA
*Juan Díaz y
Ana Pita*

16:00 ⬅
ASÍ ES LA TARDE
Pepa Domínguez

6 Me gusta estar en familia

Funciones
- Expresar y preguntar sobre gustos y preferencias
- Expresar que se comparte o no la opinión de otro
- Señalar posesión
- Referirse a relaciones familiares

- Señalar e identificar personas, cosas y lugares

Gramática
- Verbos *gustar* y *encantar*
- Verbo *preferir*
- Adjetivos posesivos
- Adjetivos y pronombres demostrativos

Léxico
- Gustos y preferencias
- La familia

Cultura
- Los jóvenes españoles viven con sus padres

Empezamos

1 Este es el árbol genealógico de Julio. Responde a las preguntas.

1 ¿Cómo se llama la madre de Azucena?
_____

2 ¿Quién es el tío de Vanesa?
_____

3 ¿Quién es el hijo de Álvaro?
_____

4 ¿Quién es la nieta de Jacinta?
_____

5 ¿Quién es la hermana de Anabel?
_____

6 ¿Quién es el sobrino de Jonathan?
_____

7 ¿Quién es el abuelo de Vanesa?
_____

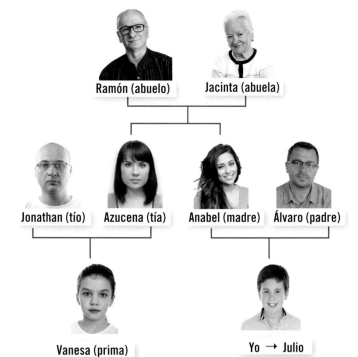

Ramón (abuelo) Jacinta (abuela)

Jonathan (tío) Azucena (tía) Anabel (madre) Álvaro (padre)

Vanesa (prima) Yo → Julio

 2 Ahora, escucha y escribe el nombre de cada uno de los miembros de la familia de Raquel.

1 _____
2 _____
3 _____
4 _____
5 _____
6 _____
7 _____
8 _____
9 _____
10 _____

3 Lee el anuncio: ¿cómo son los hoteles de la cadena NUEVOTEL?

NUEVOTEL

- Me gustan los hoteles cómodos.
- Me gusta el silencio.
- Me gusta dormir en habitaciones grandes y tranquilas.
- Me gustan los hoteles modernos.
- Me gusta encontrar gente amable.
- Me encanta la cadena **NUEVOTEL**.

500 hoteles por todo el mundo, cerca de usted.

Central de reservas:
900 009 900

4 Vuelve a leer el anuncio de los hoteles NUEVOTEL y fíjate en el verbo *gustar.* Relaciona las dos columnas.

Me gusta	desayunar en el hotel.
	los hoteles modernos.
	la tranquilidad.
	los hoteles con piscina.
Me gustan	vivir sin horarios.
	la calidad de NUEVOTEL.

● Avanzamos

5 Escucha la encuesta que le están haciendo a Rubén, un chico venezolano. ¿Qué le gusta? ¿Y a ti?

1 ☐

 a  b

2 ☐

 a  b

3 ☐

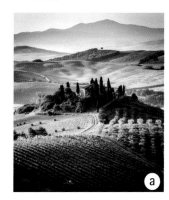 a  b

GRAMÁTICA

Presente de indicativo

Gustar y encantar

(a mí)	me		
(a ti)	te	gusta	el cine.
(a él, ella, usted)	le	encanta	ir a exposiciones.
(a nosotros/-as)	nos		
(a vosotros/-as)	os	gustan	las películas de miedo.
(a ellos, ellas, ustedes)	les	encantan	

preferir

(yo)	pref**ie**ro
(tú)	pref**ie**res
(él, ella, usted)	pref**ie**re
(nosotros/-as)	preferimos
(vosotros/-as)	preferís
(ellos, ellas, ustedes)	pref**ie**ren

*No **me gusta** esquiar, **prefiero** jugar al tenis.*

➜ *me encanta = me gusta mucho*

6 Y a ti, ¿qué te gusta? Pregúntale a tu compañero.

> los hoteles clásicos   los hoteles modernos
> dormir en un *camping*   dormir en un barco
> nadar en el mar   nadar en una piscina
> la tranquilidad   el ruido

- ¿Te gustan los hoteles clásicos?
- No, no me gustan nada. Prefiero los hoteles modernos.

COMUNICACIÓN

Expresar gustos

+++   *Me encanta(n)...*
++   *Me gusta(n) mucho...*
+   *Me gusta(n) / Prefiero...*
−   *No me gusta(n) mucho...*
− −   *No me gusta(n) nada...*

7 Escribe en una tarjeta tus gustos. El profesor va a recogerlas y repartirlas entre todos. ¿De quién es la que te ha tocado? ¿Por qué?

✓ Me encanta el chocolate.

✓ Me gustan mucho las clases de español.

✓ No me gusta mucho el fútbol.

✓ No me gusta nada suspender un examen.

8 En grupos. ¿Compartís estas opiniones?

1 No me gusta leer.
- *A mí tampoco.*

2 Me encantan los dulces.

3 Me gustan las películas románticas.

4 No me gusta levantarme pronto.

COMUNICACIÓN

Expresar si compartimos o no los gustos y opiniones de otras personas

Me gusta estudiar por la noche.

A mí también.   *Pues a mí no.*

No me gustan las películas de acción.

A mí tampoco.   *Pues a mí sí.*

9 Selecciona una foto de tu familia y tráela a clase. Cuéntale a tu compañero quién es cada persona y qué relación tienes con ella. Luego, él te va a presentar a su familia. Finalmente, explícale al resto de la clase cómo es la familia de tu compañero.

Esta es mi abuela.   *Este es mi abuelo.*

Estos son mis padres.   *Este es mi hermano.*

10 Lee las respuestas y escribe las preguntas.

1 _____

Nuestro gato se llama Lucas.

2 _____

No, mis padres no son cubanos, son dominicanos.

3 _____

Mi hermano trabaja en un banco.

4 _____

¿El padre de Ana? Creo que tiene 60 años.

GRAMÁTICA

Adjetivos posesivos

Para referirnos a las relaciones de parentesco, utilizamos los adjetivos posesivos:

(de mí)	mi / mis
(de ti)	tu / tus
(de él, de ella, de usted)	su / sus
(de nosotros/-as)	nuestro/-a/-os/-as
(de vosotros/-as)	vuestro/-a/-os/-as
(de ellos, de ellas, de ustedes)	su / sus

■ *Mis padres son muy simpáticos. ¿Y tus padres?*

● *Mi madre es muy simpática también, pero mi padre es muy serio.*

Adjetivos y pronombres demostrativos

Para señalar e identificar personas, cosas y lugares, empleamos los adjetivos y pronombres demostrativos:

singular		plural	
masculino	femenino	masculino	femenino
este	esta	estos	estas
ese	esa	esos	esas
aquel	aquella	aquellos	aquellas

Esa chica es Raquel.
Aquel señor es mi abuelo.
Estos son sus primos.

Las formas neutras: *esto, eso* y *aquello* son siempre pronombres.

● Ampliamos

11 Lee el título del artículo. ¿De qué tema crees que va a tratar?

Tengo 32 años y vivo con mis padres

PEDRO CHACÓN, EMPLEADO DE UN BANCO

"Tengo 32 años, soy mileurista, es decir, gano unos 1000 euros al mes aproximadamente, y vivo con mis padres". Muchos jóvenes españoles, y de otros países como Italia y Japón, afirman tranquilos que vivir en casa de sus padres es como estar en un hotel, pero, además, gratis.

Pedro es licenciado en Económicas, tiene un máster y habla inglés e italiano, trabaja en un banco en Granada y, de momento, no tiene planes de irse de casa. Su novia, Sonia, de 30 años, también mileurista, vive en un piso compartido con otras tres personas más. Pedro dice: "Tengo trabajo desde hace un año, pero sin contrato fijo. No tengo suficiente dinero para una casa. Así, no es fácil independizarse".

La madre de Pedro también opina: "Me gusta tener a mi hijo en casa, pero creo que está llegando el momento de volar del nido".

12 Después de leer el texto, contesta a estas preguntas.

1 ¿Por qué vive Pedro todavía con sus padres?

3 ¿Ocurre lo mismo en tu país? ¿Cuál es la situación de los jóvenes? Toma algunas notas y habla con tus compañeros.

2 ¿Cuál es tu primera impresión después de leer el texto? ¿Te resulta extraño lo que cuenta Pedro?

4 ¿Qué crees que significa la expresión "volar del nido" en este contexto? ¿Hay alguna expresión similar en tu lengua?

7 Toda una vida

Funciones
- Referirse a acciones pasadas
- Señalar los datos de una biografía
- Formular preguntas

Gramática
- Pretérito indefinido de los verbos regulares

- La doble negación
- Los interrogativos

Léxico
- Acontecimientos en la vida de una persona
- Estados civiles
- Los meses y las estaciones del año

- Números del 101 al 2050

Cultura
- Una noticia de periódico

Empezamos

1 ¿Sabes quién es Frida Kahlo? Lee su biografía y completa las frases.

Frida Kahlo

Frida Kahlo nació el 6 de julio de 1907 en Coyoacán, México. Hija del fotógrafo judío-alemán Guillermo Kahlo y de Matilde Calderón, mexicana de ascendencia española e indígena, es hoy en día el icono más conocido de la cultura y el arte de México.

En 1913, con seis años, sufrió un ataque de poliomielitis, lo que la obligó a permanecer nueve meses en cama y le dejó una secuela permanente: la pierna derecha mucho más delgada que la izquierda.

En 1922 entró en la Escuela Nacional Preparatoria de Ciudad de México, prestigiosa institución educativa de México. Escogió el programa de ciencias naturales. En esta escuela, en 1923, conoció a Diego Rivera.

El 17 de septiembre de 1925 sufrió un grave accidente con un autobús que chocó con un tranvía. Durante su recuperación comenzó a pintar de manera más continuada.

Se casó con Diego Rivera el 21 de agosto de 1929, con 22 años y él, 46. Debido a las lesiones de Frida, el matrimonio nunca llegó a tener hijos.

En noviembre de 1930 la pareja se mudó a Estados Unidos durante cuatro años y vivió en diferentes lugares: San Francisco, Nueva York y Detroit.

En 1932 se quedó embarazada, pero perdió a su hijo. Este hecho inspiró dos de sus obras más valoradas *Henry Ford en el hospital* y *Frida y el aborto*.

Se divorció de Diego Rivera en 1939, pero se volvió a casar con él en 1940.

Murió el 13 de julio de 1954 en Ciudad de México. El día de su entierro el féretro se cubrió con la bandera del Partido Comunista.

1 Nació en el mes de _____ .
2 En 1923 conoció a _____ .
3 A los seis años sufrió un ataque de _____ .

4 Pintó *Henry Ford en el hospital* en _____ .
5 Volvió a casarse con Diego Rivera en _____
6 Murió el _____ .

2 En las biografías utilizamos un tiempo verbal del pasado llamado pretérito indefinido. Subraya todos los que hay en la biografía de Frida Kahlo. Agrúpalos según sus infinitivos: *-ar, -er, -ir.* ¿Terminan igual todos ellos?

-ar:	*-er:*	*-ir:*
	nació	

3 Escribe lo más importante que le pasó a Frida Kahlo en los siguientes años.

1 **1907**
Nació en Cayoacán, México.

2 **1913**

3 **1922**

4 **1923**

5 **1925**

6 **1929**

7 **1932**

8 **1939**

4 ¿Qué más sabes sobre Frida Kahlo? Puedes buscar en internet e intercambiar la información con tus compañeros.

GRAMÁTICA

Pretérito indefinido: verbos regulares

Se utiliza para referirse a acciones pasadas y terminadas.

	trabajar	**perder**	**vivir**
(yo)	trabaj**é**	perd**í**	viv**í**
(tú)	trabaj**aste**	perd**iste**	viv**iste**
(él, ella, usted)	trabaj**ó**	perd**ió**	viv**ió**
(nosotros/-as)	trabaj**amos**	perd**imos**	viv**imos**
(vosotros/-as)	trabaj**asteis**	perd**isteis**	viv**isteis**
(ellos, ellas, ustedes)	trabaj**aron**	perd**ieron**	viv**ieron**

5 Completa las frases de la biografía de Diego Rivera, marido de Frida Kahlo, con las siguientes formas verbales.

volvió • murió • nació • viajó • se casó • pintó

1 _____ en Guajanuato (México) en 1886.

2 En 1920 _____ a Italia para estudiar el arte renacentista.

3 _____ a México en 1922.

4 _____ con Frida Kahlo en 1929.

5 _____ una de sus obras más importantes *Sueño de una tarde dominical en la Alameda Central* en 1946.

6 _____ en Ciudad de México en 1957.

6 Vuelve a leer la biografía de Frida Kahlo y completa los nombres de los meses del año.

1 enero   7 _____
2 febrero   8 _____
3 marzo   9 _____
4 abril   10 octubre
5 mayo   11 noviembre
6 junio   12 diciembre

7 ¿A qué meses corresponden las estaciones del año en tu país?

1 Primavera: _____ , _____ ,
_____ .

2 Verano: _____ , _____ ,
_____ .

3 Otoño: _____ , _____ ,
_____ .

4 Invierno: _____ , _____ ,
_____ .

Avanzamos

8 ¿Recuerdas la primera o última vez que…? Escribe tus respuestas y, después, pregúntale a tu compañero y toma notas.

- *¿Cuándo comiste un helado por última vez?*
- *El verano pasado. ¿Y tú?*
- *Nunca como helados. / No como helados nunca.*

	tú	tu compañero
comer un helado		
leer un libro		
regalar algo a alguien		
escribir un correo electrónico		
ver un partido de fútbol		
recibir un regalo		
llegar tarde a clase		

GRAMÁTICA

Indefinidos

Nunca   Nada   Nadie

Si el indefinido va detrás del verbo, es obligatorio el adverbio *no* delante del verbo.

No comemos carne *nunca* = *Nunca* comemos carne.
Los fines de semana no hago *nada* = *No* hago nada los fines de semana.
Los domingos *no* va *nadie* a clase = *Nadie* va a clase los domingos.

9 Habla con tu compañero sobre lo que hizo Tony ayer.

COMUNICACIÓN

Preguntar

- ¿Qué?
  *¿**Qué** hiciste ayer?*
- ¿Quién? / ¿Quiénes?
  *¿**Quién** te llamó anoche?*
- ¿Dónde?
  *¿**Dónde** pasaste tus vacaciones?*
- ¿Cuándo?
  *¿**Cuándo** cambiaste de casa?*
- ¿Cómo?
  *¿**Cómo** viajaste a Mallorca?*
- ¿Por qué?
  *¿**Por qué** vendiste tu casa?*

22 10 Escucha y comprueba lo que hizo Tony.

Ayer me levanté a las siete.

11 ¿Qué tal tu día de ayer? Cuéntale a tu compañero todo lo que hiciste.

12 Selecciona un personaje, busca datos sobre su biografía y prepara una exposición para el resto de tus compañeros.

1 Wolfgang Amadeus Mozart, Austria, 1756-1791

2 Bill Gates, Estados Unidos,1955

3 Jorge Luis Borges, Argentina 1899-Suiza 1986

4 Nelson Mandela, Sudáfrica, 1918-2013

5 Pénelope Cruz, España, 1974

● Ampliamos

13 Observa el dibujo. ¿Qué crees que ocurrió? Coméntalo con tus compañeros.

14 Fíjate en las diferentes partes de la noticia de un periódico y, con un compañero, identifica cuáles son.

cuerpo de la noticia • titular • sección
título • fecha • subtítulo

15 Lee con atención la noticia y responde a estas preguntas.

1 ¿Quiénes fueron los protagonistas de la noticia?
2 ¿Qué pasó?
3 ¿Cuándo ocurrió?
4 ¿Dónde sucedió?
5 ¿Por qué lo hicieron?

SUCESOS LUNES 30 DE JUNIO

Dos jóvenes rompen la luna trasera de un autobús

Tiraron un monopatín contra el vehículo porque el conductor pasó por la parada sin parar

VALENCIA.- Dos jóvenes de 21 años, Roberto M.D. y Pedro G.G., lanzaron el jueves un monopatín contra un autobús de la línea 5, enfadados porque el conductor no paró para recogerlos. El monopatín rompió la luna trasera del vehículo, pero, afortunadamente, ningún pasajero resultó herido, según informó Mundo Press.

Los hechos ocurrieron sobre las seis de la tarde, entre las paradas de Colón y Xàtiva. Tras la agresión, el conductor frenó y corrió detrás de los jóvenes, que salieron huyendo.

Una patrulla de la policía colaboró en la persecución de los chicos, a los que al final alcanzaron en la plaza del Ayuntamiento. Según los jóvenes, el conductor no se detuvo en la parada, aunque los vio allí. Por su parte, el conductor aseguró que los vio después de pasar por la parada.

CUÉNTAME

1 Rosana Martí es una escritora argentina que ayer habló sobre su vida en un programa de televisión chileno. Escribe la historia de Rosana.

1 En 1955 Rosana Martí nació _____.
2 Con 10 años _____.
3 En 1967 _____ a Buenos Aires.
4 En 1969 _____.
5 Con 20 años conoció a _____.

6 Siete años después _____ y en 1987 _____.
7 En 1990 _____ y 4 años después _____.
8 En 1999 _____, pero...
9 En 2007 _____.

2 Ahora escucha la historia de Rosana y comprueba si tus hipótesis eran ciertas.

3 ¿Qué relación tienen cada una de estas personas con Julia? Completa el árbol genealógico, utilizando las palabras necesarias del recuadro.

el padre / la madre ➔ los padres
el marido / la mujer o el esposo / la esposa • el hijo / la hija
el hermano / la hermana • el abuelo / la abuela • el nieto / la nieta el
tío / la tía • el sobrino / la sobrina
el primo / la prima • el cuñado / la cuñada

AUTOEVALUACIÓN

Contesta a estas preguntas. Después, compara tus respuestas con las de tu compañero.

1 ¿Qué significa *me encanta*?

2 A mí no me gustan las películas románticas. ¿Y a ti?

3 ¿Qué hiciste el verano pasado?

4 ¿Qué está haciendo el niño?

5 ¿A qué hora cenaste ayer?

6 Lo que más me gusta hacer en mi tiempo libre es

7 ¿Cuál es tu película preferida?

8 ¿Es correcto: *Me gusta nada jugar al fútbol*? ¿Por qué?

9 ¿En qué año naciste?

10 ¿En qué mes termina el curso de español?

11 ¿Qué sueles hacer los viernes por la noche?

12 ¿Qué prefieres: té o café?

13 ¿Qué sabes de Toledo?

14 Presente de indicativo de los verbos *acostarse, encontrar, entender, ir* y *pedir*.

15 ¿Cuándo dices *¡Me voy!*?

16 Escribe tu horario de clases.

17 ¿Qué significa *a menudo*?

18 ¿Qué hora es?

19 Mira la imagen de Marcela con su familia. ¿Quién es su padre? ¿Y su madre? ¿Y su abuelo?

Marcela

20 El próximo fin de semana voy a _____ .

Total:____ de 20

¿QUÉ SABES HACER?

Señala todas las actividades que ya sabes hacer. Si no recuerdas alguna, vuelve a la unidad de referencia y repásala.

COMPRENSIÓN ESCRITA

¿Qué puedes comprender cuando lees?

- ☐ Entiendo información puntual básica en carteles; por ejemplo, horarios de comercios (4).
- ☐ Comprendo cartas personales sencillas sobre acciones cotidianas (5).
- ☐ Puedo encontrar y entender la información que me interesa en folletos (5 y 6).
- ☐ Soy capaz de identificar la información esencial de noticias y artículos breves de prensa (6 y 7).

COMPRENSIÓN AUDITIVA

¿Qué puedes entender?

- ☐ Entiendo información básica sobre horarios (4).
- ☐ Soy capaz de entender y de reconocer el tema de una conversación cotidiana sencilla (4 y 5).
- ☐ Entiendo las palabras importantes de una conversación sobre temas que conozco (6).
- ☐ Soy capaz de entender los detalles esenciales de una narración, por ejemplo, la biografía de una persona (7).

EXPRESIÓN ORAL

¿Qué puedes expresar?

- ☐ Soy capaz de contar mis planes futuros (4).
- ☐ Soy capaz de dar información sobre lo que hago en mi vida cotidiana (5).
- ☐ Puedo explicar qué está haciendo una persona o qué está ocurriendo en una situación (5).
- ☐ Puedo dar información personal sobre mi familia (6).
- ☐ Soy capaz de describir a mi familia (6).
- ☐ Puedo hablar de manera sencilla de mis aficiones (6).
- ☐ Soy capaz de contar experiencias personales pasadas (7).

INTERACCIÓN ORAL

¿Cómo puedes interaccionar con los demás?

- ☐ Soy capaz de proponer un plan o hacer una invitación de manera sencilla y de aceptar o rechazar un plan o invitación (4).
- ☐ Puedo expresar la hora (4 y 5).
- ☐ Soy capaz de hablar con alguien para llegar a un acuerdo sobre qué hacer o a dónde ir (4).
- ☐ Puedo preguntar y contestar sobre el tiempo libre y sobre lo que hago normalmente (5).
- ☐ Soy capaz de decir lo que me gusta y lo que no me gusta, y de reaccionar ante los gustos y opiniones de otras personas (6).
- ☐ Puedo preguntar sobre experiencias personales pasadas (7).
- ☐ Soy capaz de manejar cifras, por ejemplo, para hablar de los años (7).

EXPRESIÓN ESCRITA

¿Qué puedes escribir?

- ☐ Soy capaz de escribir notas breves, por ejemplo, puedo completar mi agenda (4).
- ☐ Puedo escribir, en una carta personal, sobre aspectos de la vida cotidiana, utilizando fórmulas de saludo y despedida adecuadas (5).
- ☐ Soy capaz de escribir un texto sobre la situación de una persona (6).
- ☐ Puedo escribir un breve texto con los datos básicos de un acontecimiento pasado (7).

Soy capaz de utilizar y comprender vocabulario sobre los siguientes temas:

- ☐ Las horas (4 y 5).
- ☐ Los días de la semana (4).
- ☐ Acciones habituales (5).
- ☐ La familia (6).
- ☐ Los meses y las estaciones del año (7).
- ☐ Los años (7).

8 ¿Y qué tal fue el viaje?

Funciones	Gramática	Léxico
• Referirse a momentos pasados: pasados lejanos y periodos de tiempo terminados • Expresar movimiento y dirección	• Pretérito indefinido de los verbos irregulares • Expresiones temporales + pretérito indefinido • Verbos + preposiciones	• Viajes • Ubicación y dirección **Cultura** • Un blog de viajes

Empezamos

1 ¿Sabes en qué países están los lugares de las imágenes? Relaciona.

1 ☐ Parlamento de Viena   3 ☐ La Alhambra de Granada

2 ☐ Cataratas de Iguazú   4 ☐ La Giralda de Sevilla

2 Escucha, lee y responde a las preguntas.

1 ¿Qué lugar de Andalucía les gustó más?

2 ¿Qué fue lo más importante que le pasó a Armando en Viena?

¿Qué hiciste el fin de semana pasado?

- Oye, ¿qué tal el fin de semana pasado?
- Fenomenal, viajamos por una parte de Andalucía. El viernes estuvimos en Granada y el sábado por la noche fuimos a Sevilla.
- ¿Y que te gustó más?
- A mí me encantó Granada. Creo que La Alhambra es el monumento más espectacular de España. Nos quedamos en los jardines casi dos horas y luego paseamos por el Albaicín, el barrio más famoso.
- ¿Y qué tal el tiempo?
- Tuvimos mucha suerte porque no hizo demasiado calor.

El mejor viaje de mi vida

- ¿Cuál es el mejor viaje de tu vida, Armando?
- ¿El mejor viaje de mi vida? El que hice a Viena en 2005.
- Sí, Viena es una ciudad muy bonita, ¿verdad?
- Sí, pero lo más importante es que allí conocí a Silvia, en el viaje que organizaron a Bratislava. Empezamos a salir y ¡mira!, nos casamos el verano pasado.

3 Lee el siguiente correo. ¿Dónde estuvo ayer Néstor y qué lugar quiere conocer?

Hola, Amanda:

Como te dije en el correo de hace dos días, ayer fui a ver las cataratas de Iguazú. ¡Son impresionantes! Nos acercamos mucho al agua, en un barco que casi llega hasta la base de la catarata, nos mojamos bastante, ¡sí!, pero lo pasamos muy bien.

¡Estoy deseando conocer las cataratas del Niágara!

Néstor

4 ¿Puedes localizar los pretéritos indefinidos irregulares de los textos anteriores?

hiciste, ...

5 Vuelve a leer los textos y responde: ¿con qué expresiones de tiempo pasado se utiliza el pretérito indefinido?

El fin de semana pasado...

● Avanzamos

6 Completa las frases con el pretérito indefinido.

1 ■ ¿Dónde (estar, tú) _____ ayer?
   ● (Ir) _____ al cine

2 ¿(Hablar, tú) _____ con Jordi? ¿Y qué te dijo?

3 El sábado mi hermano y yo no (hacer) _____ nada.

4 ¿Qué (hacer) _____ tus amigos el verano pasado?

5 Ayer Ana no (poder) _____ salir de viaje porque (llegar) _____ tarde y perdió el vuelo.

6 Y vosotros, ¿a dónde (ir) _____ de vacaciones en agosto?

7 Selecciona cinco expresiones de tiempo pasado y pregunta a tu compañero.

Y tú, ¿qué hiciste...?

> el lunes de la semana pasada
> hace cinco veranos   anoche
> en tu último cumpleaños
> el día de Nochevieja   en 1999
> el martes por la tarde   hace cuatro días
> la última vez que...
> el fin de semana pasado

Y tú, ¿qué hiciste durante la última huelga de transporte público?

Me quedé en casa todo el día.

GRAMÁTICA

Pretérito indefinido: verbos irregulares

Recuerda que para referirnos a acciones pasadas utilizamos el pretérito indefinido.

	estar	hacer	ir / ser	poder	tener	decir
(yo)	estuve	hice	fui	pude	tuve	dije
(tú)	estuviste	hiciste	fuiste	pudiste	tuviste	dijiste
(él, ella, usted)	estuvo	hizo	fue	pudo	tuvo	dijo
(nosotros/-as)	estuvimos	hicimos	fuimos	pudimos	tuvimos	dijimos
(vosotros/-as)	estuvisteis	hicisteis	fuisteis	pudisteis	tuvisteis	dijisteis
(ellos, ellas, ustedes)	estuvieron	hicieron	fueron	pudieron	tuvieron	dijeron

Otras irregularidades

-CAR aparcar	-GAR llegar	leer / caer
(yo) apar**qu**é	(yo) lle**gu**é	(él, ella, usted) le**y**ó / ca**y**ó
		(ellos/-as, ustedes) le**y**eron / ca**y**eron

*El verano pasado mi hermano **leyó** todas las novelas de Vargas Llosa.*

Expresiones temporales
ayer / anoche / anteayer ...
el fin de semana / mes / lunes pasado ...
el domingo / el lunes por la tarde ...
hace X días / meses / años ...
en 1958 ....
la primera / última vez que ...

8 Cuando hablamos de viajes, utilizamos muchos verbos que indican lugar o movimiento. Completa las frases con una de estas preposiciones: *por, a, hasta, en.*

1 Viajamos _____ una parte de Andalucía.

2 Estuvimos _____ Granada.

3 Y también fuimos _____ Sevilla.

4 Nos quedamos _____ los jardines de la Alhambra casi dos horas.

5 Paseamos _____ el Albaicín.

6 En Argentina fui _____ las cataratas de Iguazú.

7 Nos acercamos _____ la catarata.

8 Fuimos _____ un barco que llega _____ la base de la catarata.

9 ¿Qué acciones podemos realizar en estos lugares? Selecciona entre los verbos de lugar, movimiento y dirección del cuadro de Comunicación y escribe frases.

Aeropuerto Madrid-Barajas

AVE (Tren de Alta Velocidad)

Catedral de Barcelona

Puente de Triana, Sevilla

Estadio Vicente Calderón, Madrid

Parque de El Retiro, Madrid

COMUNICACIÓN

Verbos + preposiciones

Para referirnos a acciones relacionadas con lugares, movimientos, direcciones, etc., usamos los siguientes verbos + preposiciones

Pasear por un parque

Viajar por Europa

Pasar por un puente

Bajar a un sótano

Bajar de un avión

Subir a un avión

Entrar en una tienda

Salir de una tienda

Llegar a la estación

Acercarse a / hasta la catarata

Alejarse de la catarata

10 ¿Guardas fotos, recuerdos o mapas de tus viajes? Escribe cómo fue el mejor viaje de tu vida y cuéntaselo a tus compañeros. Explica a dónde fuiste, qué hiciste, cuándo y con quién fuiste...

● Ampliamos

11 Lee el blog de José durante su viaje a México D.F. y contesta a las preguntas.

1 ¿Cómo fue al centro?

2 ¿Qué lugares visitó?

3 ¿Qué hizo en la zona de la Condesa?

4 ¿Dónde durmió ese día?

ⓧ ⊖ ⊕

El blog de los viajeros
México

D. F. Día 2

Tras el gran recibimiento que me hicieron ayer mis amigos, me desperté, me preparé y salí de casa de Anita y lo primero que hice fue tomar el metro en dirección al centro, a la zona del Zócalo, la parte antigua de México D. F.

Paseé por las calles peatonales de los alrededores de la plaza del Zócalo, caminé hasta la Torre Latinoamérica que está a un par de calles del Zócalo, frente al museo de Bellas Artes.

Luego volví a casa, descansé un poco y al rato me llamó mi amiga Elena para quedar. Le dije que sí. Fuimos a cenar por la zona de la Condesa, un lugar muy bonito lleno de bares y restaurantes. Estuvimos en un local que se llama "Pata Negra". Lo recomiendo, pues es un bar donde tocan música en vivo. Se hizo muy tarde, no me di cuenta de la hora, y además olvidé las llaves, así que tuve que dormir en casa de mi amiga Elena, que vive en la zona del Toreo.

Y finalmente, después de un día agotador de caminar y caminar, nos fuimos a descansar.

12 Escribe un post sobre tu último viaje para un blog.

9 Ropa de invierno y de verano

Funciones
- Describir la ropa
- Hablar sobre los colores
- Hablar y preguntar por el tiempo

Gramática
- *Muy | mucho*
- Concordancia entre sustantivos y adjetivos: los colores
- Preposiciones *por* y *para*

Léxico
- El tiempo atmosférico
- Los colores
- La ropa

Cultura
- El tiempo en Hispanoamérica

Empezamos

 1 Lee, escucha y responde a las preguntas.

1 ¿Qué lleva Esther en su maleta?
2 ¿En qué estación del año están: en primavera, verano, otoño o invierno?
3 ¿Encuentra su maleta Esther?
4 ¿De dónde viene Esther?
5 ¿Qué tiene que hacer Esther en el mostrador de "Reclamación de equipajes"?

RECLAMACIÓN DE EQUIPAJES

Mi maleta no aparece
- Vas muy rápido, Esther, ¿qué pasa?
- Voy al mostrador de "Reclamación de equipajes", mi maleta no aparece, no está en la cinta. Seguro que ya está en Nueva York o en Pekín...
- ¡Qué mala suerte!
- Sí, toda mi ropa está dentro y mi abrigo.... Y aquí hace mucho frío. Están en invierno, no como en Buenos Aires.
- Bueno, pues vamos a buscar la maleta.

En el mostrador de "Reclamación de equipajes"
- Mire, aquí solo tenemos estas maletas pequeñas verdes y ese bolso rojo.
- No, no, mi maleta es muy grande, azul y llena de pegatinas.
- Lo siento, tiene que rellenar esta hoja de reclamación.
- Sí, y mientras aparece mi maleta, ¿qué ropa me pongo yo?

2 Vuelve a leer los diálogos y señala cuál es la maleta de Esther.

A

B

C

D

3 Relaciona.

1   a hace sol

2   b llueve

3   c hay tormenta

4   d está nublado

5   e hace viento

● Avanzamos

4 ¿Qué tiempo hace en estos lugares? Completa las frases con las siguientes expresiones.

nieva • hace sol • llueve • hace viento

1 En Boracay, Filipinas

2 En Roma

3 En Quebec

4 En Madrid

5 Relaciona las dos columnas.

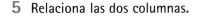

Es muy

Hace mucho

frío
grande
calor
viento
pequeña

GRAMÁTICA   *Muy / mucho*

Muy +
adjetivo → *La maleta es **muy** grande.*
adverbio → *¡Vamos, es **muy** tarde!*

Mucho/-a/-os/-as + sustantivo

*En Moscú hace **mucho** frío.*
*Hay **mucha** gente en el aeropuerto.*
*Ese pantalón tiene **muchos** bolsillos.*
*Es una camiseta con **muchas** flores.*

Verbo + **mucho**

*Mi hermano pequeño viaja **mucho**.*

6 En parejas. Invita a tu compañero a un lugar para ir de vacaciones. Tu compañero tiene que pensar en el tiempo que hace y la ropa que va a llevar en su maleta.

Para ir a Londres, me voy a llevar una gabardina, un jersey de lana y unos pantalones de invierno, una bufanda, un gorro y unos guantes. Hace mucho frío.

COMUNICACIÓN

Hablar del tiempo

*¿Qué tiempo **hace**?*
***Hace** sol / frío / calor / viento.*
***Hay** tormenta / niebla / viento.*
Está nublado.
Llueve.
Nieva.

gorro

bufanda

jersey

camiseta

botas

zapatos

vestido

gafas de sol

abrigo

pantalones

7 En parejas. ¿Por qué no describís las siguientes camisetas y pensáis a qué tipo de persona le gusta llevar cada una de ellas?

El modelo marinero es una camiseta a rayas de color azul. Es una camiseta ideal para personas...

MODELO:
HEAVY

MODELO:
BALONCESTO

MODELO:
BANDERA

MODELO: ZOO

MODELO: MARINERO

8 Cada estudiante va a llevar a la clase una o varias prendas de ropa o accesorios. Por turnos, tienen que describirlas ante el resto de los compañeros. Todos decidirán cuáles son las mejores.

Este vestido es para el verano.

9 El profesor va a recoger todas las prendas de vestir o accesorios del ejercicio 8 y va a preguntar a un alumno por su propietario. El alumno responde sin decir el nombre.

- ¿De quién es este gorro?
- Es suyo (de Tom).

COMUNICACIÓN

Describir prendas de ropa con colores

-o/-a		invariable	
blanco/-a		azul	
negro/-a		verde	
rojo/-a		rosa	
amarillo/-a		marrón	
morado/-a		naranja	
		gris	

*Un bolso **rojo**. / Una maleta **roja**.*
*Un bolso **azul**. / Una maleta **azul**.*

GRAMÁTICA

Usos de *por* y *para*

POR	PARA
1 Causa *Yo creo que María prefiere esta camiseta **por** el color.*	**1 Finalidad, objetivo, destinatario** *Esta ropa sirve **para** ir a la playa.*
2 Medio "a través de" - *Mandé la maleta **por** avión.* - ***Por** teléfono / **por** e-mail, etc.*	**2 Opinión: *para* + nombre / pronombre** ***Para** mí, los pantalones de Iván son los mejores.*
3 Lugar "a través de" *Antes de venir, he pasado **por** el polideportivo.*	**3 Lugar "en dirección a"** *El camión ya va **para** la tienda.*

GRAMÁTICA

Pronombres posesivos

(de mí)	mío/-a/-os/-as
(de ti)	tuyo/-a/-os/-as
(de él, ella, usted)	suyo/-a/-os/-as
(de nosotros/-as)	nuestro/-a/-os/-as
(de vosotros/-as)	vuestro/-a/-os/-as
(de ellos/-as, ustedes)	suyo/-a/-os/-as

*Este gorro es **mío** y la chaqueta es **suya**.*

10 Construye frases con *por* y *para.* Hay varias posibilidades.

1 Compré este vestido
2 Estas botas son
3 Me gusta la chaqueta   por
4 Esta camiseta es   para
5 Esta ropa sirve
6 He pasado esta mañana

a el color.
b la fiesta.
c internet.
d la zapatería.
e mi hermano.
f la nieve.

11 Escucha el diálogo y fíjate en el mapa. ¿Dónde están Ana y Héctor?

12 Describe el clima de tu región en cada estación del año.

En primavera: _____
En verano: _____
En otoño: _____
En invierno: _____

● Ampliamos

13 Indica cuáles de las siguientes palabras son catástrofes naturales.

sequía • inundación • deshielo • bombardeo
terremoto • huracán • naufragio • deforestación

14 Lee el texto y contesta a las preguntas.

1 ¿Qué es el cambio climático? Defínelo con tus propias palabras.
2 ¿Qué palabras del texto crees que pertenecen a un vocabulario más técnico? ¿Conoces alguna otra?
3 ¿Cómo puedes ayudar tú a frenar el cambio climático?

EL CAMBIO CLIMÁTICO

Desde hace unos años, los científicos y expertos en cuestiones meteorológicas vienen alertándonos sobre los peligros y los riesgos del llamado "cambio climático", una realidad que, en muchos lugares de nuestro planeta, ya se está manifestando en forma de catástrofes naturales cada vez más frecuentes: sequías, inundaciones, etcétera.

No se puede negar que el clima está cambiando de una manera demasiado rápida debido a la acción del hombre, y así va a seguir pasando en los próximos años. Los científicos pronostican que la subida de las temperaturas, debida al aumento de CO_2 en la atmósfera y a la reducción de la capa de ozono, está provocando un calentamiento progresivo de la Tierra, como se puede observar en el acelerado deshielo de las zonas polares y en la consiguiente subida del nivel del agua en océanos y mares.

Parece que las visiones apocalípticas sobre el futuro del planeta que nos han presentado algunas películas de Hollywood han dejado de ser ficción para convertirse en realidad. El cambio climático ha empezado a tener efectos sobre nuestras vidas, pero ¿hay algún remedio?

10 ¿A qué hora te has levantado hoy?

Funciones	Gramática	Léxico
• Referirse a acciones pasadas recientes o dentro de periodos de tiempo no finalizados	• Pretérito perfecto de indicativo • Contraste de uso pretérito perfecto y pretérito indefinido • *Ya* y *todavía no* • Pronombres de objeto directo	• Prensa y anuncios publicitarios **Cultura** • Historias de niños que hablan español

● Empezamos

Noticias locales

Este año ya han robado dos veces en el Museo Municipal de Arte Moderno.

Este año ya han robado dos veces en el Museo Municipal de Arte Moderno.

El alcalde ha inaugurado hoy la nueva estación de autobuses.

Todavía no han encontrado dos de los cuatro monos desaparecidos del zoológico.

Los equipos de fútbol local han llegado a un acuerdo con los colegios para promocionar el deporte escolar.

televoz

- ✅ En enero **televoz** bajó sus tarifas un 5%.
- ✅ En verano volvió a bajarlas otro 5%.
- ✅ Esta semana **televoz** ha vuelto a bajar sus tarifas: ahora un 6%.
- ✅ Este año **televoz** ha bajado sus tarifas en tres ocasiones. Ninguna otra compañía telefónica lo ha hecho nunca.

televoz ●●●
TARIFAS MÁS BAJAS DÍA A DÍA

---

1 Lee las noticias y el anuncio y señala si las siguientes informaciones son verdaderas (V) o falsas (F).

1 ☐ Los monos desaparecidos del zoo ya han aparecido.

2 ☐ Los equipos de fútbol de la ciudad han colaborado con los colegios.

3 ☐ TELEVOZ es la única compañía que ha bajado sus tarifas tres veces este año.

4 ☐ Hoy han abierto la nueva estación de autobuses.

5 ☐ Es la segunda vez que han robado en el Museo de Historia.

2 ¿A qué titulares corresponden los siguientes fragmentos de las noticias? No necesitas entender todas las palabras.

La campaña de apoyo a las actividades deportivas va a comenzar durante el próximo curso escolar. Jugadores y entrenadores han prometido visitar los centros educativos personalmente.

1

Es la segunda vez este año que los ladrones han pasado por las salas laterales y se han llevado diferentes obras de arte. La policía no ha encontrado ninguna pista.

2

Avanzamos

3 Completa y habla con tus compañeros de clase.

1 Estas navidades _____

2 Últimamente _____

3 Esta mañana _____

4 Este año _____

GRAMÁTICA

Pretérito perfecto de indicativo
Para referirnos a acciones pasadas recientes o dentro de periodos de tiempo no finalizados, usamos el pretérito perfecto.

	Presente de *haber*	Participio pasado
(yo)	he	
(tú)	has	-ar > -ado: baj**ado**
(él, ella, usted)	ha +	-er > -ido: establec**ido**
(nosotros/-as)	hemos	-ir > -ido: viv**ido**
(vosotros/-as)	habéis	
(ellos/-as, ustedes)	han	

Algunos participios irregulares

hacer - **hecho**   abrir - **abierto**
poner - **puesto**   decir - **dicho**
romper - **roto**   descubrir - **descubierto**
ver - **visto**   escribir - **escrito**
volver - **vuelto**   morir - **muerto**

*Todavía no **he hecho** los deberes. Los voy a hacer esta noche.*

4 Lee la viñeta. ¿Entiendes el significado de *ya* y de *todavía no*? En parejas, escribid una frase con cada expresión.

¿*Ya* has visto la película?

No, *todavía no* **la** he visto, pero quiero ir a verla mañana.

5 Elige la opción correcta.

1 ■ ¿Sabes qué ha pasado hoy en Brasil?
   ● No, *ya / todavía no* he leído las noticias.
2 ■ ¿Has visto alguna vez un partido de fútbol en directo?
   ● No, *ya / todavía no*, pero quiero hacerlo un día.
3 ■ ¿Quieres el periódico?
   ● No, gracias. *Ya / Todavía no* lo he leído.
4 ■ ¡Estamos de vacaciones!
   ● ¿*Ya / Todavía no* habéis terminado el curso?

6 Después de hacer el ejercicio 5, ¿has entendido el uso de *ya* y *todavía no*?

☐ Sí, ya lo he entendido.
☐ No, todavía no lo he entendido.

7 Lee de nuevo los bocadillos del ejercicio 4. ¿A qué se refiere el pronombre *la*?

GRAMÁTICA

Pronombres de objeto directo: *lo, la, los, las*

Reemplazan a una persona o a un objeto para evitar una repetición.

■ ¿Has encontrado **el libro**?
● Sí, ya **lo** he encontrado.

■ ¿Has visto **a María**?
● No, todavía no **la** he visto.

8 Completa la frase con el pronombre de objeto directo *lo, la, los, las.*

1 ■ ¿Ya has leído el libro?
● No, todavía no _____ he leído.

2 ■ ¿Has comprado los regalos para los niños?
● Sí, ya _____ he comprado.

3 ■ ¿Has conocido a mi hermana?
● No, todavía no _____ he conocido.

4 ¿La cena? Todavía no _____ he preparado.

5 ■ ¿Sabes dónde están mis gafas?
● No, no _____ he visto.

6 ■ ¿Tienes dos entradas para el concierto?
● Sí, ya _____ he comprado.

9 Pregunta a tu compañero si ha realizado estas actividades alguna vez.

■ ¿Has cantado en público alguna vez?
● Sí, muchas veces, pero siempre entre amigos. ¿Y tú?
■ No, yo nunca, soy muy tímido.

	SÍ	NO
1 Cantar en público		
2 Perder el teléfono móvil		
3 Pilotar un avión		
4 Vivir en una isla		
5 Disfrazarse		
6 Escribir un libro		
7 Organizar una fiesta en casa		
8 Casarse		
9 Hacer un safari		
10 Esquiar en los Alpes		
11 Estar en algún país hispanoamericano		

27 10 Escucha los tres diálogos y completa.

1 ● A las siete y cuarto, María _____ todavía.
● María se ha retrasado porque el metro _____.
● Mónica y Eva ya _____ las entradas.

2 ● Tony no _____ en Japón.
● Virginia estuvo dos veces el año pasado: en _____ y en _____.

3 ● Últimamente Alberto _____ y está cansadísimo.

11 ¿Cuándo hiciste las siguientes actividades por última vez? Escribe frases con pretérito perfecto o con pretérito indefinido.

El sábado fui al cine. / Este fin de semana he ido al cine.

1 ir al cine
2 comprar algo de ropa
3 hacer deporte
4 hacer los deberes
5 comer fruta
6 tener un examen

COMUNICACIÓN

Contrastar acciones en pasado

Para marcar el contraste entre acciones pasadas en un periodo de tiempo terminado o no terminado, se usa respectivamente, el pretérito perfecto y el pretérito indefinido.

Con cada uno de estos tiempos de pasado solemos utilizar distintas expresiones temporales:

Pretérito perfecto	Pretérito indefinido
Hoy	*Ayer / anoche*
Esta mañana / semana	*La mañana pasada*
Ya / Todavía no	*En 1974, en enero*
Últimamente	*El lunes por la tarde*
Hace cinco minutos	*Hace cinco años*

***Hoy** me **he levantado** muy tarde porque **anoche** me **acosté** a las cinco.*

12 Piensa en dos cosas positivas y dos negativas que te han pasado esta semana. Coméntalas con tus compañeros.

Esta semana he perdido la tarjeta de crédito, pero ha sido mi cumpleaños
y he recibido muchos regalos...

Ampliamos

13 Tienes un minuto para leer una de las dos historias que se incluyen en el texto y contársela a tu compañero.

14 Busca en el diccionario las palabras que no entiendas e intenta explicarlas en español.

Historias de niños que hablan español

ALEJANDRO MENDOZA MOLINA
Dos años

Los papás de Alejandro son mexicanos, pero él no ha estado todavía en México. Alejandro ha nacido en España porque su papá trabaja en Palma de Mallorca para una compañía aérea española, desde hace cinco años. Los papás de Alejandro han ido tres veces a México este año pero él no los ha acompañado porque han sido viajes muy cortos.
Las próximas navidades va a viajar a México por primera vez y va a conocer a sus abuelitos.

MARINA TORRES ALONSO
Seis años

Marina vive en Valencia desde hace dos años. Su padre trabaja en la construcción y su madre en un supermercado, de cajera. Son ecuatorianos.
Marina ha perdido el acento de su país: habla con la tonada[1] de España, más brusca que la nuestra -dice su madre-. Su padre añade: "Esta tarde, cuando ha oído *auto*, me ha corregido y ha dicho: 'No se dice *auto*, papá, se dice *coche*'".

[1] Acento = tonada.

15 ¿Conoces alguna historia similar? Intenta resumirla en uno o dos párrafos y después cuéntasela a tus compañeros.

11 Tienes que cuidarte

Funciones
- Hablar y preguntar por el estado físico y la salud
- Expresar dolor físico
- Expresar obligación, consejo o sugerencia
- Justificarse
- Ir al médico

Gramática
- Verbo *doler*
- Uso de las perífrasis verbales:
  tener que + infinitivo
  deber que + infinitivo
  hay que + infinitivo
- Tratamiento *tú / usted*

Léxico
- Salud y enfermedad
- Las partes del cuerpo

Cultura
- Chistes

■ Empezamos

1 Lee y escucha los diálogos y marca si las frases son verdaderas (V) o falsas (F).

1 ☐ Susana se encuentra muy bien.
2 ☐ A Susana le duele la cabeza, la espalda, las piernas...
3 ☐ Tiene siempre mucha energía.
4 ☐ Trabaja mucho.
5 ☐ Su compañero le aconseja ir al médico.
6 ☐ Susana va a ver a su médico por la tarde.

No tienes buena cara. ¿Qué te pasa?
- ■ Oye, no tienes buena cara. ¿Qué te pasa?
- ● No sé, últimamente no me encuentro muy bien. Me duele todo el cuerpo, estoy siempre cansada...
- ■ ¿Y por qué no vas al médico, Susana? Tienes que cuidarte.
- ● Es que no tengo tiempo, estoy muy ocupada...
- ■ Sí, pero la salud es lo primero, tienes que ir al médico.

2 Susana visita a su médico. Escucha la conversación y responde a las preguntas.

1 ¿Qué le ocurre a Susana últimamente?
2 ¿Qué le aconseja el doctor?
3 ¿Por qué le van a hacer un análisis de sangre?

Llamo para pedir cita
- ■ Clínica del Mar, buenos días.
- ● Buenos días. Llamo para pedir cita con el doctor Zamorano. ¿Puede ser el lunes?
- ■ Sí, el lunes a las cinco. ¿Cómo se llama?
- ● Susana Aguirre.

3 Vuelve a escuchar la conversación de Susana con su médico. ¿Qué tratamiento utiliza el médico: *tú* o *usted*? Elige la opción correcta y coméntalo con tu compañero.

1 ¿Qué le ocurre? / ¿Qué te ocurre?
2 ¿Tienes mucho estrés? / ¿Tiene mucho estrés?
3 Te vamos a hacer un análisis. / Le vamos a hacer un análisis.

4 Ordena el diálogo entre Susana y el médico.

1 ☐ ¿Tiene usted mucho estrés?

2 ☐ Buenos días. ¿Qué le ocurre?

3 ☐ Hay que tomarse las cosas con calma. El estrés es muy perjudicial para la salud. Tiene que trabajar menos y estar más tranquila.

4 ☐ No sé qué tengo... pero siempre estoy agotada y a menudo tengo dolor de espalda, dolor de cabeza... Me duele todo.

5 ☐ Bueno, últimamente sí.

6 ☐ Sí, sí. Lo sé.

7 ☐ De acuerdo, muchas gracias, doctor.

8 ☐ Le vamos a hacer un análisis de sangre. Puede tener un poco de anemia.

COMUNICACIÓN

Hablar y preguntar sobre el estado físico y la salud

¿Qué te / le ocurre?

¿Qué te / le pasa?

¿Te encuentras / Se encuentra bien?

Me duele la cabeza. / Me duelen los pies.

Tengo dolor de estómago.

Tengo anemia.

---

5 Relaciona las siguientes expresiones. Hay más de una opción.

1	me encuentro	a	cita
2	ir	b	un análisis
3	me duele	c	bien
4	tengo	d	la cabeza
5	estoy	e	cansada
6	hacer	f	cara
7	pedir	g	al médico
8	tener mala	h	estrés

6 Clasifica las siguientes expresiones.

tener mala cara • encontrarse mal
tomarse las cosas con calma • tener estrés
trabajar menos • estar agotado • hacer una dieta
tener la nariz congestionada

Síntomas	Consejos

Avanzamos

7 Observa los nombres de las partes del cuerpo y escribe el número que le corresponde a cada uno.

☐ **la cabeza**
  ☐ la frente
  ☐ la oreja
  ☐ el ojo
  ☐ la nariz
  ☐ la boca
  ☐ el diente
☐ **el cuello**

☐ **el brazo**
  ☐ el hombro
  ☐ el codo
  ☐ la mano
  ☐ el dedo
☐ **la tripa**
☐ **la pierna**
  ☐ la rodilla
  ☐ el tobillo
  ☐ el pie
☐ **la espalda**

8 Escribe seis partes del cuerpo y díselas a tu compañero. Él tiene que señalarlas.

9 Escucha estos diálogos y señala a qué médico especialista ha acudido cada paciente.

A ☐
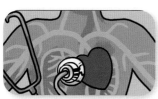

B ☐

Cardiólogo   **Otorrinolaríngologo**

C ☐
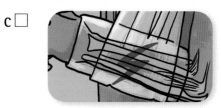

Traumatólogo

10 Imagina que tienes que reaccionar en los siguientes casos. Justifícate como en el modelo.

- ■ *¿Por qué no comes más pescado?*
- ● *Es que no me gusta.*

1 ¿No puedes llegar antes de las nueve?
2 Tienes mala cara.
3 ¿Por qué no haces ejercicio dos o tres veces por semana?
4 No hay que tener estrés por los exámenes.

11 Un médico puede aconsejar diferentes remedios. Relaciona las imágenes con las siguientes expresiones.

☐ hacer ejercicio • ☐ tomar unas pastillas
☐ ponerse una crema • ☐ dormir mucho
☐ dejar de tomar café • ☐ beber mucha agua
☐ hacer una dieta • ☐ hacerse unos análisis

1

2

3

4

5

6

7

8

12 En parejas. Preparad una escena en la consulta del médico. El paciente: piensa en la enfermedad por la que va a la consulta: síntomas, duración, sus hábitos, etc. El médico: busca el remedio y las recomendaciones: medicaciones, pruebas médicas, etcétera.

GRAMÁTICA

Para expresar el dolor, usamos el verbo *doler*.

Verbo *doler*

(a mí)	**me**		
(a ti)	**te**		
(a él, ella, usted)	**le**	dul**e**	el cuello
(a nosotros/-as)	**nos**		**singular**
(a vosotros/-as)	**os**	dul**en**	las piernas
(a ellos/-as, ustedes)	**les**		**plural**

Este verbo se usa igual que *gustar*. Funcionan igual:
Pasar: *¿Qué te pasa?*
Parecer: *¿Qué te parece?*

COMUNICACIÓN

Expresar obligación, dar consejos o sugerir

Tienes que
Debes   + infinitivo
Deberías

Estos verbos se pueden conjugar en todas las personas: *tengo que, tienes que, tiene que, tenemos que, tenéis que, tienen que.*

Hay que + infinitivo
Solo se usa esta forma de manera impersonal:
Hay que comer bien para estar sano.

Justificarse

- ■ *¿Y por qué no vas al médico?*
- ● ***Es que*** *no tengo tiempo.*

● Ampliamos

13 Lee estos dichos populares sobre la salud. ¿Qué significan? ¿Hay alguno similar en tu lengua?

- Con la salud no se juega.
- Tres cosas hay en la vida: salud, dinero y amor.
- La salud es un tesoro que vale más que el oro.

14 ¿Conoces algún dicho popular en tu idioma? Tradúcelo en español.

15 ¿Te gustan los chistes? Lee unos chistes sobre médicos y escribe a cuál de ellos corresponden las siguientes informaciones.

1 ☐ Es sordo.

2 ☐ Tiene problemas de memoria.

3 ☐ No puede hacer actividad física.

4 ☐ No le ocurre nada.

5 ☐ Tiene un problema con una parte de su cuerpo.

A

▪ ¡Hombre, Pedro! ¿Qué tal?

● Pues ahora vengo del médico.

▪ ¿Y qué te ha dicho?

● Dice que no puedo jugar al fútbol.

▪ ¿Por qué? ¿Estás enfermo?

● No, es que dice que juego muy mal.

B

▪ ¿Qué tal fue la operación de oído?

● Sí.

C

▪ Doctor hace dos semanas que no como, no duermo y no bebo agua. ¿Qué creo que tengo?

● Pues usted tiene hambre, sueño y sed.

D

▪ Doctor, hace unos días que me duele mucho esta pierna.

● Eso es normal a su edad...

▪ Ah, pues la otra pierna tiene la misma edad y no me duele.

E

▪ Doctor, creo que tengo amnesia. Cuando alguien me dice algo, al minuto se me olvida.

● ¿Desde cuándo tiene ese problema?

▪ ¿Qué?

16 ¿Te gusta contar chistes? ¿Puedes contar uno en español a tus compañeros?

CUÉNTAME:

1 Sonia es una estudiante de español de 16 años. Mira los dibujos y escribe qué ha hecho hoy.

2 Completa las siguientes frases con *muy* o *mucho/-a/-os/-as*.

1 Sonia es una chica _____ trabajadora.

2 En el instituto, Sonia tiene _____ horas de clase.

3 A ella le gusta _____ salir con sus amigos pero no tiene _____ tiempo.

4 Sonia gasta _____ energía en su actividad diaria.

5 Además del trabajo en clase, Sonia tiene que hacer _____ deberes.

6 Sonia no ve _____ la televisión, solo un poco cuando está cenando.

7 Sonia se levanta _____ pronto, a las siete y media.

3 En parejas. Pregunta a tu compañero qué ha hecho Sonia últimamente. Tú compañero te va a preguntar a ti qué hizo Sonia el fin de semana pasado.

■ *¿Qué ha hecho Sonia esta tarde?*

● *Ha chateado. ¿Y qué hizo el viernes por la tarde?*

ALUMNO A	
Últimamente	El fin de semana pasado
ESTA TARDE	VIERNES POR LA TARDE
ESTA SEMANA	SÁBADO POR LA MAÑANA
ESTE MES	SÁBADO A LA HORA DE COMER
ESTE VERANO	DOMINGO POR LA MAÑANA
ESTE CURSO	DOMINGO POR LA TARDE

ALUMNO B	
Últimamente	El fin de semana pasado
ESTA TARDE	VIERNES POR LA TARDE
ESTA SEMANA	SÁBADO POR LA MAÑANA
ESTE MES	SÁBADO A LA HORA DE COMER
ESTE VERANO	DOMINGO POR LA MAÑANA
ESTE CURSO	DOMINGO POR LA TARDE

4 Piensa en los momentos importantes de tu vida y escribe tu biografía.

AUTOEVALUACIÓN

Contesta a estas preguntas. Después, compara tus respuestas con las de tu compañero.

1 Pretérito indefinido del verbo *ir*.

_____

2 ¿Qué es el Albaicín y dónde está?

_____

3 Elige la preposición correcta: *pasear por / en / de*.

_____

4 Elige la opción correcta:
Hace mucho frío. / Es muy viento.

5 Participio pasado del verbo *abrir*.

_____

6 Pretérito indefinido del verbo *poder*.

_____

7 ¿Qué preposición usamos con el verbo *alejarse?*

_____

8 ¿Cómo se dice en español esta prenda de vestir?

_____

9 ¿Qué hiciste ayer?

_____

10 ¿Qué hacen?

11 Pretérito indefinido del verbo *decir*.

_____

12 Elige la opción correcta:
Tengo muy / mucho calor.

13 ¿A qué hora te has levantado hoy?

_____

14 ¿Cómo se dice en español esta prenda de vestir?

_____

15 Señala dos cosas que deberías hacer con más frecuencia.

_____

16 Señala dos cosas que tienes que hacer para tener buena salud.

_____

17 Todavía no he...

_____

18 Ya he...

_____

19 ¿Qué tiempo hace?

_____

20 ¿Cómo se dice en español?

_____

Total:____ de 20

¿QUÉ SABES HACER?

Señala todas las actividades que ya puedes sabes. Si no recuerdas alguna, vuelve a la unidad de referencia y repásala.

COMPRENSIÓN ESCRITA
¿Qué puedes comprender cuando lees?

☐ Comprendo mensajes de correo electrónico cortos y sencillos (8).

☐ Soy capaz de comprender la información e interpretar los símbolos de un mapa del tiempo (9).

☐ Puedo identificar el titular de una noticia de periódico y el formato de un anuncio (10).

☐ Soy capaz de leer un texto expositivo sencillo y contestar a unas preguntas breves sobre él (10).

☐ Puedo entender chistes (11).

COMPRENSIÓN AUDITIVA
¿Qué puedes entender?

☐ Entiendo conversaciones sencillas sobre viajes (8).

☐ Comprendo preguntas breves e información sobre la ropa y los colores (9).

☐ Entiendo información básica sobre un titular de periódico (10).

☐ Identifico en diálogos breves términos relacionados con la salud y las enfermedades (11).

EXPRESIÓN ORAL
¿Qué puedes expresar?

☐ Soy capaz de expresar nociones básicas sobre movimiento y dirección (8).

☐ Puedo hablar de manera básica sobre el tiempo (9).

☐ Soy capaz de describir la ropa, por ejemplo, su color (9).

☐ Puedo referirme de manera sencilla a acciones pasadas recientes o a lo que he hecho hoy (10).

☐ Puedo expresar el contraste entre lo que hice ayer y lo que he hecho hoy (10).

☐ Soy capaz de expresar obligación, dar un consejo o sugerir algo sobre un tema sencillo, por ejemplo, relacionado con la salud (11).

☐ Puedo expresar cómo me encuentro y decir qué me duele de manera sencilla (11).

INTERACCIÓN ORAL
¿Cómo puedes interaccionar con los demás?

☐ Puedo preguntar a otro sobre cosas que hizo en el pasado (8).

☐ Soy capaz de pedir y dar información sobre el tiempo que hace en un lugar (9).

☐ Puedo preguntar de manera básica por prendas de ropa (9).

☐ Soy capaz de expresar y preguntar por lo que ha hecho otra persona (10).

☐ Puedo decir cómo estoy e interesarme y preguntar por la salud de otros (11).

EXPRESIÓN ESCRITA
¿Qué puedes escribir?

☐ Soy capaz de escribir mensajes de correo electrónico sencillos y cortos (8).

☐ Puedo escribir un texto breve para contar algo sobre un viaje (8).

☐ Puedo describir el clima de mi región (9).

☐ Soy capaz de escribir una página de diario con las informaciones básicas de lo que he hecho hoy (10).

Soy capaz de utilizar y comprender vocabulario sobre los siguientes temas:

☐ Viajes y dirección (8).

☐ Colores (9).

☐ Prendas de ropa (9).

☐ Tiempo atmosférico y clima (9).

☐ Secciones de periódicos (10).

☐ Anuncios publicitarios (10).

☐ Partes del cuerpo (11).

☐ Enfermedades y médicos (11).

☐ Expresiones relacionadas con la salud (11).

12 Antes todo era diferente

Funciones
- Indicar el contraste entre *antes* y *ahora*
- Describir personas, cosas y lugares en el pasado
- Referirse a acciones habituales en el pasado
- Hablar de recuerdos personales

Gramática
- Pretérito imperfecto de indicativo de los verbos regulares e irregulares
- Expresiones temporales que indican acciones habituales
- *Solía* + infinitivo
- *Ser* y *estar*

Léxico
- Momentos de la vida de una persona
- Recuerdos infantiles

Cultura
- Tradiciones navideñas: los Reyes Magos

Empezamos

1 Lee el texto y relaciona los dibujos con los párrafos A, B, C y D.

El antes y ahora de Manuel y Sonia
Manuel y Sonia son una pareja de españoles que ahora viven en Bruselas, la capital de Bélgica. No tienen hijos y los dos trabajan fuera de casa. Siempre están muy ocupados, sobre todo Sonia, y con poco tiempo libre. Pero antes su vida no era así, todo era diferente.

A Ahora pasan poco tiempo juntos. Sonia está todo el día fuera de casa y tiene que viajar mucho por motivos de trabajo, por eso, suele estar muy cansada. Ya no viven al lado del mar y echan de menos salir a navegar los fines de semana. _____

B Antes vivían en España, en un pueblo de la costa mediterránea llamado Nerja. Manuel daba clases de español para extranjeros en una academia y Sonia estudiaba Secretariado Internacional y, durante los veranos, trabajaba de camarera en un bar de la playa. _____

C Ahora viven en Bruselas. Manuel todavía da clases de español, en el Instituto Cervantes; a veces, también hace traducciones para una editorial. Sonia aprobó un examen para la Unión Europea y trabaja como secretaria de un eurodiputado español. _____

D Antes tenían más tiempo libre. Manuel iba al gimnasio tres días por semana, era muy deportista. Los dos leían mucho y salían con sus amigos. Casi todos los fines de semana hacían excursiones y salían a navegar al mar. _____

2 Lee de nuevo el texto y responde a las preguntas.

1. ¿Dónde viven Manuel y Sonia?
2. ¿Dónde vivían antes?
3. ¿A qué se dedica Manuel ahora?
4. ¿Qué hacía Sonia antes?
5. ¿Cómo era la vida de Manuel antes?
6. ¿Cómo es la vida de Sonia ahora?

3 En el texto sobre Manuel y Sonia aparece un nuevo tiempo de pasado: el pretérito imperfecto. ¿Puedes escribir las formas que corresponden a estos infinitivos?

1 ser   *era*
2 vivir
3 dar
4 estudiar
5 estar
6 tener
7 ir
8 leer
9 salir
10 hacer

4 Fíjate en los ejemplos del uso de *ya no* y *todavía*. Vuelve a leer el texto y señala otras cosas que todavía hacen o ya no hacen Manuel y Sonia.

ANTES	AHORA
Manuel y Sonia vivían al lado del mar, pero ...	**ya no** viven junto al mar.
Manuel enseñaba español y ...	**todavía** da clases de español.

5 Haz una lista de cosas que hacías habitualmente el año pasado y después escribe si todavía las haces o ya no.

El año pasado jugaba al tenis, ahora ya no tengo tiempo. / Ahora todavía juego al tenis.

6 ¿Qué verbo se usa: *ser* o *estar*?

Es ⎰ trabajando todo el día
    cansada siempre
    secretaria
    en Bruselas
Está ⎱ muy ocupada
    española
    la mujer de Manuel

GRAMÁTICA Pretérito imperfecto de indicativo

Verbos regulares

	estudiar (-ar)	tener (-er)	vivir (-ir)
(yo)	estudi**aba**	ten**ía**	viv**ía**
(tú)	estudi**abas**	ten**ías**	viv**ías**
(él, ella, usted)	estudi**aba**	ten**ía**	viv**ía**
(nosotros/-as)	estudi**ábamos**	ten**íamos**	viv**íamos**
(vosotros/-as)	estudi**abais**	ten**íais**	viv**íais**
(ellos/-as, ustedes)	estudi**aban**	ten**ían**	viv**ían**

Verbos irregulares

ser	ver	ir
era	veía	iba
eras	veías	ibas
era	veía	iba
éramos	veíamos	íbamos
erais	veíais	ibais
eran	veían	iban

Solo estos tres verbos son irregulares en pretérito imperfecto.

USOS

Usamos el pretérito imperfecto para:

• Hablar de acciones habituales en el pasado:
Casi todos los fines de semana, Manuel y Sonia **salían** *con sus amigos y* **navegaban** *en su barco.*

• Hacer descripciones en el pasado:
Cuando **era** *joven, Sonia* **tenía** *el pelo rizado y largo y* **vestía** *de manera informal.*

• Expresiones temporales: *siempre, a menudo, muchas veces, todos los fines de semana, habitualmente.*

• También podemos usar la expresión *solía* + infinitivo:
Solían navegar = *A menudo navegaban.*

• Avanzamos

7 Habla con tu compañero sobre cómo era tu vida antes y cómo es ahora. ¿Ha cambiado mucho? ¿Qué solías hacer antes y ahora no haces?

*Antes **salía** mucho por las noches y ahora **estoy** siempre cansado y no **salgo** tanto.*

8 Patricia y Belén recuerdan cómo eran sus habitaciones de niñas. Lee lo que cuenta Patricia y, con ayuda del dibujo, imagina lo que dice Belén.

Cuando era pequeña me encantaba jugar en mi habitación: tenía una caja muy grande, donde guardaba todos mis juguetes. También había una alfombra con dibujos de muñecas. Mi hermano pequeño y yo siempre saltábamos sobre mi cama. Era muy divertido.

 9 Escucha ahora a Belén y compara con lo que tú has imaginado.

10 Pregunta a tu compañero sobre sus recuerdos.

¿Cómo era(n)...?

tu colegio
el coche de tus padres
tu juguete favorito
tu artista preferido
tu ropa
tus vecinos
tu mascota / animal doméstico
el jardín de tu casa

GRAMÁTICA

Ser y estar
Observa estos usos de los verbos *ser* y *estar*. Pueden ayudarte para hablar de tus recuerdos.

ser	estar
• *Ser* + nacionalidad *Manuel **es** español.*	• Ubicación: *estar en* *Bruselas **está en** Bélgica.*
• *Ser* + profesión *Sonia **es** secretaria.*	• *Estar* + gerundio *Ahora **estoy** aprendiendo español.*
• Identificación *Mi coche **es** ese, el azul.*	• *Estar bien / mal* *Este ejercicio no **está** bien.*
• Característica: *ser* + adjetivo ***Es** deportista / rubio / alto / simpático...*	• Estado: *estar* + adjetivo: ***Está** ocupado / roto / abierto / cansado...*

11 Escribe cómo pasabas el verano de pequeño. Después, el profesor va a recoger las historias y las va a entregar a otro compañero. Tienes que adivinar de quién es la historia.

Ampliamos

12 Lee, escucha el texto y contesta a las siguientes preguntas.

1 ¿Quiénes son los Reyes Magos en la cultura española?

2 ¿Por qué los Reyes Magos son tan importantes para los niños?

3 En la Bajada de Reyes, en Perú, ¿los niños reciben regalos?

4 ¿Existe alguna tradición similar en tu país, en la que los niños reciben regalos? ¿Cómo es?

Tradiciones navideñas: el día de los Reyes Magos

Muchos países y pueblos han mantenido las tradiciones de Navidad a través del tiempo. Las costumbres navideñas forman parte de nosotros y, por tanto, de nuestra cultura. En España, por ejemplo, el 6 de enero se celebra el día de los Reyes Magos. Los Reyes Magos de Oriente, Melchor, Gaspar y Baltasar, traen regalos y juguetes a los niños en la noche del 5 al 6 de enero. Ese día de Reyes trae recuerdos muy entrañables, no solo en España.

Carolina Gómez. 26 años. España.

Para mí, el día de los Reyes Magos era muy feliz. Durante todo el año, esperaba con ilusión los juguetes que me traían los Magos de Oriente. A veces no era lo que yo pedía, pero siempre tenía regalos. Recuerdo que siempre dejaba a los Reyes dulces navideños y un poquito de anís, ¡seguro que estaban cansados!, y me acostaba pronto. Estaba nerviosa y casi no podía dormir. Por la mañana, me levantaba muy temprano para ver mis regalos. ¡Nunca olvidaré la ilusión que sentía al ver las cajas y los paquetes!

Roberto López. 30 años. Perú.

Aunque en Perú solemos dar los regalos el día de Navidad, en algunas regiones, el 6 de enero se celebra la Bajada de Reyes. Mi familia se reunía todos los años en casa de mis abuelitos y cada uno ayudábamos a guardar las figuritas del Nacimiento[1]. Los niños, de uno en uno, bajábamos las figuras y las guardábamos en una caja. Mi abuelito siempre ponía algunos papeles con premios escondidos debajo de las figuras: golosinas, juguetes, etc. Después, comíamos y bailábamos juntos. Era muy divertido.

[1] El Nacimiento es una tradición navideña muy popular en los países hispanos. Se trata de figuritas que representan a los personajes relacionados con el nacimiento de Jesús.

Los Reyes Magos

Nacimiento

Regalos navideños

Apaguen sus móviles, por favor

Funciones
- Pedir algo a alguien
- Comprender y mantener una conversación telefónica
- Solicitar información
- Pedir y dar permiso

Gramática
- Imperativo afirmativo de los verbos regulares e irregulares
- *Poder* + infinitivo
- Imperativo + pronombre / *Poder* + infinitivo + pronombre

Léxico
- Vocabulario relacionado con el teléfono

Cultura
- El uso del teléfono móvil

● Empezamos

1 Lee los anuncios y marca a cuál de ellos corresponde la siguiente información.

	Anuncio A	Anuncio B
1 Puedes llamar cuando necesitas cualquier información.		
2 Es una ONG que ayuda a niños con necesidades.		
3 Puedes hacerte socio.		
4 Hay que pagar para obtener información.		

A Más de 5000 niños han tenido un Nuevo Futuro
AYÚDANOS a seguir creciendo

INVIERTE en solidaridad
Si quieres colaborar económicamente, HAZTE socio de Nuevo Futuro.
CONSIGUE más información en www.nuevofuturo.org.

nuevo futuro

Nuevo Futuro es una organización no gubernamental (ONG) española destinada a la creación de hogares para menores abandonados o sin familia.

B

INFORMACIÓN TELEFÓNICA
11822

Tenemos toda la información que necesita.
LLÁMENOS y ENCUENTRE lo que busca.

Establecimiento de llamada 0,108 €
Coste / minuto: 0,15 €
Tarifado por segundos.
IVA incluido.

2 En los dos anuncios, las formas verbales en MAYÚSCULAS corresponden al *imperativo*, que usamos para dar órdenes o recomendaciones. Fíjate en cada contexto y relaciona.

Hazte
Encuentre
Ayúdanos

TÚ
USTED

Llámenos
Invierte
Consigue

🎧 **3** Lee y escucha la siguiente conversación telefónica. Después, practica con tu compañero. Uno pide información y el otro responde. Puedes preguntar por los siguientes teléfonos:

- El Hospital Central
- El gimnasio California
- La pizzería Roma
- La empresa CODASA

Ring, ring...

■ Información Telefónica, buenos días. ¿En qué puedo ayudarle?

● Buenos días, quería el teléfono del restaurante San Marco, en la calle Betis, en Sevilla.

■ Un momento, por favor. Tome nota.

El teléfono solicitado es: 954 280 310.

4 Lee de nuevo la conversación telefónica y fíjate en la forma de pretérito imperfecto *quería*. ¿A cuál de los siguientes usos crees que corresponde?

1 ☐ Descripción en el pasado.
2 ☐ Expresión educada para pedir o solicitar algo.
3 ☐ Expresión de acciones habituales en el pasado.

● Avanzamos

5 Selecciona un dibujo y usa un imperativo para dar una orden a un compañero de la clase.
Él hará lo mismo a otro compañero y, así, sucesivamente.

Alfredo, levántate.

GRAMÁTICA

Imperativo afirmativo
Para dar órdenes y hacer recomendaciones, podemos usar el imperativo:

Verbos regulares

	llamar	beber	escribir
tú	llama	bebe	escribe
vosotros/-as	llamad	bebed	escribid
usted	llame	beba	escriba
ustedes	llamen	beban	escriban

Para la forma *vosotros* cambia la *-r* del infinitivo por *-d*:
llamar > llamad, beber > bebed, escribir > escribid.

Verbos irregulares

	hacer	tener	poner	ir	decir	salir	venir
tú	haz	ten	pon	ve	di	sal	ven
vosotros/-as	haced	tened	poned	id	decid	salid	venid
usted	haga	tenga	ponga	vaya	diga	salga	venga
ustedes	hagan	tengan	pongan	vayan	digan	salgan	vengan

> **Encontrar**
> *o > ue*
> *encuentra → encontrad*
> *encuentre → encuentren*
>
> Los verbos irregulares del tipo
> *e >ie, o >ue, e >i*
> no tienen cambio vocálico
> en la forma *vosotros*.
>
> Se conjugan así, entre otros,
> *probar, sentarse, cerrar,*
> *encender, dormir, pedir,* etc

6 Completa las frases con los verbos en imperativo.

1 (Hablar, ustedes) _____ con la profesora.
2 (Desayunar, tú) _____ temprano.
3 (Salir, usted) _____ del coche.
4 (Tener, vosotros) _____ paciencia.
5 (Ir, usted) _____ a la policía.
6 (Venir, tú) _____ a mi casa.
7 (Decir, ustedes) _____ la verdad.
8 (Hacer, tú) _____ los deberes hoy.

7 En parejas. Si eres A, mira las imágenes y formula preguntas a tu compañero. Si eres B, dale permiso y di por qué.

Alumno A (Pregunta)	Alumno B (Respuesta)
¿Puedo cerrar la puerta? [cerrar]	[hacer frío] *Sí, sí, ciérrala, hace frío.*
[abrir]	[tener calor]
[usar]	[no ir al trabajo]
[llevar]	[tener muchos paraguas]
[probar]	[estar buena]
[poner música]	[gustar música]

COMUNICACIÓN

Pedir y dar permiso

Para pedir y dar permiso, un recurso muy frecuente es la expresión *poder* + infinitivo:

- ¿*Puedo cogerlo?*
- *Sí, sí, cógelo. / Sí, sí, puedes cogerlo.*

La posición del pronombre

Imperativo + pronombre > *levántate*

Puedes + infinitivo + pronombre > *Puedes levantarte.*
***Te** puedes levantar.*

34 **8** Escucha los diálogos. ¿A qué situación corresponde cada uno? Escribe el número en cada caso.

Teléfono fijo	
A Está comunicando.	
B No funciona.	
C Se han equivocado.	
D Salta el contestador automático.	
E No contestan. / No hay nadie.	

Teléfono móvil	
A Está apagado / fuera de cobertura.	
B No tiene batería.	
C No queda saldo.	
D Salta el buzón de voz.	
E Hay un mensaje de texto.	

9 El mensaje del buzón de voz nos puede dar una idea de cómo es la persona que lo ha grabado. Piensa y escribe el tuyo. En clase se va a hacer una "audición" de mensajes de contestador.

● Ampliamos

10 Lee el siguiente artículo sobre cómo utilizar el teléfono móvil de forma adecuada. ¿Haces todo lo que se recomienda? Coméntalo con tu compañero.

UTILIZAR EL TELÉFONO MÓVIL DE FORMA ADECUADA

Aunque en algunos lugares públicos hay señales en las que se pide silenciar o apagar el móvil, como en los hospitales o en algunos transportes públicos, no hay unas reglas generales para su utilización. Sin embargo, sí existe un código no escrito que la mayoría de las personas conoce y respeta:

1 Si espera una llamada o un mensaje y está con otras personas, puede mirar la pantalla de vez en cuando, pero intente no hacerlo constantemente, especialmente si está conduciendo.

2 Cuando conteste una llamada, si está acompañado, sea breve e intente terminar la conversación lo antes posible.

3 En lugares cerrados como teatros, cines y otros espectáculos, ceremonias, conferencias, etc., tenga el móvil apagado. Si lo necesita, envíe un mensaje de texto o salga al exterior para realizar su llamada.

4 Si necesita terminar una conversación que se alarga demasiado, utilice una excusa discreta como por ejemplo "Perdón, tengo una llamada importante que hacer. Le tengo que dejar". Es importante no cortar la conversación de manera brusca.

5 Cuando envíe mensajes de texto, no utilice muchas abreviaturas al escribir el texto (excepto si es una persona joven familiarizada con ese lenguaje).

6 Si llama a alguien con el móvil y no le contesta la llamada, espere un poco antes de volver a llamar. El destinatario de la llamada puede no encontrarse en un buen momento para aceptar la llamada. Seguro que se pone en contacto con usted más tarde.

7 Si está acompañado y recibe una llamada importante o hace una llamada urgente, evite hacer llamadas a otras personas. No puede tener a otra u otras personas esperando (para comenzar una reunión, para empezar a comer, etc.).

8 Cuando tiene una conversación telefónica en un lugar público, controle su tono de voz. Si hay mucho ruido ambiental, deje la conversación para otro momento.

11 En el artículo hay 8 consejos, ¿podrías poner los siguientes títulos a cada uno de ellos?

a ☐ Tenga el móvil apagado
b ☐ Controle el tiempo
c ☐ Controle el tono de voz
d ☐ No repita las llamadas

e ☐ No mire la pantalla el móvil
f ☐ Termine una conversación
g ☐ No tenga a la gente esperando
h ☐ No utilice abreviaturas

12 ¿En qué forma se dirige el texto al lector: *tú* o *usted*?

14 Y entonces le conté mis recuerdos

Funciones
• Narrar y describir en el pasado
• Hablar sobre recuerdos y anécdotas personales

Gramática
• Pronombres personales de objeto directo e indirecto
• Orden de dos pronombres + verbo
• Contraste entre pretérito indefinido y pretérito imperfecto de indicativo
• Conectores

Léxico
• Recuerdos personales
• Objetos de un mercadillo

Cultura
• Recuerdos y anécdotas del pasado

Empezamos

1 Lee el anuncio y responde a las preguntas.

1 ¿Qué anuncia?
2 ¿Cómo se llama la marca?
3 ¿Cuál es su estrategia de promoción?

2 Lee la historia que cuenta Paco en su blog y completa las frases.

1 La madre de Paco siempre preparaba _____ para desayunar.
2 Paco pasaba los veranos en _____.
3 Cuando Paco salía al jardín, su madre _____ dentro de casa.
4 Pero un día su madre _____ al jardín y lo descubrió.

¿Conoces nuestro nuevo perfume de jazmín?

Agua fresca te lo regala

Agua fresca

Recorta este anuncio y pídeselo a tu vendedor habitual.

Home   Familias   Foro   Nosotros   Contacto

El blog de Paco

Los recuerdos

Cuando era pequeño no me gustaban las tostadas, pero mi madre siempre me las daba en el desayuno.

En aquella época, veraneábamos en la playa, en un chalé que no tenía otras casas alrededor.

Cada vez que llegaba el momento del desayuno, yo salía al jardín con mis dos tostadas. Como mi madre estaba dentro de casa y no me veía, yo aprovechaba para tirar las tostadas fuera del jardín, hasta que un día mi madre salió mientras yo las estaba tirando.

Entonces, dio la vuelta a la casa y descubrió una torre de tostadas al otro lado del jardín.

¡Nunca más volví a desayunar solo!

3 Lee de nuevo el anuncio del perfume y escribe a qué o a quién se refieren cada uno de los pronombres señalados.

1 **Te lo** regala.

a ti

2 Píde**selo**.

Avanzamos

4 Observa la imagen y compra alguna cosa para un compañero de clase. ¿A quién se la regalas y por qué?

GRAMÁTICA

Pronombres personales de objeto directo e indirecto

	Objeto directo	Objeto indirecto
(a mí)	me	me
(a ti)	te	te
(a él/ella/usted)	lo (masc.) / la (fem.)	le (→se)(1)
(a nosotros/-as)	nos	nos
(a vosotros/-as)	os	os
(a ellos/-as/ustedes)	los (masc.) / las (fem.)	les (→se)(1)

(1) le/les + lo(s) / la(s) / le(s) → se + lo(s) / la(s) / le(s)
te lo doy → se lo doy

Orden de dos pronombres + verbos

Objeto directo + objeto indirecto

Me lo ha dado (el libro).

Te las he regalado (las gafas).

Recuerda que con el imperativo afirmativo los pronombres van siempre detrás del verbo y forman una sola palabra.

Pídeselo a tu vendedor habitual.

5 Completa los diálogos con los pronombres adecuados.

1 ■ ¿A quién le vas a regalar la gorra?
● _____ voy a regalar a Samanta.
2 ■ ¡Qué jersey tan bonito!
● _____ ha regalado Leo por mi cumpleaños.
3 ■ ¿Has traído los apuntes de matemáticas?
● No, _____ he dejado en mi casa.
4 ■ ¿Ya sabéis los resultados?
● Sí, _____ dijo ayer la profesora.
5 ■ ¿Qué hiciste con el diccionario?
● _____ he dado a tu hermano.
6 ■ Daniel, ¿has devuelto el libro a Iván?
● Sí, ayer _____ di.
7 ■ Ayer le pedí el coche a mi padre.
● ¿Y _____ dejó?
■ Sí, claro.

35 6 Escucha el principio de tres historias de amor. ¿Cómo crees que continúa cada una? Escribe el número correspondiente.

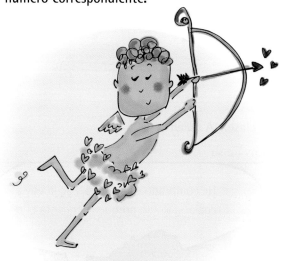

a ☐ ... la invitó al cine.
b ☐ ... sintieron que eran más que amigos.
c ☐ ... se decidió a hablar con ella sobre su país.

36 7 Ahora escucha la historia completa y comprueba tus respuestas.

GRAMÁTICA

Pretérito indefinido / Pretérito imperfecto
Para narrar y describir en el pasado, cuando contamos anécdotas y momentos de nuestra vida, usamos el pretérito indefinido y el pretérito imperfecto:

Pretérito indefinido	Pretérito imperfecto
• **Acción / narración.** *¿Qué?*	• **Circunstancia / descripción. ¿Cómo?**
• **Acciones en orden cronológico.** *Primero, después, entonces, el final...*	• **Simultaneidad de acciones.** También se usa *en ese momento, mientras, cuando, ...*

■ *Era una bonita mañana de verano. Como era pronto, la playa estaba muy tranquila y casi no había gente, por eso, decidimos ir a pasear un rato.*
● *Sí, entonces salimos de casa, desayunamos en el bar de abajo y fuimos a buscar a Miguel, que estaba desayunando en la terraza con sus padres.*

---

8 Completa la información de las tres historias de amor.

1 Klaus conoció a María en el bar donde ella _____.

2 Cuando Klaus conoció a María, él _____ español en una academia.

3 Paco y Raquel se veían a veces cuando _____ a fiestas de amigos comunes.

4 Cuando Paco y Raquel se enamoraron, hacía muchos años que _____.

5 Jaime y Sayako se conocieron porque _____ en la misma empresa.

6 Jaime decidió hablar con Sayako porque _____ la cultura japonesa.

9 Y tú, ¿recuerdas en qué circunstancias conociste a tu mejor amigo/-a o a tu primer/-a novio/-a? Cuéntaselo a tu compañero.

Cuando conocí a Tom, yo vivía en otra ciudad y, a veces, iba a...

10 ¿Cómo fue el día de ayer de Pilar? Escribe frases con la siguiente información.

1 levantarse tarde / tener sueño
Ayer Pilar se levantó tarde porque tenía mucho sueño.

2 tomar el metro / haber mucha gente / esperar mucho tiempo / llegar tarde a la academia
_____

3 terminar tarde / comer en una hamburguesería / no tener mucho dinero
_____

4 por la tarde quedarse en casa
_____

5 estar en la ducha / llamar por teléfono
_____

6 Pedro / querer ir al cine / decir que no / tener otros planes
_____

11 Y tu día de ayer, ¿cómo fue? Escríbelo.

GRAMÁTICA

Conectores
Estas expresiones te pueden servir para unir las diferentes frases de un relato:

porque   pero   por eso
y   cuando

12 Elige un recuerdo del pasado y escribe una anécdota que recuerdes con mucho cariño. Cuéntasela a tus compañeros.

● Ampliamos

13 Janita es una estudiante noruega que acaba de recibir unas fotos de su familia. Lee lo que nos cuenta en su blog y responde a las preguntas.

1 ¿Por qué hizo cola cuando fue a la oficina de Correos?

2 ¿Qué hacía Janita cuando trabajaba con su padre?

3 ¿Qué hizo Janita el día que hizo la foto?

4 ¿Qué crees que echa de menos Janita?

La semana pasada fui a la oficina de Correos para recoger un paquete. Había mucha gente y tuve que hacer cola. Esperé más de media hora y por fin me dieron mi paquete. Eran fotos, muchas fotos. Mi madre me las envió para recordarme de dónde soy, porque sabe que echo de menos mi tierra y el mar...

No hay mar en Madrid, porque la ciudad está en el centro del país y yo he vivido toda mi vida en la costa de Noruega. Necesito tener el mar cerca, mi padre es pescador y yo también trabajé en un barco de pesca, de los 17 a los 26 años. Ayudaba en las labores de congelación del pescado, no siempre era fácil, pero me gustaba mi trabajo.

Tomé esta foto en mis últimas vacaciones de Pascua. Ese día, mis padres, mi hermana y yo nos levantamos muy pronto y fuimos a pie a las montañas que hay alrededor de mi ciudad. Subimos hasta la más elevada, desde allí se veía todo tan limpio y tan claro..., por eso hice esta foto.

Ese día no había mucha nieve, pero normalmente hay más de medio metro en esa época del año.

Para mí, el aire del mar y de las montañas es mejor que cualquier perfume, y cuando veo esta foto, siento una sensación de aire fresco en mi cara.

Janita Arhaug

14 Clasifica los pretéritos indefinidos e imperfectos del texto.

Acción / narración ¿Qué?	Circunstancia / descripción ¿Cómo?

15 Relaciona las siguientes palabras.

1 recoger	a de menos
2 hacer	b cola
3 echar	c a pie
4 tomar	d un paquete
5 ir	e a una montaña
6 subir	f una foto

¿Qué nos traerá el futuro?

Funciones
- Hablar de acciones futuras
- Expresar planes e intenciones
- Expresión de la condición
- Expresión de deseos
- Comentar las impresiones sobre el curso y las expectativas

- Expresar acuerdo y desacuerdo

Gramática
- Futuro imperfecto de indicativo: verbos regulares e irregulares
- *Si* + presente, presente / futuro
- *Si* + presente, imperativo

- *Me gustaría* + infinitivo

Léxico
- Predicciones para el futuro

Cultura
- Las impresiones del curso

Empezamos

1 Lee y escucha la historia de Laura y señala si las siguientes informaciones son verdaderas (V) o falsas (F).

¡Hola, Laura!

¿Has llamado ya al chico del intercambio de inglés?

Sí, ayer hablé con él... Nos veremos el viernes, delante del Museo de Arte.

1 ☐ Laura hablará con Ronald por primera vez el próximo viernes.

2 ☐ Laura no ha visto nunca a Ronald.

3 ☐ Ronald irá a la cita con una bufanda.

4 ☐ A Laura le parece romántico conocer a alguien haciendo un intercambio.

5 ☐ Carlos no habla inglés.

6 ☐ Carlos le dará su teléfono a Ronald para hacer también un intercambio.

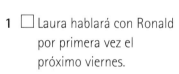

Y, ¿cómo lo reconocerás si nunca lo has visto?

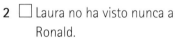

Bueno, me ha dicho que es rubio, alto y con ojos azules. Tiene gafas y lleva un pendiente.

Además, ese día llevará un abrigo azul y una bufanda verde.

Mira, parece una cita a ciegas de una película romántica.

¡Qué gracioso, Carlos! A mí no me parece tan divertido.

Bueno, en serio, si Ronald conoce gente interesada en otro intercambio, dímelo.

A mí también me gustaría mejorar mi inglés.

Sí, en ese caso, le daré tu número de teléfono...

...y una foto tuya, ¿vale?

2 En el texto aparece el tiempo futuro. ¿Qué formas corresponden a estos infinitivos?

1 ver — *veremos*
2 reconocer
3 llevar
4 dar

3 ¿Qué crees que es una *cita a ciegas*?

1 ☐ Una cita en una habitación sin luz.
2 ☐ El primer encuentro de dos personas que no se conocen.
3 ☐ Una reunión de trabajo.

● Avanzamos

4 Estas son las predicciones de un futurólogo para tres historias diferentes, pero no están ordenadas. Escucha los tres casos y señala a cuál de ellos corresponde cada dibujo.

Historia A ☐ ☐ ☐

Historia B ☐ ☐ ☐

Historia C ☐ ☐ ☐

GRAMÁTICA

Futuro imperfecto de indicativo

Para hablar de acciones futuras, podemos usar el futuro de indicativo.

Verbos regulares

(yo)		-é
(tú)	trabajar-	-ás
(él/ella, usted)	ver-	-á
(nosotros/-as)	escribir-	-emos
(vosotros/-as)		-éis
(ellos/-as, ustedes)		-án

La terminación es igual para las tres conjugaciones.

Escribiré a Juan un correo.

Verbos irregulares

decir	**dir**-é	querer	**querr**-é
haber	**habr**-é	saber	**sabr**-é
hacer	**har**-é	salir	**saldr**-é
poner	**pondr**-é	tener	**tendr**-é
poder	**podr**-é	venir	**vendr**-é

5 Completa las predicciones anteriores del futurólogo con los siguientes verbos en futuro.

te casarás ● terminarás ● dejarás ● tendrás estudiarás ● te graduarás ● trabajarás ● llegarás viajarás ● entrarás ● hablarán ● vivirás ● aprobarás

1 _____ tus estudios universitarios y _____ .
2 _____ a ser directora de Recursos Humanos.
3 _____ mucho a Hispanoamérica.
4 _____ tu trabajo como jefa de Pediatría.
5 _____ en una organización que ayuda a los pobres.
6 _____ como voluntaria en África.
7 _____ español y _____ el examen oficial.
8 _____ con tu profesora y _____ en Madrid.
9 _____ tres niños que _____ inglés y español.

83

6 En parejas. ¿Cuáles son tus intenciones y planes para el futuro? Escríbelo y coméntalo con tu compañero.

Viviré un año en...

7 Lee estas opiniones de algunos estudiantes de español sobre cómo aprenden mejor. ¿Estás de acuerdo con ellos?

Si te comunicas con hablantes nativos, aprenderás más rápido y mejor.

Ahora puedo hablar mejor, pero me gustaría tener más vocabulario. Si sabes más palabras, es más fácil hablar.

Creo que puedo leer y entender los textos más que antes, pero cuando la gente habla es más difícil: puedo hablar despacio, pero no puedo escuchar despacio.

Abel

Alicia

Raquel

Yo estoy de acuerdo con Abel. Tengo amigos españoles y chateo con ellos muy a menudo.

8 ¿Qué piensas tú? Comenta con tus compañeros cómo aprendes tú mejor.

A mí me gusta mucho la música, por eso siempre escucho música en español.

9 Completa las siguientes frases con presente, futuro o imperativo.

1 Si (levantarse, nosotros) _____ temprano, (ir, nosotros) _____ a correr al parque.

2 Si (estudiar, tú) _____ un poco más cada día, (aprobar, tú) _____ el examen.

3 Si (querer, vosotros) _____ venir al cine, (comprar, vosotros) _____ las entradas antes de las ocho.

4 Si (hacer) _____ sol mañana, (ir, nosotros) _____ a la playa.

10 ¿Qué aspectos de tu español te gustaría mejorar?

Me gustaría utilizar mejor los pronombres.

11 En grupos. ¿Qué titulares os gustaría leer en el periódico de mañana?

Martes, 24 de junio — **NACIONAL**

SOLIDARIDAD

Una ONG abrirá pisos para las mujeres inmigrantes con hijos pequeños.

Martes, 24 de junio — **INTERNACIONAL**

Martes, 24 de junio — **CULTURA**

Martes, 24 de junio — **SOCIEDAD**

Martes, 24 de junio — **DEPORTES**

Ampliamos

12 Después de leer el siguiente correo electrónico, comenta con tus compañeros tus impresiones sobre tu progreso en español, así como tus expectativas sobre el resto del curso.

Estimado/-a estudiante:

En estos momentos, estás leyendo la última unidad del primer bloque de Elexprés: la unidad 15. Creemos que ya has alcanzado un nivel inicial de español y que te vas sintiendo más seguro a la hora de comunicarte, cuando te expresas, escuchas, hablas con otras personas, cuando escribes o cuando lees. Por eso, es un buen momento para pensar en todo lo que has aprendido y en lo que vas a seguir aprendiendo.

Sabemos que, con la ayuda de tu profesor/-a y de otros muchos recursos (diccionarios, internet, diferentes medios de comunicación, etc.), has podido trabajar mucho y has descubierto muchos aspectos nuevos de la lengua y la cultura de España y de los países donde se habla español.

Queremos decirte que todavía te esperan las unidades del segundo bloque, con muchos contenidos y muchos materiales para seguir aprendiendo. Desde la unidad 16, tendrás dos páginas más para aprender en cada unidad, con más textos, más oportunidades para desarrollar tu escritura y una autoevaluación para observar lo que llevas mejor y lo que necesitas repasar.

¡Mucho ánimo! ¡Lo estás haciendo muy bien!

Un saludo de las autoras de Elexprés,
Alicia y Raquel

CUÉNTAME

1 Reconstruye esta anécdota que contó una actriz española en un programa de televisión. Tienes que conjugar los verbos entre paréntesis en pretérito indefinido o pretérito imperfecto.

2 Elige una de estas fotos. ¿Te trae algún recuerdo? Cuéntaselo al resto de tus compañeros, ellos harán lo mismo.

3 Recuerda que esta es la última unidad de la primera parte del curso. Compara lo que antes sabías y hacías en español y lo que sabes y haces ahora. ¿Qué te gustaría conseguir al final del curso? Coméntalo con tu compañero.

ANTES...	AHORA...	EN EL FUTURO, ME GUSTARÍA...
No conocía mucho sobre la cultura de los países donde se habla español.	*Conozco y entiendo muchas cosas de su cultura.*	*Viajar a otros países donde se habla español, como Argentina o Chile.*

AUTOEVALUACIÓN

Contesta a estas preguntas. Después, compara tus respuestas con las de tu compañero.

1 Pretérito imperfecto del verbo *ver.*

2 Escribe la siguiente frase de otra forma:

De pequeño solía ir al cine los domingos.

3 ¿A quién le vas a regalar estas flores?

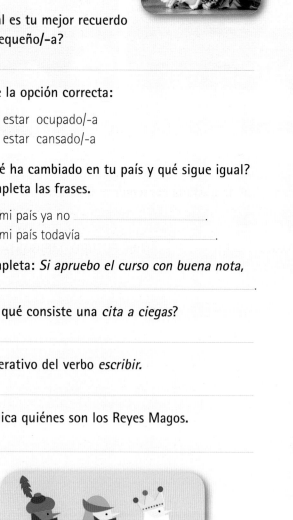

4 ¿Cuál es tu mejor recuerdo de pequeño/-a?

5 Elige la opción correcta:

ser / estar ocupado/-a
ser / estar cansado/-a

6 ¿Qué ha cambiado en tu país y qué sigue igual? Completa las frases.

-En mi país ya no _____ .
-En mi país todavía _____ .

7 Completa: *Si apruebo el curso con buena nota,*

8 ¿En qué consiste una *cita a ciegas*?

9 Imperativo del verbo *escribir.*

10 Explica quiénes son los Reyes Magos.

11 Futuro del verbo *decir.*

12 Completa: *Las próximas vacaciones, me gustaría*

13 ¿En qué consiste un "intercambio" de idiomas?

14 ¿Qué solías hacer en verano cuando eras pequeño/-a?

15 Completa: *Ayer te llamé dos veces por teléfono pero...*

1 ☐ no tenía saldo.
2 ☐ se han equivocado.
3 ☐ tenías el teléfono apagado.

16 Imperativo del verbo *hacer.*

17 Completa: *Ayer me levanté muy tarde porque*

18 Futuro del verbo *poner.*

19 ¿Qué palabra puedes cambiar en esta frase si quieres ser un poco más educado?

¡Hola! Buenos días. Quiero reservar una habitación para este fin de semana.

20 ¿Cómo eras antes y cómo eres ahora?

Total:____ de 20

¿QUÉ SABES HACER?

Señala todas las actividades que ya sabes hacer. Si no recuerdas alguna, vuelve a la unidad de referencia y repásala.

COMPRENSIÓN ESCRITA

¿Qué puedes comprender cuando lees?

- ☐ Soy capaz de leer y entender un texto descriptivo-narrativo sencillo y contestar a preguntas sobre él (12).
- ☐ Puedo identificar el formato de un anuncio (13 y 14).
- ☐ Puedo identificar el titular de una noticia (15).

COMPRENSIÓN AUDITIVA

¿Qué puedes entender?

- ☐ Soy capaz de entender de manera general el relato de un recuerdo breve sobre el pasado (12 y 14).
- ☐ Identifico y entiendo las expresiones habituales que se utilizan en las conversaciones telefónicas (13).
- ☐ Soy capaz de identificar las circunstancias que inician relatos breves sobre el pasado (14).
- ☐ Reconozco expresiones relacionadas con el futuro cuando escucho un texto, por ejemplo, sobre predicciones (15).
- ☐ Identifico en diálogos breves información sobre el aprendizaje de idiomas (15).

EXPRESIÓN ORAL

¿Qué puedes expresar?

- ☐ Soy capaz de hablar sobre mis recuerdos (12 y 14).
- ☐ Puedo hablar de manera básica sobre acciones habituales que realizaba en el pasado (12).
- ☐ Soy capaz de describir personas, cosas y lugares del pasado (12 y 14).
- ☐ Puedo recomendar y dar órdenes sencillas (13).
- ☐ Puedo expresar el contraste entre lo que hacía habitualmente y lo que hice en un momento concreto del pasado (14).
- ☐ Soy capaz de hablar de forma sencilla sobre una foto (14).
- ☐ Puedo hablar de acciones futuras, así como de planes e intenciones (15).
- ☐ Puedo expresar deseos con expresiones sencillas como *me gustaría...* (15).
- ☐ Soy capaz de expresar condiciones de manera sencilla (15).

INTERACCIÓN ORAL

¿Cómo puedes interactuar con los demás?

- ☐ Puedo preguntar a otra persona de forma sencilla sobre sus recuerdos y comentarle los míos (12).
- ☐ Soy capaz de pedir información básica por teléfono (13).
- ☐ Puedo pedir y dar permiso con instrucciones breves y fáciles (13).
- ☐ Puedo mantener un diálogo sencillo con otra persona sobre anécdotas personales (14).
- ☐ Soy capaz de preguntar por planes e intenciones a otra persona y contar los míos (15).
- ☐ Puedo preguntar y expresar mis impresiones y expectativas generales sobre el curso (15).

EXPRESIÓN ESCRITA

¿Qué puedes escribir...?

- ☐ Soy capaz de escribir un texto breve para contar cómo era de pequeño y lo que hacía (12).
- ☐ Puedo escribir un breve texto para grabarlo después en mi buzón de voz (13).
- ☐ Soy capaz de escribir una anécdota breve de mi pasado, con expresiones como *porque, por eso, cuando...* (14).
- ☐ Puedo elaborar el titular para una noticia de periódico (15).

Soy capaz de utilizar y comprender vocabulario sobre los siguientes temas:

- ☐ Momentos de la vida de una persona (12 y 14).
- ☐ Recuerdos infantiles (12 y 14).
- ☐ Tradiciones navideñas: los Reyes Magos (12).
- ☐ Expresiones relacionadas con el teléfono (13).
- ☐ El futuro y las predicciones (15).
- ☐ Opiniones y expectativas sobre un curso de idiomas (15).

16 Nos vamos de fiesta

Funciones
- Hablar y preguntar sobre hábitos
- Ordenar una historia en el tiempo
- Hablar sobre fiestas y costumbres

Gramática
- Presente de indicativo de verbos regulares e irregulares
- *Se*
- Verbos *poner / quitar; encender / apagar*

Léxico
- Partes del día y horas
- Comidas y bebidas tradicionales

Cultura
- Fiestas populares
- Costumbres y tradiciones
- Ciudades de España

Empezamos

Las Fallas

La Feria de Abril

La Tomatina

39 1 Lee y escucha la siguiente conversación entre tres amigos y responde a las preguntas.

1 ¿Dónde se alojaron Sonia y Manuel en Valencia?
2 ¿Crees que a Sonia le gustan las Fallas? ¿Por qué?
3 ¿Cómo se lo pasó Laura en Cádiz?
4 ¿Por qué no quiere ir Laura a la Feria de Abril?

¿Dónde has estado?

Laura: ¡Cuánto tiempo sin veros!, ¿no?

Sonia: Sí, sí, hace bastante que no venimos por aquí...

Manuel: Es que hemos estado fuera... Este fin de semana hemos ido a Valencia a las Fallas.

Laura: ¿Ah, sí? ¿Y qué tal?

Sonia: Muy bien. Fenomenal.

Manuel: Nos quedamos en casa de Luis y nos llevó a ver la "cremá" de las Fallas. Impresiona mucho ver cómo arden esas figuras tan grandes.

Sonia: Para mí, hay demasiado ruido. Lo mejor es que también se puede ir a la playa, comer paella, eso sí me gusta.

Laura: Pues a mí me encantan las Fallas y siempre que puedo voy... Por cierto, ¿sabes que en febrero estuve en Cádiz?

Sonia: ¿En Carnaval?

Laura: Sí, y me lo pasé fenomenal. Todo el mundo se disfraza, es divertidísimo. Hay un montón de gente, y también se puede ir a la playa, pero nosotros no nos bañamos.

Manuel: Oye, ¿por qué no os venís a Sevilla? Estamos pensando en ir a la Feria de Abril.

Laura: Mmmm... Es que... el flamenco no me va mucho... ni sé bailar sevillanas... No sé, podemos pensar algo para este verano. Yo todos los años voy a Buñol, en Valencia, es genial, lanzar tomates relaja muchísimo.

Manuel: Sí, sí... yo quiero probar.

Sonia: Yo también, yo también.

Laura: Pues nada, este año todos a Buñol.

2 ¿Dónde y cuándo crees que se celebra/n...? Vuelve a leer el diálogo y marca los lugares en el mapa.

1 Las Fallas
2 El Carnaval
3 La Feria de Abril
4 La Tomatina

3 Señala los verbos en presente de indicativo que aparecen en el diálogo del ejercicio 1 y clasifícalos.

REGULARES	IRREGULARES

4 Completa la información que falta en el texto.

se celebra • se queman • se lanzan • se bailan • se puede

Fiestas

En Valencia, durante las Fallas, (1) _____ grandes figuras satíricas de políticos, toreros, etc., hechas de papel. También (2) _____ ir a la playa y comer paella, un plato típico de esa zona.

En Cádiz (3) _____ el Carnaval con una fiesta muy especial porque hay chirigotas, que son grupos de gente que va disfrazada y canta canciones humorísticas.

En la Feria de Abril, (4) _____ sevillanas y la gente se viste con un traje típico.

Jóvenes de todo el mundo van a Buñol para participar en la Tomatina, una batalla en la que (5) _____ toneladas de tomates.

GRAMÁTICA

SE

En las construcciones con *se* no se indica quién hace la acción.

*En Valencia **se** celebran las Fallas en marzo.*

*En España **se** come mucho pan.*

● Avanzamos

5 Selecciona cinco fiestas o días festivos y pregunta a tu compañero.

¿Qué hace la gente en tu país / ciudad? / ¿Qué se hace en tu casa?

1 El último día del año
2 El Día del Padre / de la Madre
3 El Día del Libro
4 El Día de la Fiesta Nacional
5 En Semana Santa
6 El Día de los Museos
7 El Día de San Valentín
8 El Día del Trabajo
9 El Día de los Muertos

*La gente **regala** un libro.* (Con *la gente* el verbo siempre en **singular**).

GRAMÁTICA

Presente de indicativo

Para hablar sobre hábitos utilizamos el presente de indicativo:

Verbos regulares en -ar / -er / -ir

	lanzar	comer	vivir
(yo)	lanzo	como	vivo
(tú)	lanzas	comes	vives
(él/ella, usted)	lanza	come	vive
(nosotros/-as)	lanzamos	comemos	vivimos
(vosotros/-as)	lanzáis	coméis	vivís
(ellos/-as, ustedes)	lanzan	comen	viven

Verbos irregulares

	ir	ser	decir	tener	oír	venir
(yo)	voy	soy	digo	tengo	oigo	vengo
(tú)	vas	eres	dices	tienes	oyes	vienes
(él/ella, usted)	va	es	dice	tiene	oye	viene
(nosotros/-as)	vamos	somos	decimos	tenemos	oímos	venimos
(vosotros/-as)	vais	sois	decís	tenéis	oís	venís
(ellos/-as, ustedes)	van	son	dicen	tienen	oyen	vienen

Verbos irregulares con cambio vocálico

	querer e>ie	poder o>ue	pedir e>i
(yo)	quiero	puedo	pido
(tú)	quieres	puedes	pides
(él/ella, usted)	quiere	puede	pide
(nosotros-/as)	queremos	podemos	pedimos
(vosotros/-as)	queréis	podéis	pedís
(ellos/-as, ustedes)	quieren	pueden	piden

Otros verbos con la misma irregularidad:

e>ie: comenzar, divertirse, empezar, encender, fregar, mentir, perder, sentarse, sentir, divertirse…

o>ue: contar, doler, encontrar, llover, morir, mostrar, mover, probar, soler, acostarse, volver…

e>i: corregir, despedir, servir, seguir, vestirse…

Solo la 1.ª persona del singular es irregular

caerse	me caigo
estar	estoy
hacer	hago
poner	pongo
salir	salgo
traer	traigo
valer	valgo
saber	sé
dar	doy
ver	veo

Otros

c>cz: conducir >conduzco, conocer >conozco, obedecer >obedezco, producir >produzco, traducir >traduzco

g>j: coger>cojo, dirigir>dirijo, elegir >elijo, corregir >corrijo

i>y: construir>construyo, destruir >destruyo

*Mañana **van** a Valencia para ver las Fallas.*
*Normalmente **hago** los deberes por la noche.*

*¿Qué **dices**? No **oigo** nada.*
*Me **divierto** cuando **estoy** de vacaciones en la playa.*

6 Escucha y completa la ficha de una fiesta. Luego, compara tus notas con las de tu compañero y corrige tu ficha.

Nombre de la fiesta: _____

_____

Fecha: _____
Lugar: _____
Actos religiosos: _____
Lo más típico: _____
Requisitos: _____

7 En parejas. Vamos a describir lo que hace Francisco, un corredor de los Sanfermines. Primero, relaciona estas palabras que usarás después, ¿qué combinaciones son posibles?

1 poner
2 sonar   a el despertador
3 quitar   b la radio
4 encender   c la televisión
5 hacer   d la mesa
6 apagar   e gimnasia

8 Durante una semana entera Francisco corre en los encierros de las fiestas de San Fermín. Elige una escena. Descríbela, pero sin decir cuál es. Tu compañero tiene que adivinarla.

9 Elige una de las fiestas españolas. Imagina que vas todos los años y cuéntale a tu compañero lo que haces, cómo se divierte la gente, etc. Luego, pregúntale a él.

Yo voy todos los años a la Feria de Abril unos días. Normalmente por la mañana...

Por la mañana...   Después...   Por la tarde...   Luego...

Por la noche...   A las diez de la noche...

● Ampliamos

10 Fíjate en las fechas y ordena los párrafos de este texto sobre cómo se celebra la Navidad en España.

Navidad en España

☐ Al día siguiente, es típico tomar, para desayunar o después de comer, roscón de Reyes, un tipo de dulce con forma de anillo, decorado con trozos de frutas y que esconde una pequeña sorpresa entre la masa.

☐ En muchos hogares es el momento de preparar la casa para la Navidad y colocar el *belén* (figuritas que representan los personajes relacionados con el nacimiento de Jesús), el árbol de Navidad o, simplemente, adornar la casa con luces y cintas de colores.

☐ El día **28 de diciembre** es el Día de los Inocentes, que recuerda la matanza de niños cometida por el rey Herodes en Judea. En España, los periódicos de ese día suelen publicar alguna noticia falsa y la gente hace bromas.

☐ La noche del **24 de diciembre** es conocida como Nochebuena y es el día que los cristianos celebran el nacimiento de Jesús. Toda la familia suele reunirse para cenar algo especial, cantar villancicos acompañados de panderetas y zambombas, beber cava y comer turrón, mazapán y otros dulces navideños. Al día siguiente es Navidad y la familia vuelve a reunirse para comer.

☐ La noche del **5 de enero**, los Reyes Magos llegan a España y traen regalos a los niños que se han portado bien durante el año, y carbón a los que se han portado mal.

☐ La Navidad, en España, empieza extraoficialmente el día **22 de diciembre** con el Día del Sorteo Extraordinario de la Lotería. Durante cinco horas, la televisión y la radio retransmiten el sorteo y todo el mundo está pendiente de los niños del Colegio San Ildefonso de Madrid, que son quienes cantan los números ganadores. El primer premio es conocido como "El Gordo".

☐ El último día del año, el **31 de diciembre**, se celebra la Nochevieja. Después de cenar con la familia o un grupo de amigos, a medianoche, millones de españoles comen las doce uvas mientras en televisión el reloj de la Puerta del Sol de Madrid da las doce campanadas. La noche continúa con una fiesta hasta altas horas de la mañana.

11 Lee las siguientes definiciones y busca las palabras a las que se refieren en el texto.

1 Vino espumoso que se toma en celebraciones:
_____

2 Dulces típicos de Navidad:
_____

3 Primer premio de la lotería de Navidad:
_____

4 Canciones que se cantan en Navidad:
_____

5 Última noche del año:
_____

6 La celebración de la noche del 24 de diciembre:
_____

7 El 28 de diciembre:
_____

12 Contesta a estas preguntas relacionadas con el texto anterior. Comenta las respuestas con tu compañero.

1 ¿Cómo decoran los españoles sus casas durante la Navidad?

2 ¿Qué día suelen mentir los medios de comunicación?

3 ¿Conoces algún plato típico de Navidad? ¿Qué se come en tu país?

4 Durante la Navidad, ¿cuáles son los días festivos en España?

5 ¿Celebras la Navidad? ¿Cómo la celebras?

13 Haz una lista de costumbres festivas de tu país. Compárala con la de tu compañero y, luego, con las costumbres españolas. ¿Hay muchas diferencias? ¿Cuáles?

Autoevaluación

1 La Feria de Abril _____ el día 15 de abril.
a ☐ se empieza
b ☐ empiezan
c ☐ empieza

2 Las sevillanas son un tipo de _____.
a ☐ comida
b ☐ baile
c ☐ traje

3 Las Fallas _____ su origen en las hogueras que hacían los carpinteros en el siglo XVI.
a ☐ tienen
b ☐ es
c ☐ empiezan

4 La Feria de Abril celebra el inicio _____.
a ☐ del verano
b ☐ de la primavera
c ☐ del invierno

5 Cádiz está en el _____ de España y es famosa por su _____.
a ☐ norte / vino
b ☐ oeste / carnaval
c ☐ sur / carnaval

6 La fiesta de Buñol se llama _____.
a ☐ Catarsis del tomatazo
b ☐ Tomatazo
c ☐ Tomatina

7 En la fiesta de Buñol la gente _____ miles de tomates.
a ☐ lanza
b ☐ come
c ☐ planta

8 En las fiestas de San Fermín, _____ correr mucha gente joven.
a ☐ tienen que
b ☐ suele
c ☐ suelen

9 Nochebuena _____ el 24 de diciembre.
a ☐ celebra
b ☐ se celebran
c ☐ se celebra

10 Los niños _____ muchos regalos a los Reyes Magos.
a ☐ piden
b ☐ toman
c ☐ pueden

11 Cuando tengo vacaciones, me _____ y _____ tarde.
a ☐ acuesto / me levanto
b ☐ me acuesto / me levanto
c ☐ duermo / me encuentro

12 Poner y quitar la televisión significa:
a ☐ colocarla y limpiarla.
b ☐ encenderla y apagarla.
c ☐ abrirla y cerrarla.

13 Llevar el mantel, las servilletas, es:
a ☐ arreglar la mesa.
b ☐ llenar la mesa.
c ☐ poner la mesa.

14 Estoy cansado. No me apetece _____ los deberes / gimnasia / la comida / la cama.
a ☐ hacer
b ☐ tener
c ☐ realizar

15 Normalmente no _____ la radio, ni _____ la tele. _____ leer el periódico.
a ☐ oye / se ve / Prefiere
b ☐ oigo / veo / Prefiero
c ☐ oigo / veo / Me prefiero

16 La Navidad, tal como la _____ hoy, _____ una creación del siglo XIX.
a ☐ conocí / somos
b ☐ conocemos / es
c ☐ conoce / se

17 En España, los regalos de Navidad los traen _____.
a ☐ los Reyes de España
b ☐ San Nicolás
c ☐ los Reyes Magos

18 En Navidad, los españoles brindan con _____.
a ☐ cava
b ☐ sangría
c ☐ cerveza

19 En Nochevieja, los españoles toman doce _____.
a ☐ cucharadas de lentejas
b ☐ copas de cava
c ☐ uvas

20 Un villancico es _____.
a ☐ un dulce navideño
b ☐ una canción navideña
c ☐ una bebida

Total: _____ de 20

Funciones	Gramática	Léxico
• Referirse a acciones pasadas recientes • Referirse a momentos pasados: pasados lejanos y periodos de tiempo terminados • Expresar opinión	• Repaso de los tiempos de pasado de indicativo: - pretérito perfecto - pretérito indefinido	• Estilos musicales **Cultura** • El cantante español Alejandro Sanz • La cantante colombiana Shakira • El bailaor Joaquín Cortés

● Empezamos

1 ¿Conoces a Alejandro Sanz? Lee el texto y responde a las preguntas.

1 ¿Quién es Alejandro Sanz?
2 ¿Por qué es famoso?
3 ¿Con qué álbum tuvo más éxito?

4 ¿Qué hizo en mayo de 2015?
5 ¿En qué idiomas, además del español, ha cantado Alejandro Sanz?

Alejandro Sanz

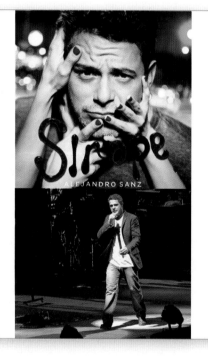

Es un cantautor, compositor y músico español. Ha vendido más de 25 millones de copias de sus discos en todo el mundo y ha ganado 17 premios Grammys Latinos y 3 Grammys Anglo. También, ha realizado colaboraciones con diversos artistas nacionales e internacionales. En 1997 su álbum *Más* vendió más de cinco millones de copias gracias a su famosa canción "Corazón partío [1]".

En mayo del 2015, Alejandro Sanz lanzó *Sirope*, un álbum que combina elementos pop y *rock*, y que se suma a su ya larga colección de discos, que han incluido versiones en italiano y portugués, además de canciones en inglés como "Looking for paradise" o colaboraciones con grupos británicos como The Corrs.

[1] *partío*: forma coloquial de *partido, roto.*

2 Vuelve a leer el texto del ejercicio anterior y completa la tabla. Observa qué tiempo verbal se usa en cada caso.

	Sabemos cuándo	No sabemos cuándo
1 Ha vendido más de 25 millones de discos.		
2 Su álbum *Más* vendió 5 millones de copias.		
3 Ha colaborado con diversos artistas.		
4 Lanzó su disco *Sirope.*		

3 ¿Quieres conocer algo más personal de Alejandro Sanz? Completa estos datos con los verbos en el tiempo adecuado. Recuerda que para hablar del pasado podemos utilizar el pretérito indefinido o el pretérito perfecto.

Su nombre completo es Alejandro Sánchez Pizarro y **(1) (nacer)** _____ en Madrid el 18 de diciembre de 1968. Su primer juguete **(2) (ser)** _____ uno de piezas pequeñas para construir castillos. A los siete años, sus padres le **(3) (regalar)** _____ una guitarra.

Cuando Alejandro empezó a ganar dinero, **(4) (comprar)** _____ un coche de lujo a su padre y **(5) (montar)** _____ una peluquería para su madre.

Siente pasión por la lectura y entre sus autores favoritos están Gustavo Adolfo Bécquer, Pablo Neruda y Gabriel García Márquez y sus ciudades españolas favoritas son Madrid y Sevilla.

Alejandro **(6) (casarse)** _____ en el año 2000 con la modelo mexicana Jaydy Mitchel y al año siguiente **(7) (nacer)** _____ su hija Manuela. Él y su mujer declararon entonces: "Manuela es lo mejor que nos ha pasado en la vida". En 2005, cinco años después, **(8) (separarse)** _____.

Alejandro Sanz **(9) (conseguir)** _____ vender más de veintiún millones de discos a lo largo de su carrera y **(10) (superar)** _____ la marca de "Número 1" en ventas de discos, en manos de Julio Iglesias. Sin duda, Alejandro Sanz es el cantante español no solo de los 90, sino también del siglo xxi.

Si quieres saber más sobre Alejandro Sanz, puedes consultar su página oficial www.alejandrosanz.com

 4 Ahora escucha y comprueba.

5 ¿Con cuáles de las siguientes expresiones temporales sería posible relacionar estas dos afirmaciones?

todavía no • esta semana • hace muchos años • en1997 en estos últimos días • ya

1 Alejandro Sanz empezó a ganar dinero.

_____

2 Alejandro Sanz ha superado las ventas de discos de Julio Iglesias. _____

■ Avanzamos

6 En parejas. Vas a conocer un poco mejor a tu compañero. Pregúntale y responde a sus preguntas.

Encuesta

1 ¿Cuánto tiempo has estudiado español antes de este curso?
2 ¿Qué niveles de español has superado?
3 ¿Qué te han parecido las clases de esta semana?
4 ¿Has estado alguna vez en un país de habla hispana?
5 ¿Últimamente has leído libros en español?
6 ¿Has visto alguna película española en estos meses?
7 ¿Tienes amigos que hablan español? ¿Os habéis escrito últimamente?
8 ¿Has escuchado alguna canción de Alejandro Sanz?
9 ¿Qué sabes de la música en español?

GRAMÁTICA

Pretérito perfecto de indicativo

Recuerda que, para referirnos a acciones pasadas recientes o dentro de periodos de tiempo no finalizados que incluye el tiempo presente (*hoy, este año, en mi vida*), utilizamos el pretérito perfecto:

	presente de *haber*	participio pasado
(yo)	he	
(tú)	has	regal**ado**
(él/ella, usted)	ha +	perd**ido**
(nosotros/-as)	hemos	part**ido**
(vosotros/-as)	habéis	
(ellos/-as, ustedes)	han	

Con estas expresiones temporales solemos usar el pretérito perfecto: *hoy, este mes, ya / todavía no, hace poco, alguna vez / nunca.*

*Esta semana no **hemos tenido** clase de música.*

7 ¿Recuerdas las formas de los verbos regulares en pretérito indefinido? Completa la tabla.

Pretérito indefinido: verbos regulares

	regalar	nacer	vivir
(yo)	regal-**é**	nac-_____	viv-_____
(tú)	regal-_____	nac-_____	viv-**iste**
(él/ella, usted)	regal-_____	nac-**ió**	viv-_____
(nosotros/-as)	regal-_____	nac-_____	viv-_____
(vosotros/-as)	regal-_____	nac-**isteis**	viv-_____
(ellos/-as, ustedes)	regal-**aron**	nac-_____	viv-**ieron**

8 Completa las frases con información sobre ti.

1 Nací en el año _____.
2 Ayer comí _____.
3 El domingo me levanté a las _____.
4 Anoche me acosté a las _____.
5 La semana pasada compré _____.
6 En mi último cumpleaños me regalaron

_____.

7 El año pasado estuve de vacaciones en

_____.

8 El sábado pasado fui a _____.

9 En parejas. El viernes pasado fue la final de una competición muy importante de fútbol. Imagina que tu compañero y tú fuisteis a verla, ¿qué hicisteis a lo largo del día? Tomad nota y comentadlo con el resto de la clase.

Viaje   Comidas   Amigos   Compras

Entradas   Camisetas y bufandas   Fiesta

GRAMÁTICA

Pretérito indefinido: verbos irregulares

Recuerda que para hablar de acciones terminadas y periodos de tiempo terminados usamos el pretérito indefinido. Aquí tienes algunos verbos irregulares muy frecuentes:

dar	poner	venir	querer	saber	ir / ser	estar
di	puse	vine	quise	supe	fui	estuve
diste	pusiste	viniste	quisiste	supiste	fuiste	estuviste
dio	puso	vino	quiso	supo	fue	estuvo
dimos	pusimos	vinimos	quisimos	supimos	fuimos	estuvimos
disteis	pusisteis	vinisteis	quisisteis	supisteis	fuisteis	estuvisteis
dieron	pusieron	vinieron	quisieron	supieron	fueron	estuvieron

*Anoche **vine** a casa y **puse** la radio.*
*Cuando le **dieron** la noticia no **supo** qué hacer.*

10 ¿Sabes quién es Joaquín Cortés? El mes pasado estuvo de gira por Japón. ¿Puedes imaginar qué hizo durante la semana? Escríbelo.

El lunes llegó a Tokio y..., el martes...

Joaquín Cortés
en Japón

El "bailaor" y coreógrafo español Joaquín Cortés consiguió un gran éxito en sus actuaciones del mes pasado por distintas ciudades de Japón.

Invitado por el Instituto Cervantes de Tokio, la presencia de Joaquín Cortés sirvió para apoyar la difusión del flamenco en el país nipón, tan interesado por la lengua y la cultura españolas.

También tuvo tiempo para visitar algunos lugares turísticos y disfrutó, sin duda, de los muchos atractivos del país del sol naciente.

Osaka — Kioto — Tokio — Sushi — Palacio Imperial — Tren bala

42 11 En parejas. Sara le cuenta a Pedro lo que escuchó en un programa de radio sobre el viaje de Joaquín Cortés. Compara tu versión con la de tu compañero.

12 ¿Qué tipo de música creéis que le gusta a cada una de estas personas? ¿En qué os basáis para defender vuestra opinión?

COMUNICACIÓN

Opinar

Solemos introducir nuestra opinión con expresiones como estas:

En mi opinión,...
Para mí,...
Yo creo que + indicativo

En mi opinión, *a Celia le gustan los cantautores porque...*

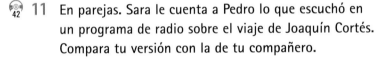
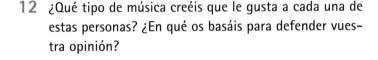

rap y hip-hop — rock — pop — salsa — flamenco — cantautores

jazz — Samuel — Celia — Astrid — clásica

● Ampliamos

13 Shakira es una cantante colombiana reconocida en todo el mundo. Su estilo fresco y su voz han hecho de ella una de las cantantes latinas más internacionales. Lee y ordena el siguiente texto para saber más sobre ella.

Shakira

☐ El 3 de abril de 2006 Shakira recibió una mención honorífica en una ceremonia de la Organización de las Naciones Unidas por la creación de la fundación llamada 'Pies Descalzos', que se encarga de ayudar y proteger a los niños que sufren de violencia familiar en Colombia.

☐ A sus dieciocho años, el éxito de su siguiente disco, *Pies descalzos,* cambió por completo su existencia, ya que supuso su lanzamiento internacional. Desde entonces, los aeropuertos y los hoteles de todo el mundo han sido su segundo hogar. Emilio Estefan, conocido **cazatalentos** de la música latina, ubicado en Miami, fue el **productor** ejecutivo de su **álbum** *¿Dónde están los ladrones?*, y la propia Shakira actuó como productora artística.

☐ En el año 2000, su disco *Shakira MTV Unplugged* ganó el premio Grammy como Mejor Álbum de Pop Latino, y sirvió de plataforma para su **debut** en inglés. En el año 2005, Shakira se lanzó a la aventura de grabar un mismo disco en español *(Fijación oral)* y en inglés *(Oral fixation).*

☐ En 1991, con tan solo trece años, firmó su primer contrato con la compañía discográfica Sony Music, y de allí salieron sus dos primeros discos: *Magia,* ese mismo año, y *Peligro,* dos años más tarde, en 1993.

☐ Shakira Isabel Mebarak Ripoll nació el 2 de febrero de 1977 en la ciudad de Barranquilla (Colombia), de madre colombiana y padre de ascendencia libanesa. Con ocho años compuso su primera canción y empezó su trayectoria musical, acompañada por sus padres, en programas de televisión y radio. Durante tres años **consecutivos**, ganó un concurso regional en el canal de televisión colombiano Telecaribe.

☐ Durante el Mundial de Fútbol de Sudáfrica 2010 Shakira se convirtió en la intérprete de la canción oficial del evento, la llamada "Waka Waka" *(This Time For Africa).*

14 ¿Qué significan las palabras resaltadas? Relaciona las dos columnas.

1	consecutivo	**a**	conjunto de canciones que se publican juntas
2	cazatalentos	**b**	el que descubre a personas con talento
3	productor	**c**	seguido, uno detrás de otro
4	álbum	**d**	el que aporta el dinero en un negocio
5	debut	**e**	primera actuación en público

15 ¿Crees que esta información sobre Shakira es verdadera (V) o falsa (F)? Coméntalo con tus compañeros. Después, puedes comprobar si la información es correcta en internet.

	V	F	No sé
1 El Papa Juan Pablo II la recibió en 1998.			
2 La nombraron embajadora de Unicef.			
3 Tituló uno de sus discos *¿Dónde están los ladrones?*, porque le robaron la maleta con las letras de sus canciones.			
4 Su nombre significa "llena de gracia" en árabe.			

Autoevaluación

1 **Esta mañana** _____.
   a ☐ he trabajado más que ayer
   b ☐ trabajaba más que ayer
   c ☐ estaba trabajando más que ayer

2 **El mes pasado** _____ **al concierto de Shakira.**
   a ☐ fuimos
   b ☐ hemos ido
   c ☐ íbamos

3 **Alejandro Sanz** _____ **en 1968.**
   a ☐ nació
   b ☐ ha nacido
   c ☐ nací

4 *José todavía no ha llegado* **significa:**
   a ☐ José ya está aquí.
   b ☐ José no está aquí.
   c ☐ José ha llegado ahora mismo.

5 **El participio del verbo** *componer* **es:**
   a ☐ componido.
   b ☐ compuesto.
   c ☐ componiendo.

6 **El participio del verbo** *leer* **es:**
   a ☐ leído.
   b ☐ listo.
   c ☐ leyendo.

7 **La 1.ª persona (yo) del pretérito indefinido del verbo** *saber* **es:**
   a ☐ sabía.
   b ☐ he sabido.
   c ☐ supe.

8 **Ayer me** _____ **que mañana no hay clase.**
   a ☐ dijeron
   b ☐ han dicho
   c ☐ decían

9 **Nosotros no** _____ **entradas para el concierto de la semana pasada.**
   a ☐ consigamos
   b ☐ conseguíamos
   c ☐ conseguimos

10 **Últimamente no** _____ **música en español.**
   a ☐ he escuchado
   b ☐ escuché
   c ☐ había escuchado

11 **El sábado por la tarde no** _____ **ir al cine.**
   a ☐ podamos
   b ☐ pudimos
   c ☐ podemos

12 **Creo que Joaquín Cortés nunca** _____ **en Tokio.**
   a ☐ actuó
   b ☐ ha actuado
   c ☐ actuaba

13 **Todavía no** _____ **en España, pero quiero ir este año.**
   a ☐ estuve
   b ☐ he estado
   c ☐ estaba

14 **Alejandro Sanz es un famoso** _____ **español.**
   a ☐ cantante
   b ☐ bailaor
   c ☐ guitarrista

15 **A mí me gusta mucho la música** _____.
   a ☐ salsa
   b ☐ clásica
   c ☐ cantautores

16 **El nombre** *Pies Descalzos* **se refiere a:**
   a ☐ una tienda de zapatos.
   b ☐ un juego infantil.
   c ☐ una fundación benéfica.

17 **Shakira es:**
   a ☐ española.
   b ☐ mexicana.
   c ☐ colombiana.

18 **Shakira ganó un concurso durante tres años** _____.
   a ☐ alternos
   b ☐ consecutivos
   c ☐ bisiestos

19 **Un** *cazatalentos* **es:**
   a ☐ un cazador muy inteligente.
   b ☐ un comprador compulsivo.
   c ☐ un descubridor de personas con talento.

20 **Ya** _____ **los ejercicios de esta Autoevaluación y los** _____ **muy bien.**
   a ☐ terminé / he hecho
   b ☐ he terminado / he hecho
   c ☐ he terminado / hice

Total: _____ de 20

18 Recordar el pasado: los viajes

Funciones
- Hablar de acciones habituales, describir y expresar simultaneidad en el pasado
- Referirse a acciones pasadas anteriores a otras acciones pasadas o presentes

Gramática
- Repaso del pretérito imperfecto de indicativo: forma y usos
- Pretérito pluscuamperfecto de indicativo

Léxico
- Viajes y desplazamientos
- Vacaciones

Cultura
- Un blog de viajes: Cancún (México)

Empezamos

1 ¿Conoces algún rascacielos? ¿Crees que son construcciones modernas? Lee este texto para descubrir la respuesta.

Rascacielos

Los primeros rascacielos aparecieron a finales del siglo XIX en ciudades con altos índices de población como Nueva York, Londres o Chicago, pero mucha gente no sabe que estos edificios ya existían hace miles de años.

Los rascacielos de Roma, en época del emperador Domiciano (S. I), se <u>llamaban</u> *insulae* –palabra latina que significa *islas*– porque <u>se levantaban</u> como islas en medio de un mar de casas bajas, y <u>podían</u> tener hasta seis pisos de altura.

Ya antes del Imperio romano, se <u>habían construido</u> rascacielos, los zigurats babilónicos –pirámides escalonadas, inspiradoras, probablemente, de la Torre de Babel–, aunque no con el sentido de edificios de vecinos y oficinas que hoy tienen para nosotros los rascacielos, y que ya <u>tenían</u> en Roma.

Los propietarios de las *insulae* romanas <u>eran</u> sociedades inmobiliarias que <u>cobraban</u> un alto alquiler a los inquilinos y que no <u>cuidaban</u> demasiado las medidas de seguridad del edificio.

2 ¿A qué tiempo verbal corresponden las formas subrayadas en el texto?

3 Vuelve a leer el texto sobre los rascacielos y contesta a estas preguntas.

1 ¿Los rascacielos del Imperio romano son los más antiguos de la Historia?

2 ¿Por qué se denominaban *insulae*?

3 ¿Cuál es el posible origen de la Torre de Babel? ¿Sabes algo más de ella?

4 ¿Quién vivía en las *insulae*?

5 ¿Las *insulae* eran construcciones seguras?

4 La palabra *rascacielos* es igual en singular y en plural. ¿A cuáles de las siguientes palabras les sucede lo mismo? ¿Conoces otras palabras similares?

crisis · radios · franceses · paraguas · miércoles · pisos · tesis · exámenes · sábados

5 La forma *eran* es irregular y corresponde al pretérito imperfecto del verbo *ser*. ¿Sabes qué otros dos verbos son irregulares en imperfecto?

tener   leer   mirar   ir   estar   (ser)

ver   salir   llamarse   volver

6 Lee la siguiente frase. ¿Es verdadera o falsa?

> Los romanos no fueron los primeros en construir rascacielos, porque los babilonios los habían construido antes.

7 ¿Qué tiempo verbal utilizamos para referirnos a una acción anterior a otra acción en pasado?

Avanzamos

🎧 **8** Escucha y lee estos comentarios de algunas personas después de viajar fuera de sus países. ¿Te ha pasado algo parecido a ti?

> Ya me lo <u>habían dicho</u>, pero no podía creerlo, ¡en París un café te cuesta 3 o 4 euros, sí, sí, en serio!
>
> **1**

> ¡Menos mal que cuando regresé a Barcelona ya <u>había terminado</u> la huelga en los aeropuertos!
>
> **2**

🎧 **9** Raquel y Paco tienen dos niños pequeños. Escucha cómo pasaban sus vacaciones antes y cómo las pasan ahora. Completa la tabla.

	Antes	Ahora
Salir al extranjero		
Viajar en Navidad		
Los fines de semana		
Las fiestas familiares		

10 ¿Y tú? ¿Cómo pasabas las vacaciones cuando eras pequeño? ¿Y ahora cómo las pasas? Coméntalo con tu compañero.

Yo iba con mis hermanos y con mis padres a un apartamento.

> En nuestro último viaje a Grecia, todavía no <u>habían terminado</u> las obras del nuevo aeropuerto de Atenas, así que tuvimos que despegar desde el antiguo.
>
> **3**

GRAMÁTICA

Pretérito imperfecto de indicativo

Recuerda, solo estos tres verbos son irregulares en pretérito imperfecto.

Verbos regulares		
cuidar	**tener**	**vivir**
cuid**aba**	ten**ía**	viv**ía**
cuid**abas**	ten**ías**	viv**ías**
cuid**aba**	ten**ía**	viv**ía**
cuid**ábamos**	ten**íamos**	viv**íamos**
cuid**abais**	ten**íais**	viv**íais**
cuid**aban**	ten**ían**	viv**ían**

Verbos irregulares		
ser	**ver**	**ir**
era	veía	iba
eras	veías	ibas
era	veía	iba
éramos	veíamos	íbamos
erais	veíais	ibais
eran	veían	iban

Usos:

a Indicar el **contraste** entre antes y ahora:

*Antes **viajaba** siempre por España y ahora salgo al extranjero.*

b Hacer **descripciones** en el pasado:

*Los rascacielos en Roma **tenían** hasta seis pisos de altura.*
*Me **sentía** un poco nerviosa porque no **hablaba** japonés.*

c Hablar de **acciones habituales** en el pasado: *siempre, a menudo, muchas veces,* etc.

*Los propietarios de las insulae **eran**, a menudo, sociedades inmobiliarias.*

d Expresar **simultaneidad** con otras acciones pasadas o con una acción en desarrollo:

*Cuando **volvíamos** de París **empezaba** la huelga de pilotos.*
*El hombre que **viajaba** a mi lado sufrió un desmayo durante el vuelo.*

e Dar **explicaciones descriptivas** en el pasado:

*Los rascacielos se **llamaban** insulae porque **parecían** islas en medio de un mar de casas bajas.*

f Indicar **cortesía** en la expresión de deseos y peticiones:

*Por favor, **quería** dos billetes para el vuelo de las 17.00 horas.*

11 Lee el texto sobre la experiencia de una persona que hizo un viaje a México. ¿Cuál fue su primera impresión?

Después de muchas horas de vuelo, por fin llegamos a México D. F. Lo primero que observé de la Ciudad de México cuando miraba por la ventanilla del avión fue la infinidad de calles y edificios que parecían formar una enorme tela de araña. Siempre había imaginado así esta ciudad: infinita.

Me parece increíble cuando pienso que en 1980 vivían 14 millones de personas y hoy en día son más de 20 millones.

12 En parejas. ¿Te gusta viajar? ¿Has viajado alguna vez fuera de tu país? ¿Recuerdas cuál fue tu primera impresión? Cuéntaselo a tu compañero.

13 Recuerda cosas que nunca habías hecho o visto antes de:

Viajar al extranjero   *Antes de viajar a México no había comido nunca enchiladas.*
por primera vez

Aprender español

Ganar tu propio
dinero

GRAMÁTICA

Pretérito pluscuamperfecto de indicativo

	imperfecto de *haber*	participio pasado
(yo)	había	
(tú)	habías	cuid**ado**
(él/ella, usted)	había +	ten**ido**
(nosotros/-as)	habíamos	viv**ido**
(vosotros/-as)	habíais	
(ellos/-as, ustedes)	habían	

Para referirnos a acciones pasadas anteriores a otras acciones pasadas utilizamos el pretérito pluscuamperfecto de indicativo.

*Ese verano fui a Tokio. Ya **había estado** antes en Japón, pero no en la capital.*

*No pude asistir a la reunión de Valencia porque cuando llegué a la estación el tren ya **había salido**.*

14 Lee el siguiente blog y elige la opción correcta: pretérito indefinido o pretérito pluscuamperfecto.

Un viaje de relax en Cancún

Han pasado más de seis años desde que empecé a escribir este blog y en todo este tiempo no (1) **había disfrutado/disfruté** de unas vacaciones "de verdad" hasta que hace tres meses fuimos a México.

Decidimos ir a Cancún. Nuestra única ambición durante los días que pasamos en este paraíso caribeño era descansar junto al mar. Desconectar de todos y de todo, un capricho que sinceramente (2) **nos había sentado/nos sentó** de maravilla.

La primera experiencia no fue muy buena. Llegamos a Cancún de noche y muy cansados. Hacía mucho calor, más de 30 grados a esas horas, a pesar de que nos encontrábamos en abril. El transporte que (3) **habíamos contratado/contratamos** previamente desde España no estaba allí, así que tuvimos que buscar un taxi. Llegamos al hotel agotados y nos fuimos a dormir directamente, pero cuando nos (4) **habíamos levantado/levantamos** y vimos dónde estábamos nos llevamos una sorpresa muy agradable.

Antes de hacer este viaje la idea de pasar una semana en un resort con pulserita de todo incluido y hacer colas para desayunar o bañarnos en la piscina no nos gustaba mucho, pero hablamos con unos amigos que el año pasado (5) **habían pasado/pasaron** las vacaciones en Cancún. Nos hablaron muy bien de un hotel que, según ellos, era espectacular. Así que por eso (6) **habíamos decidido/decidimos** pasar nuestras vacaciones allí. El hotel tenía una playa maravillosa, era tranquilo, había muy buenos restaurantes alrededor y también tenía instalaciones para niños. ¡Pasamos unas vacaciones inolvidables! ¡Seguro que volvemos!

15 ¿Cómo fueron tus últimas vacaciones? Escribe tu experiencia para publicarla en un blog.

● Ampliamos

16 Un viaje en autobús y el encuentro de un teléfono móvil son el punto de partida de esta curiosa historia del escritor español Juan José Millás. Lee el texto.

1 **EL MÓVIL.** El tipo que desayunaba a mi lado, en el bar, olvidó un teléfono móvil debajo de la barra. Corrí tras de él, pero cuando alcancé la calle había desaparecido. Di un par de vueltas con el aparato en la mano por los alrededores y finalmente lo guardé
5 en el bolsillo y me metí en el autobús. A la altura de la calle Cartagena comenzó a sonar. Como la gente me miraba, lo saqué con naturalidad y atendí la llamada. Una voz de mujer, al otro lado, preguntó: "¿Dónde estás?". "En el autobús", dije. "¿En el autobús? ¿Y qué haces en el autobús?". "Voy a la oficina". La mujer se echó
10 a llorar porque parecía que le había dicho algo horrible, y colgó.

Guardé el aparato en el bolsillo de la chaqueta y perdí la mirada en el vacío. A la altura de María de Molina[1] con Velázquez[1] volvió a sonar. Era de nuevo la mujer. Aún lloraba. "Seguirás en el autobús, ¿no?", dijo con voz incrédula. "Sí", respondí. Una mujer
15 tosió a mi lado. "¿Con quién estás?", preguntó angustiada. "Con nadie", dije. "¿Y esa tos?". "Es de una pasajera del autobús". Tras unos segundos añadió con voz firme: "Me voy a suicidar; si no me das alguna esperanza me mato ahora mismo". Miré a mi alrededor: todo el mundo estaba pendiente de mí, así que no sabía qué hacer.
20 "Te quiero", dije, y colgué.

Dos calles más allá sonó otra vez: "¿Eres tú el que anda jugando con mi móvil?", preguntó una voz masculina. "Sí", dije tragando saliva. "¿Me lo vas a devolver?". "No", respondí. Al poco tiempo lo dejaron sin línea, pero yo lo llevo siempre en el bolsillo por si ella
25 vuelve a telefonear.

[1] Nombres de calles de Madrid.
(Texto adaptado de *Cuentos a la intemperie*, 1997)

17 Vuelve a leer el texto y subraya las palabras que no conoces. ¿Puedes deducirlas por el contexto? Después, busca las siguientes expresiones en el diccionario.

1 (línea 1) tipo (el)
2 (línea 2) barra (la)
3 (línea 5) A la altura de (estar)
4 (línea 9) echarse a (+ infinitivo)
5 (línea 14) incrédulo/-a (ser)
6 (línea 15) angustiado/-a (estar)
7 (línea 19) estar pendiente de
8 (línea 23) saliva (la)

18 Observa con atención el uso de los tiempos verbales de pasado en el texto. ¿Qué relación cronológica hay entre los tiempos de estas frases?

1 El tipo que desayunaba a mi lado olvidó un teléfono móvil debajo de la barra.
2 La mujer se echó a llorar porque parecía que le había dicho algo horrible, y colgó.

19 Te proponemos un ejercicio de dramatización tras la lectura. Tenemos los siguientes personajes: un narrador, el protagonista en 1.ª persona, la mujer que recibe la llamada y el hombre que llama. Repartid los papeles y, en grupos de cuatro, representad la escena en clase.

Autoevaluación

1 Antes no _____ dinero para viajar; ahora no tenemos tiempo.
- **a** ☐ hemos tenido
- **b** ☐ teníamos
- **c** ☐ tuvimos

2 Por favor, ¿_____ decirme cuánto cuesta esto?
- **a** ☐ podaba
- **b** ☐ podrá
- **c** ☐ podía

3 Antes de ir a Venezuela, Pedro ya _____ dos veces en Latinoamérica.
- **a** ☐ había estado
- **b** ☐ estuvo
- **c** ☐ estaba

4 Cuando eran jóvenes, mis padres _____ a menudo de viaje.
- **a** ☐ eran
- **b** ☐ iban
- **c** ☐ irían

5 ¿Seguro que vosotros no _____ la película?
- **a** ☐ han visto
- **b** ☐ habían visto
- **c** ☐ habíais visto

6 Cuando _____ el tren, _____ a llover de repente.
- **a** ☐ hemos esperado / empezó
- **b** ☐ estábamos esperando / empezó
- **c** ☐ esperamos / empezaba

7 Llegamos a la estación cuando ya había salido el autobús, por eso _____.
- **a** ☐ pudimos cogerlo
- **b** ☐ no pudimos cogerlo
- **c** ☐ no llegamos a la estación.

8 Desde el noveno piso se _____ toda la ciudad.
- **a** ☐ vio
- **b** ☐ veo
- **c** ☐ veía

9 No pudimos quedarnos en el hotel porque _____ completo.
- **a** ☐ estuvo
- **b** ☐ estaba
- **c** ☐ era

10 El profesor presentó _____ nueva.
- **a** ☐ unas tesis
- **b** ☐ una tesis
- **c** ☐ tesis

11 Antes del Imperio romano, ya se _____ rascacielos.
- **a** ☐ han construido
- **b** ☐ habían construido
- **c** ☐ construyen

12 Un rascacielos es:
- **a** ☐ una montaña que llega al cielo.
- **b** ☐ un edificio muy alto.
- **c** ☐ un museo de aviación.

13 Desde la _____ del avión solo se veían nubes.
- **a** ☐ ventanita
- **b** ☐ ventaneta
- **c** ☐ ventanilla

14 En la época de los romanos _____ edificios que _____ hasta seis pisos.
- **a** ☐ habían / tenían
- **b** ☐ había / tenían
- **c** ☐ hubo / tuvieron

15 La expresión "el viaje fue un calvario" quiere decir:
- **a** ☐ fue un viaje muy malo.
- **b** ☐ fue un viaje muy caro.
- **c** ☐ fue un viaje muy cómodo.

16 Estas vacaciones no hemos ido _____ viaje.
- **a** ☐ a
- **b** ☐ en
- **c** ☐ de

17 En un bar, la barra es:
- **a** ☐ Un recipiente grande que contiene cerveza.
- **b** ☐ El mostrador alargado donde se sirve a los clientes que están de pie.
- **c** ☐ La zona de mesas y sillas donde se sientan los clientes.

18 Un pasajero es:
- **a** ☐ el que pasea.
- **b** ☐ el que pasa cerca.
- **c** ☐ el que viaja.

19 Un incrédulo es aquel que:
- **a** ☐ no cree nada.
- **b** ☐ cree todo lo que le dicen.
- **c** ☐ no piensa.

20 Cuando vi aquel accidente de tráfico, _____ a llorar.
- **a** ☐ me comencé
- **b** ☐ me eché
- **c** ☐ me echaba

Total: _____ de 20

19 ¡Ojalá cuidemos nuestro planeta!

Funciones
- Formular deseos
- Opinar sobre el medio ambiente
- Hablar sobre acciones concretas para conservar el medio ambiente

Gramática
- Presente de subjuntivo: verbos regulares e irregulares
- *Ojalá (que)* + presente de subjuntivo
- *Querer / Esperar* + sustantivo / infinitivo
- *Querer / Esperar* + *que* + presente de subjuntivo

Léxico
- Ecología y medio ambiente

Cultura
- Las energías renovables

Empezamos

1 Mira las imágenes de arriba. ¿Tienen algo en común? Relaciona las siguientes palabras con cada fotografía.

1 Ⓐ vertidos tóxicos
2 Ⓔ basura
3 Ⓑ emisión de humos contaminantes
4 Ⓒ deforestación
5 Ⓕ pilas
6 Ⓓ sequía

2 En grupos. Buscad otras palabras relacionadas con este tema.

3 Ahora, relaciona las imágenes con los siguientes deseos.

1 Ⓕ Espero que la gente *utilice* siempre pilas recargables.
2 Ⓓ ¡Ojalá *llueva* pronto!
3 Ⓐ Espero que no *contaminemos* más las playas.
4 Ⓔ ¡Ojalá todos *reciclemos* la basura!
5 Ⓑ ¡Que los gobiernos *controlen* mejor la emisión de humos contaminantes!
6 Ⓒ ¡Queremos que no se *corten* más árboles en nuestros bosques!

4 Observa este anuncio de una campaña institucional del Ministerio de Medio Ambiente de España y contesta a las preguntas.

heritage / inheritance

1 Las palabras *herencia* y *heredar* están relacionadas. ¿Qué significan?

2 ¿Cuál es, en tu opinión, el mensaje del anuncio?

3 En el texto del anuncio, ¿a qué infinitivos corresponden los verbos subrayados? Se trata de una nueva forma, el presente de subjuntivo.

ESTE RÍO ES TU HERENCIA

Has heredado una gran tierra, CUÍDALA

Aprovecha cada gota de agua que has heredado. Déjala correr solo cuando la necesites para que llegue a todos, y a todos los lugares.

● Avanzamos

5 Esta joven nos dice lo que quiere o espera para el futuro. ¿En qué frases utiliza presente de subjuntivo?

1 *Quiero un planeta limpio.*

2 *Espero que mis hijos no hereden ríos contaminados.*

3 *No quiero malgastar el agua.*

4 *¡Ojalá en el futuro la gente sea menos consumista y recicle más!*

5 *¡Que las futuras generaciones puedan vivir en un mundo mejor!*

6 Lee estos titulares de periódico y formula deseos como los del ejercicio 5.

¡Ojalá no construyan más hoteles en la costa mediterránea! ¡Están destruyendo el medio ambiente!

Construcción masiva de hoteles en el Mediterráneo A

¿HA COMENZADO LA GUERRA POR EL AGUA? B

Reciclar es dar vida C

El futuro está en las energías renovables D

Ecología: ¿política o realidad? E

Aprender a cuidar el entorno: el consumo racional F

traffic jams

Cada vez más atascos en las grandes ciudades G

Ojalá que la gente utilize más el transporte público.

7 ¿Qué significan las palabras y expresiones subrayadas de los titulares del ejercicio anterior?

COMUNICACIÓN

Expresar deseos

Para expresar deseos podemos utilizar:

¡Ojalá [1]
¡Que + presente de subjuntivo!

[1] En Hispanoamérica se usa con más frecuencia **ojalá que** (*¡Ojalá que* mañana llueva!*). En España se omite **que** en esta construcción.

■ *En los últimos meses hemos desarrollado un nuevo programa energético para aprovechar la fuerza del viento. ¡Ojalá funcione!*

● *Pues mucha suerte, ¡que salga muy bien!*

Querer
Esperar + infinitivo (mismo sujeto)

Querer
Esperar + que + presente de subjuntivo (sujetos diferentes)

Yo quiero visitar *Roma en Semana Santa.*
Yo espero que tengáis *muy buenos resultados en el examen.*

Presente de subjuntivo

Verbos regulares

	contaminar	vender	consumir
(yo)	contamine	venda	consuma
(tú)	contamines	vendas	consumas
(él/ella, usted)	contamine	venda	consuma
(nosotros/-as)	contaminemos	vendamos	consumamos
(vosotros/-as)	contaminéis	vendáis	consumáis
(ellos/-as, ustedes)	contaminen	vendan	consuman

Las formas de tercera persona coinciden con las del imperativo de *usted*.

La vocal característica del presente de subjuntivo es:
-ar → e   **-er** → a
-ir → a

Verbos irregulares

1 Los verbos con **cambio vocálico** en presente de indicativo mantienen las mismas irregularidades en presente de subjuntivo.

	poder	pensar	pedir
	o>ue	e>ie	e>i
(yo)	pueda	piense	pida
(tú)	puedas	pienses	pidas
(él/ella, usted)	pueda	piense	pida
(nosotros/-as)	podamos	pensemos	pidamos
(vosotros/-as)	podáis	penséis	pidáis
(ellos/-as, ustedes)	puedan	piensen	pidan

Si recuerdas las formas del presente de indicativo, aprender el presente de subjuntivo va a ser muy fácil.

¡OJO!
Los verbos con cambio **e>i** mantienen la **irregularidad** en las formas **nosotros** y **vosotros**.

2 Los verbos con **la primera persona de singular irregular** en presente de indicativo mantienen esa irregularidad en todas las formas del presente de subjuntivo.

hacer	tener	salir	poner	decir	venir	oír	conocer	producir
haga	tenga	salga	ponga	diga	venga	oiga	conozca	produzca
hagas	tengas	salgas	pongas	digas	vengas	oigas	conozcas	produzcas
haga	tenga	salga	ponga	diga	venga	oiga	conozca	produzca
hagamos	tengamos	salgamos	pongamos	digamos	vengamos	oigamos	conozcamos	produzcamos
hagáis	tengáis	salgáis	pongáis	digáis	vengáis	oigáis	conozcáis	produzcáis
hagan	tengan	salgan	pongan	digan	vengan	oigan	conozcan	produzcan

Verbos con otras irregularidades

empezar (z>c): empiece, empieces, empiece, empecemos, empecéis, empiecen.

aparcar (c>qu): aparque, aparques, aparque, aparquemos, aparquéis, aparquen.

llegar (g>gu): llegue, llegues, llegue, lleguemos, lleguéis, lleguen.

coger (g>j): coja, cojas, coja, cojamos, cojáis, cojan.

construir (i>y): construya, construyas, construya, construyamos, construyáis, construyan.

3 Verbos con **irregularidades específicas** en presente de subjuntivo.

	ir	ser	saber	dar	haber
(yo)	vaya	sea	sepa	dé	haya
(tú)	vayas	seas	sepas	des	hayas
(él/ella, usted)	vaya	sea	sepa	dé	haya
(nosotros/-as)	vayamos	seamos	sepamos	demos	hayamos
(vosotros/-as)	vayáis	seáis	sepáis	deis	hayáis
(ellos/-as, ustedes)	vayan	sean	sepan	den	hayan

8 Completa las siguientes frases con tus deseos.

1 Espero que en el futuro la gente _____ .
2 Quiero _____ .
3 ¡Que en la próxima _____ !
4 ¡Ojalá todo el mundo _____ !

9 Escucha la entrevista radiofónica a Juan Álvarez, representante del partido político *Por una tierra verde* y completa la tabla.

	V	F	No sé
1 La gente es consciente de la explotación abusiva de los recursos naturales.			
2 El petróleo puede agotarse pronto.			
3 Las energías renovables no son un problema político.			
4 De la energía solar se puede obtener otro tipo de energía.			

to run out (sobre "agotarse")

agotador = exhausting
cansador

10 En parejas. ¿Qué cosas haces diariamente que sean perjudiciales o beneficiosas para el medio ambiente? Escríbelo y después habla con tu compañero.

PERJUDICIAL		BENEFICIOSO	
tú	**tu compañero**	**tú**	**tu compañero**
Tirar las pilas usadas a la basura.			*Usar productos de limpieza naturales en casa.*

19

● Ampliamos

11 La preocupación por la ecología y las fuentes de energía es una realidad de nuestros días. En foros científicos se debate sobre el futuro del medio ambiente y las soluciones que se pueden adoptar para salvarlo. Antes de leer el siguiente fragmento de una conferencia, comenta con tu compañero qué posibles soluciones hay a este problema. Después, leed y escuchad el texto, y comprobad vuestras hipótesis.

Las energías renovables: el futuro del medio ambiente

Debemos apostar por las energías renovables porque son las únicas capaces de evitar el constante y rápido deterioro de nuestro medio ambiente.

En el viento, en el sol o en la fuerza del agua es posible encontrar los sustitutos adecuados para esas otras fuentes de energía con las que el hombre ha ido contaminando y destruyendo nuestros ecosistemas. Además, muchos de los recursos naturales de los que proceden esas fuentes de energía han sido tan explotados que se han agotado o están a punto de hacerlo.

Por todo ello, todos los gobiernos confían en las energías renovables y esperan que su desarrollo ayude a frenar fenómenos naturales con tantas repercusiones negativas sobre nuestro planeta y nuestras vidas como es, por ejemplo, el cambio climático.

"¡Ojalá los países inviertan cada vez más en energías renovables y se den cuenta de su necesidad!", ha dicho recientemente en Barcelona el portavoz de la organización Greenpeace. Y ese es el camino que debemos seguir.

Queremos una naturaleza no contaminada, queremos que esté limpia, para nosotros y para los futuros habitantes de esta tierra. No queremos que los ríos y los mares aparezcan llenos de basuras y de restos industriales. Esperamos, sin duda, que vosotros, los jóvenes, los españoles y los de todo el mundo, comprendáis la importancia de estas fuentes de energía inagotables y que aprendáis a valorarlas y a usarlas racionalmente.

(Fragmento de la conferencia sobre *Energías renovables* en la Universidad Autónoma de Barcelona)

12 ¿Cómo se llaman estas energías renovables? ¿Has oído hablar de otras? Relaciona las dos columnas.

1	energía del viento	a	hidráulica
2	energía del sol	b	eólica
3	energía del agua	c	solar
4	energía del calor de la tierra	d	geotérmica

13 ¿A qué infinitivos corresponden las formas de presente de subjuntivo del texto?

14 En parejas. Escribid un breve discurso con vuestros deseos y soluciones para proteger el medio ambiente y leédselo a vuestros compañeros.

Autoevaluación

1 **Las basuras se llevan a:**
a ☐ surtidores.
b ☐ vertederos.
c ☐ piscinas.

2 **Luis _____ la casa de sus padres.**
a ☐ ha heredado
b ☐ ha llegado
c ☐ ha vuelto

3 **La ecología es:**
a ☐ el estudio de la economía.
b ☐ el estudio de las energías.
c ☐ el estudio de los seres vivos y su entorno.

4 **Es más ecológico usar pilas _____ .**
a ☐ renovables.
b ☐ recargables.
c ☐ utilizables.

5 **El consumo racional es:**
a ☐ el consumo moderado.
b ☐ el consumo humano.
c ☐ el consumo impulsivo.

6 **La fuerza eólica procede _____ .**
a ☐ del viento
b ☐ del mar
c ☐ de la tierra

7 **La 2.ª persona del plural del presente de subjuntivo del verbo *ser* es:**
a ☐ sed.
b ☐ sois.
c ☐ seáis.

8 **¡Ojalá _____ a tiempo! El examen es a las nueve.**
a ☐ llegaste
b ☐ llegas
c ☐ llegues

9 **Espero que _____ más verdura. Es muy sano.**
a ☐ consumimos
b ☐ consumamos
c ☐ consumemos

10 **La 3.ª persona del plural del presente de subjuntivo del verbo *saber* es:**
a ☐ sepan.
b ☐ saben.
c ☐ sabían.

11 **No quiero que la gente _____ el agua.**
a ☐ malgasta
b ☐ malgasten
c ☐ malgaste

12 **La 2.ª persona del plural del presente de subjuntivo de *pedir* es:**
a ☐ pedís.
b ☐ pedisteis.
c ☐ pidáis.

13 **Los gobiernos quieren _____ .**
a ☐ potencien las energías renovables
b ☐ potenciar las energías renovables
c ☐ que potencian las energías renovables

14 **La 2.ª persona del singular del presente de subjuntivo del verbo *oír* es:**
a ☐ oyes.
b ☐ oías.
c ☐ oigas.

15 **¡Que todo _____ bien!**
a ☐ sale
b ☐ saldrá
c ☐ salga

16 **Espero que _____ más carriles para bicicletas.**
a ☐ construian
b ☐ construyan
c ☐ construyen

17 **La 1.ª persona del singular del presente de subjuntivo del verbo *empezar* es:**
a ☐ empieze.
b ☐ empieza.
c ☐ empiece.

18 **En Hispanoamérica se dice:**
a ☐ ¡Ojalá que no haga tanto calor mañana!
b ☐ ¡Ojalá no haga tanto calor mañana!
c ☐ ¡Ojalá que no hace tanto calor mañana!

19 **La 1.ª persona del singular del presente de subjuntivo del verbo *dar* es:**
a ☐ de.
b ☐ daré.
c ☐ dé.

20 **En esta unidad hemos presentado el presente de _____ .**
a ☐ indicativo
b ☐ subjuntivo
c ☐ imperativo

Total: _____ de 20

¿Es la primera vez que visitas Argentina?

COMPRENDER

1 Lee el texto con atención y escribe un pie de foto para cada una de estas imágenes.

Argentina

Del trópico de Capricornio al Polo Sur, Argentina se extiende de norte a sur a lo largo de unos 3300 km de variados paisajes. Un país de **enormes** contrastes que ofrece desde **inacabables** llanuras hasta la cumbre más alta del hemisferio sur, el Aconcagua, con 6959 m, en la cordillera de los Andes. Desde los desérticos altiplanos del noroeste, con valles y coloridas montañas, hasta la región de los lagos, bosques y glaciares de la Patagonia, sin olvidar la selva subtropical al nordeste, con fenómenos tan espectaculares como las cataratas del Iguazú, ni el **litoral** atlántico, que exhibe en la península Valdés una de las mayores concentraciones de **fauna** marina del planeta.

Pero tan extenso y bello entorno natural no podría tener mejor **contrapunto** que la fascinante capital bañada por el Río de la Plata: Buenos Aires. La que en su día fue puerta de entrada a la tierra de las oportunidades para miles de inmigrantes que huían del hambre y las guerras de la vieja Europa, es hoy una ciudad moderna de espíritu comercial que conserva el carácter de sus **encantadores** barrios y su propia **banda sonora**: el tango. Cuenta con una población de más de tres millones y, si le sumamos el **área metropolitana**, unos doce millones. Está dentro de las 30 metrópolis más grandes del mundo.

La cordillera de los Andes exhibe su grandeza en las provincias patagónicas. Bosques milenarios y silenciosos con especies vegetales **autóctonas** y las cumbres de las montañas son picos de **granito** y campos de hielo. **Imponentes** mamíferos y aves marinas viven algunas temporadas en las costas patagónicas donde cumplen parte de su ciclo vital: colonias de lobos y elefantes marinos; las ballenas francas acuden a aparearse; y la mayor colonia de pingüinos anida en Punta Tombo. Y al sur, la Tierra del Fuego y la ciudad más **austral** del mundo, Ushuaia, una puerta abierta hacia la inmensa y misteriosa Antártida.

2 ¿Qué significan las palabras marcadas en negrita en el texto anterior? Relaciona las dos columnas.

1	enorme	a	originario de ese lugar
2	inacabable	b	mineral muy duro
3	litoral	c	música de una película
4	fauna	d	relativo al hemisferio sur
5	contrapunto	e	muy grande, gigante
6	encantador	f	que provoca miedo o respeto
7	banda sonora	g	contraste
8	área metropolitana	h	que no tiene fin, interminable
9	autóctono	i	animales de una región
10	granito	j	poblaciones alrededor de una ciudad
11	imponente	k	costa
12	austral	l	que causa buena impresión

3 Elabora una lista con todos los elementos referentes al paisaje que encuentres en el texto.

llanura, cumbre _____

4 Ponle un título a cada uno de los párrafos del texto.

ESCUCHAR

5 Escucha la entrevista que le hacen a Sonia, que ha estado en Argentina de vacaciones, y señala si estas afirmaciones son verdaderas (V) o falsas (F).

1 ☐ Ya había estado antes en el hemisferio sur.
2 ☐ En Argentina era invierno.
3 ☐ No tiene un viaje organizado para ir otra vez a Argentina, pero le gustaría.
4 ☐ En Buenos Aires no tuvo guía ni visita organizada.
5 ☐ En la Patagonia se quedó en un hotel que estaba en el centro de una ciudad.
6 ☐ El salto más alto de Iguazú tiene 80 metros.
7 ☐ En el Parque Nacional de Iguazú la flora y la fauna son muy ricas y variadas.
8 ☐ El Teatro Colón es famoso por sus espectáculos de tango.
9 ☐ Muchos argentinos tienen abuelos europeos.
10 ☐ El voseo está muy extendido en el español de Argentina.

6 Resume en cinco líneas el viaje de Sonia. Luego, añade al resumen alguna descripción.

HABLAR

7 Cuéntanos tu mejor viaje. Prepara una presentación sobre un lugar que hayas visitado
   recientemente. Busca información y fotos para realizar tu presentación. Tus compañeros
   te harán preguntas.

Puedes seguir este esquema:

- Localización, tamaño, número de habitantes...
- ¿Cuándo fuiste?
- ¿Con quién?
- ¿Por qué elegiste ese lugar? ¿Habías estado antes?
- ¿Qué hiciste?
- ¿Qué lugares visitaste: monumentos, museos, ciudades, barrios...?
- ¿Qué te gustó más?

ESCRIBIR

8 En parejas. Imaginad que estáis de vacaciones en Argentina. Escribid un correo electrónico a un
   amigo contándole cómo os lo estáis pasando, cuándo llegasteis, qué habéis visitado ya, cómo es
   un día normal...

¿QUÉ SABES HACER?

Señala todas las actividades que ya sabes hacer. Si no recuerdas alguna, vuelve a la unidad de referencia y repásala.

COMPRENSIÓN ESCRITA

¿Qué puedes comprender cuando lees?

☐ Comprendo textos sobre temas relacionados con el ocio y el tiempo libre: fiestas (16), música (17), viajes (18); medio ambiente y ecología (19).

☐ Soy capaz de buscar datos concretos en textos más o menos extensos (16 y 17).

☐ Entiendo, en líneas generales, textos sobre la biografía de una persona en los que se utilizan los tiempos verbales de pasado (17).

☐ Soy capaz de deducir palabras por el contexto en el que están y, con ello, comprender el texto de forma global (18).

☐ Soy capaz de entender un anuncio publicitario y dar mi opinión sobre el mismo (19).

☐ Puedo extraer las ideas principales de un texto expositivo (19).

COMPRENSIÓN AUDITIVA

¿Qué puedes entender?

☐ Comprendo conversaciones de la vida cotidiana que ocurren en mi tiempo libre (16), relacionadas con las vacaciones y los viajes (18).

☐ Soy capaz de entender programas de radio cuando la articulación es clara (17); y puedo extraer determinada información (17 y 19).

EXPRESIÓN ORAL

¿Qué puedes expresar?

☐ Puedo describir, hablar y preguntar sobre hechos, hábitos, experiencias cotidianas (16) y experiencias pasadas (18).

☐ Soy capaz de ordenar una historia en el tiempo (16).

☐ Puedo expresar mis gustos y dar mi opinión sobre temas que me interesan (16 y 17).

☐ Soy capaz de hablar sobre acciones pasadas recientes y momentos pasados, ya sean pasados lejanos o periodos de tiempo terminados (17).

☐ Puedo hablar sobre acciones pasadas anteriores a otras acciones (18).

☐ Soy capaz de formular deseos ante una situación dada (19).

☐ Sé preparar una breve presentación sobre un tema conocido, por ejemplo, el medio ambiente (19).

INTERACCIÓN ORAL

¿Cómo puedes interactuar con los demás?

☐ Puedo formular preguntas para obtener una determinada información sobre el pasado reciente, lejano o periodos de tiempo terminados (17).

☐ Puedo intercambiar información, contar mis experiencias (16 y 18) y formular deseos (19).

☐ Soy capaz de expresar mi opinión y argumentar un razonamiento (17 y 19).

EXPRESIÓN ESCRITA

¿Qué puedes escribir?

☐ Puedo escribir un texto descriptivo sobre hábitos, tanto presentes (16) como pasados (17 y 18).

☐ Soy capaz de escribir textos sencillos y coherentes sobre temas conocidos o que me interesan (19).

Soy capaz de utilizar y comprender vocabulario sobre los siguientes temas:

☐ Partes del día y horas (16).

☐ Comidas y bebidas tradicionales (16).

☐ Música (17).

☐ Viajes y desplazamientos (18).

☐ Vacaciones (18).

☐ Ecología y medio ambiente (19).

Funciones	Gramática	Léxico
• Dar órdenes y consejos • Opinar	• Imperativo negativo • Imperativo afirmativo • La doble negación	• El aprendizaje de lenguas **Cultura** • La comunicación no verbal

Empezamos

1 ¿Quieres conocer algunos datos sobre el idioma español? Comenta con tu compañero la información que conozcas antes de leer el texto.

El español o castellano no es solo la lengua de España, sino la cuarta lengua más hablada en el mundo, con más de 400 millones de hablantes, casi todos en el continente americano. Solo en México hay alrededor de 100 millones de hablantes.

Es la lengua oficial de 20 países, casi todos en América, además de España y Guinea Ecuatorial. En Estados Unidos es la primera lengua extranjera en número de hablantes. También es una de las lenguas oficiales en diferentes organismos internacionales: Mercosur, UE, ONU...

Sin duda, la riqueza del idioma español está en su variedad y en la diversidad de gentes que lo hablan.

2 Alguien un poco "travieso" no quiere que aprendamos español y ha elaborado el siguiente decálogo. Fíjate en los verbos, son formas del imperativo negativo. ¿Por qué no elaboras tú el "contradecálogo" para aprender idiomas?

DECÁLOGO PARA NO APRENDER ESPAÑOL

1 No hables con nadie.
2 No leas periódicos ni libros.
3 No veas la tele.
4 No vayas al cine.
5 No consultes páginas de internet.
6 No oigas la radio.
7 No viajes a países en los que se hable español.
8 No escribas nunca en español.
9 No preguntes nunca a tu profesor.
10 No hagas nada en español.

3 Vuelve a leer el texto del ejercicio 1 de la página anterior y di si son ciertas estas afirmaciones.

1 ☐ El español solo se habla en el continente americano.
2 ☐ En Estados Unidos hay 400 millones de hispanohablantes.
3 ☐ La variedad de los hispanohablantes enriquece el idioma.

4 Las formas del imperativo negativo coinciden con las del presente de subjuntivo. ¿A qué infinitivos corresponden los verbos del decálogo del ejercicio 2? ¿Recuerdas las formas del imperativo afirmativo correspondientes? Completa la tabla.

Imperativo negativo	Infinitivo	Imperativo afirmativo
no hables		*habla*
no leas	*leer*	
no veas		
no vayas		
no consultes		
no oigas		
no viajes		*viaja*
no escribas	*escribir*	
no preguntes		
no hagas		

● Avanzamos

🎧 **5** Lee y escucha un fragmento del programa radiofónico *Aprende a comunicarte mejor* y completa la tabla.

En nuestros días, es fundamental dominar el arte de la comunicación. Debemos saber lo que se puede y no se puede hacer para intervenir con éxito en una conversación.

En el programa de hoy te enseñaremos cómo no descubrir tus sentimientos y emociones ante tu interlocutor. Tus movimientos hablan por ti. No lo olvides.

Lo que no debes hacer	Por qué no debes hacerlo
No sonrías exageradamente.	*Puede parecer fingido y poco natural.*

6 ¿Qué no se debe hacer en una entrevista de trabajo? Escribe frases con consejos a un amigo que tiene una entrevista de trabajo mañana. Añade al final otros consejos que tú darías.

1 No llegar tarde.
No llegues tarde.
2 No ir acompañado.
_____
3 No ir mal vestido.
_____
4 No mostrarse nervioso.
_____
5 No interesarse demasiado por el salario.
_____
6 No hacer muchas preguntas.

Imperativo negativo

Para dar órdenes y consejos en forma negativa, usamos el imperativo negativo.
El imperativo negativo es fácil cuando ya conoces el presente de subjuntivo
porque tiene las mismas formas que este tiempo, tanto regulares como irregulares.

Verbos regulares

	hablar	**leer**	**escribir**
(tú)	no habl-**es**	no le-**as**	no escrib-**as**
(vosotros/-as)	no habl-**éis**	no le-**áis**	no escrib-**áis**
(usted)	no habl-**e**	no le-**a**	no escrib-**a**
(ustedes)	no habl-**en**	no le-**an**	no escrib-**an**

Verbos irregulares más frecuentes

hacer	**tener**	**salir**	**poner**	**decir**	**venir**	**oír**
no hagas	no tengas	no salgas	no pongas	no digas	no vengas	no oigas
no hagáis	no tengáis	no salgáis	no pongáis	no digáis	no vengáis	no oigáis
no haga	no tenga	no salga	no ponga	no diga	no venga	no oiga
no hagan	no tengan	no salgan	no pongan	no digan	no vengan	no oigan

traer	**empezar**	**aparcar**	**llegar**	**coger**	**seguir**	**volver**
no traigas	no empieces	no aparques	no llegues	no cojas	no sigas	no vuelvas
no traigáis	no empecéis	no aparquéis	no lleguéis	no cojáis	no sigáis	no volváis
no traiga	no empiece	no aparque	no llegue	no coja	no siga	no vuelva
no traigan	no empiecen	no aparquen	no lleguen	no cojan	no sigan	no vuelvan

pensar	**pedir**	**ir**	**ser**	**conducir**	**dar**	**aparecer**
no pienses	no pidas	no vayas	no seas	no conduzcas	no des	no aparezcas
no penséis	no pidáis	no vayáis	no seáis	no conduzcáis	no deis	no aparezcáis
no piense	no pida	no vaya	no sea	no conduzca	no dé	no aparezca
no piensen	no pidan	no vayan	no sean	no conduzcan	no den	no aparezcan

7 En parejas. Da algunos consejos a tu compañero para aprender español.

Si **vives** en un país
donde se habla español

*- En casa, enciende siempre
la radio.*

Si **no vives** en un país
donde se habla español

*- Conéctate a menudo a
internet.*

GRAMÁTICA

Imperativo afirmativo

Para dar órdenes y consejos afirmativos, usamos el imperativo afirmativo:

¡Recuerda! En el imperativo afirmativo, las formas correspondientes a *usted* / *ustedes* usan el presente de subjuntivo:
-Para *tú*: -ar> **a;** -er/-ir>**e**.
-Para *vosotros*: quitar la *-r* al infinitivo y poner una *-d*.

Verbos regulares

	hablar	leer	escribir
(tú)	habl-**a**	le-**e**	escrib-**e**
(vosotros/-as)	habl-**ad**	le-**ed**	escrib-**id**
(usted)	habl-**e**	le-**a**	escrib-**a**
(ustedes)	habl-**en**	le-**an**	escrib-**an**

Escribid *vuestro nombre en el examen.*

Verbos irregulares más frecuentes

hacer	tener	poner	ser	ir	decir	salir	venir	oír
haz	ten	pon	sé	ve	di	sal	ven	oye
haced	tened	poned	sed	id	decid	salid	venid	oíd
haga	tenga	ponga	sea	vaya	diga	salga	venga	oiga
hagan	tengan	pongan	sean	vayan	digan	salgan	vengan	oigan

Ven *aquí ahora mismo.*

8 En grupos. Discutid sobre la dificultad o facilidad de realizar estas actividades en español. Justificad vuestras opiniones.

1 hablar
2 escuchar
3 escribir
4 leer

COMUNICACIÓN

Opinar

Para dar la opinión, usamos estas expresiones:
Yo creo / pienso que...
En mi opinión,...
Para mí, lo mejor / peor es...
Pues yo no lo creo.
Yo también pienso eso.

Para mí, *lo más fácil es leer porque puedo usar el diccionario y tengo mucho tiempo.*

En mi opinión, *lo mejor es leer sin un diccionario e intentar comprender las palabras por el contexto.*

Ampliamos

9 Antes de leer el texto, responde a las preguntas.

1 ¿Qué es para ti la comunicación no verbal?
2 ¿Has escuchado alguna vez la frase: "Los españoles hacen muchos gestos cuando hablan"? ¿Crees que es cierta? ¿Por qué?
3 ¿Qué gestos faciales o movimientos corporales haces normalmente al hablar?

10 Lee el texto y explica con tus palabras los dichos populares españoles "La cara es el espejo del alma" y "Una imagen vale más que mil palabras".

UN GESTO VALE MÁS QUE MIL PALABRAS

La comunicación no verbal es inherente al hombre. En mayor o menor medida, además del lenguaje verbal, todos nos comunicamos mediante códigos de distancias interpersonales, gestos faciales y posturas o movimientos corporales. Nuestra cara y nuestro cuerpo también hablan. Así, un sabio refrán español dice: "La cara es el espejo del alma".

Los expertos de la comunicación estiman que, en una conversación, aproximadamente el 60% de la interacción y el intercambio de mensajes entre los interlocutores se produce de forma no verbal. "Una imagen vale más que mil palabras", dice otro dicho popular y, claro está, un gesto es una imagen.

Los movimientos corporales suelen aparecer combinados con gestos faciales durante la comunicación. Así, expresamos sorpresa abriendo los ojos y la boca más de lo habitual y levantando los hombros. Muchos de los gestos faciales pueden hacerse sin necesidad de mover el cuerpo, por ejemplo, guiñar un ojo es un gesto claro de complicidad.

Dicen, por último, que las mujeres tienen una habilidad innata para descifrar el lenguaje no verbal, es el tópico de la "intuición femenina". Sin embargo, parece que la explicación es fisiológica y está en la mayor actividad en la mujer de su hemisferio cerebral derecho. En cualquier caso, parece claro que "un gesto vale más que mil palabras".

11 ¿Qué significan estos gestos? Comenta otros gestos habituales en tu idioma y pregunta a tus compañeros y a tu profesor si coinciden en español.

1

2

3

4

12 ¿Crees en la "intuición femenina? ¿Por qué?

Autoevaluación

1 En el mundo hay alrededor de _____ millones de hispanohablantes.
   a ☐ 40
   b ☐ 1000
   c ☐ 400

2 ¡Marisa, (tú) _____ la puerta, por favor!
   a ☐ abra
   b ☐ abre
   c ☐ abran

3 ¡Cuidado, no lo _____ !
   a ☐ cojáis
   b ☐ coger
   b ☐ cogéis

4 ¡Tenga cuidado! No _____ por ahí.
   a ☐ sale
   b ☐ salga
   c ☐ salgas

5 La 2.ª persona del plural del imperativo negativo del verbo *ir* es:
   a ☐ no id.
   b ☐ no vais.
   c ☐ no vayáis.

6 Forma *usted* del imperativo negativo del verbo *ser* es:
   a ☐ no sé.
   b ☐ no se.
   c ☐ no sea.

7 La 2.ª persona del singular del imperativo negativo del verbo *aparcar* es:
   a ☐ no aparques.
   b ☐ no aparcáis.
   c ☐ no aparcas.

8 ¡Ana, no _____ la mano, es peligroso!
   a ☐ mover
   b ☐ mueves
   c ☐ muevas

9 La 2.ª persona del singular del imperativo afirmativo del verbo *tener* es:
   a ☐ tiene.
   b ☐ tened.
   c ☐ ten.

10 ¡A ver, niños, _____ esta pregunta!
   a ☐ escribáis
   b ☐ escribid
   c ☐ escribir

11 Oye, no digas _____ .
   a ☐ nadie
   b ☐ algo
   c ☐ nada

12 _____ mi opinión, lo más fácil es leer.
   a ☐ De
   b ☐ A
   c ☐ En

13 _____ mí, lo más difícil es comprender cuando me hablan.
   a ☐ Por
   b ☐ Para
   c ☐ A

14 Un gesto de la cara se llama _____ .
   a ☐ caro
   b ☐ careta
   c ☐ facial

15 "La cara es el espejo del alma" significa:
   a ☐ la cara no significa nada.
   b ☐ las expresiones de la cara expresan nuestras emociones.
   c ☐ la cara y el alma son espejos.

16 "Una imagen _____ más que mil palabras".
   a ☐ cuesta
   b ☐ imagina
   c ☐ vale

17 "Guiñar un ojo" puede significar:
   a ☐ aburrimiento.
   b ☐ complicidad.
   c ☐ cansancio.

18 Levantar los hombros y abrir los ojos y la boca significa:
   a ☐ sorpresa.
   b ☐ cariño.
   c ☐ "adiós".

19 ¡No _____ el libro si no has aprendido el imperativo negativo!
   a ☐ cerréis
   b ☐ cierras
   c ☐ cierres

20 ¿Qué tal la autoevaluación? ¡ _____ tus aciertos y fallos!
   a ☐ Cuentes
   b ☐ Cuenta
   c ☐ Cuentas

Total: _____ de 20

21 Yo, en tu lugar, trabajaría en el extranjero

Funciones	Gramática	Léxico
• Expresar consejos y recomendaciones	• El condicional	• Profesiones y actividades laborales
• Expresión de la finalidad	• *Yo, en tu lugar / Yo que tú* + condicional	• Ofertas de empleo
	• Verbos de influencia + presente de subjuntivo	**Cultura**
	• *Para* + infinitivo / *Para que* + presente de subjuntivo	• El currículum vítae

Empezamos

1 Ana escribe a su amiga Raquel porque no sabe qué hacer. Lee el correo y los consejos que le da su amiga. Hay dos que no son adecuados para la situación, ¿cuáles son?

1 ☐ Yo que tú, me matricularía en el curso hoy mismo.
2 ☐ Te aconsejo que estudies lo que te gusta.
3 ☐ Yo me casaría con él.
4 ☐ Yo, en tu lugar, haría el curso completo el primer año y no solo dos asignaturas.
5 ☐ Te recomiendo que vayas al médico.
6 ☐ ¡Haz un máster! No te lo pienses.

> ¡Hola, Raquelita! Te voy a sorprender con mis planes, seguro. Quiero ser profesora de español y estoy pensando hacer un máster en E/LE de la Universidad Rey Juan Carlos. Tengo el programa y ya he hablado con una colega tuya; me recomienda que empiece con un par de asignaturas para ver si me gusta. Ella me propone *Lingüística* y *Didáctica*. ¿Tú qué opinas?
>
> Me apetece mucho estudiar esto porque ya sabes que siempre me ha atraído esa profesión y me gustan los idiomas y los viajes. ¿Qué harías tú en mi lugar?
>
> Ya sé que estás muy ocupada, pero contéstame pronto, ¿vale?
>
> Besitos,
> Ana

2 ¿Has pensado alguna vez en ser profesor de idiomas? Lee el siguiente anuncio y contesta a las preguntas. Después, comenta tus repuestas con tu compañero.

■ *A mí me encantaría viajar al extranjero, pero no dejaría mi ciudad para irme a vivir a otro lugar.*

● *Pues yo sí, yo me iría mañana mismo.*

Ü Universidad Rey Juan Carlos

Vicerrectorado de Títulos Propios y Posgrado
Máster en Enseñanza de Español como Lengua Extranjera (E/LE)

TRABAJO

- **¿Viajarías** al extranjero?
- **¿Dejarías** tu ciudad para vivir fuera?
- **¿Empezarías** una nueva vida a miles de kilómetros de tu casa?
- **¿Serías** capaz de integrarte en otra cultura?
- **¿Estarías** dispuesto/-a a vivir nuevas experiencias?

Ahora puedes hacerlo realidad.

¿Tienes experiencia en la enseñanza? Nosotros te formamos.

Trabaja como profesor de español en el extranjero.

Dedícate a una profesión con futuro.

3 Vuelve a leer los consejos del ejercicio 1. ¿Qué tiempo verbal se utiliza en cada uno de ellos?

4 Lee el anuncio. ¿Te gustan los cursos a distancia? Imagina que puedes hacer un nuevo curso para formarte profesionalmente, ¿qué estudiarías? Coméntalo con tu compañero.

Yo estudiaría Turismo, me encanta tener contacto con gente de otras culturas.

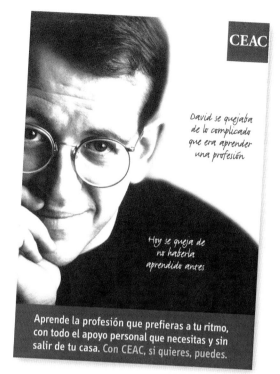

CEAC

David se quejaba de lo complicado que era aprender una profesión

Hoy se queja de no haberla aprendido antes

Aprende la profesión que prefieras a tu ritmo, con todo el apoyo personal que necesitas y sin salir de tu casa. Con CEAC, si quieres, puedes.

GRAMÁTICA

Condicional simple

Verbos regulares		Verbos irregulares	
llamar- ver- subir-	ía	cabr-ía	querr-ía
	ías	dir-ía	sabr-ía
	ía	habr-ía	saldr-ía
	íamos	har-ía	tendr-ía
	íais	pondr-ía	valdr-ía
	ían	podr-ía	vendr-ía

***Querría** saber la verdad.*

5 El verbo *quejarse* se usa con la preposición *de*. ¿Qué preposiciones acompañan a estos verbos? Puede haber más de una posibilidad.

a • en • de

1 quejarse *de*
2 dedicarse
3 pensar
4 depender
5 ser capaz
6 estar dispuesto
7 tener experiencia
8 salir
9 fijarse

6 Elige tres verbos del ejercicio anterior y forma frases. Después, compara con tus compañeros.

1
2
3

Avanzamos

7 En parejas. Escucha esta entrevista a un sociólogo sobre profesiones con futuro. Completa la lista. ¿Cuál le recomendarías a tu compañero?

Profesiones con futuro	¿Por qué?

8 Ahora manda un correo electrónico a tu compañero y pídele que te aconseje sobre un tema que te preocupe mucho.

COMUNICACIÓN

Expresar consejos y recomendaciones

Para dar consejos y hacer recomendaciones podemos usar:

Yo que tú,
Yo, en tu lugar + condicional

***Yo, en tu lugar**, estudiaría Química.*

Te recomiendo
Te aconsejo + *que* + presente de subjuntivo

***Te recomiendo** que hables con tu jefe.*

Imperativo:
***Mira** las ofertas de empleo, **selecciona** las mejores y **manda** tu currículum.*

9 Lee el siguiente anuncio de empleo y responde a las preguntas. Luego, elabora tú una oferta de empleo y explícasela a tus compañeros. Decidid entre todos cuál es la más interesante.

PROFESORES DE INGLÉS EXTRAESCOLAR
Alcalá de Henares - Madrid (Comunidad Autónoma de Madrid)

▶ Requisitos

Experiencia laboral	Mínimo de 1 año
Estudios mínimos	Grado
Requisitos mínimos	Buscamos profesores para actividades extraescolares de inglés en colegios de Alcalá de Henares y alrededores, con disponibilidad de 4 a 5 de la tarde. Imprescindible formación y experiencia. Nivel mínimo B2, demostrable en entrevista.
Idiomas	Inglés: Lectura: Nivel intermedio alto (B2) / Escritura: Nivel intermedio alto (B2) / Conversación: Nivel intermedio alto (B2)

▶ Contrato

Tipo de contrato	Contrato a tiempo parcial
Duración	hasta el 31 de mayo
Jornada laboral	Tardes de 4 a 5 de la tarde

1 ¿El anuncio es para trabajar en una academia?

2 ¿En qué consiste el trabajo?

3 ¿Es necesario haber trabajado antes en algo parecido?

4 ¿Qué tipo de contrato ofrecen?

5 ¿Cuál es el horario de trabajo?

6 ¿Cuándo se termina el contrato?

10 Lee los anuncios de Correos y responde a las preguntas.

1 ¿Qué finalidad tiene el burofax?

2 ¿Qué finalidad tiene el paquete azul?

BUROFAX
Y SERVICIOS DE TELECOMUNICACIONES

Para que llegues donde parece imposible llegar.

PAQUETE AZUL
Y OTROS PRODUCTOS DE PAQUETERÍA

Para que envíes tus documentos o mercancías a domicilio.

11 ¿Qué tiempo verbal acompaña a la estructura *para que*?

12 Piensa en la finalidad del trabajo de estos profesionales y escríbelo.

Cartero/-a

Reparte el correo para que todos lo recibamos en nuestras casas.

_____

_____

Bombero/-a

_____

_____

_____

Cirujano/-a

_____

_____

_____

Submarinista

_____

_____

_____

Auxiliar de vuelo

_____

_____

_____

Futbolista

_____

_____

_____

Reportero/-a

_____

_____

_____

Pintor(a)

_____

_____

_____

Cantante

_____

_____

_____

Profesor(a)

_____

_____

_____

COMUNICACIÓN

Para expresar finalidad utilizamos la preposición *para*:

Expresión de la finalidad

Para + infinitivo (mismo sujeto)	*Para que* + subjuntivo (sujetos diferentes)
Para obtener ese puesto de trabajo <u>tú</u> necesitas tener el mejor currículum.	**Para que <u>ellos</u> te acepten** en ese trabajo <u>tú</u> debes tener experiencia previa en un puesto similar.

21

● Ampliamos

13 Lee el siguiente artículo. ¿Por qué lleva el título de *Llave de papel*?

Llave de papel

Cuida tu currículum vítae. Es muy importante para conseguir trabajo

El currículum vítae es tu carta de presentación ante las personas que van a decidir si tú eres el adecuado para el puesto de trabajo. Es la primera impresión que van a tener de ti aquellos que, tal vez, un día sean tus jefes. Yo, en tu lugar, querido amigo, lo prepararía muy bien.

Lo primero que debes hacer es reunir todos los datos relativos a tu formación académica. Pon directamente tu titulación superior y los cursos relacionados con el puesto de trabajo que solicitas. No olvides los idiomas que has estudiado. Te aconsejo que cites también tus conocimientos de informática.

Al hablar de tu experiencia profesional, sé claro y conciso. Si tienes otros datos importantes que no encajan en los apartados anteriores, pon "Otros méritos" para incluirlos.

Si no optas a un puesto de máxima responsabilidad o tienes más de veinte años de experiencia, tu currículum no debería ocupar más de uno o dos folios. Hazlo bien, tu futuro profesional depende, en gran medida, de él.

Martín Pastor
(Director de Recursos Humanos)

14 ¿Cuáles son los principales consejos que dan en este artículo? Completa las frases.

1 Yo, en tu lugar, _____ .
2 Lo primero que debes hacer _____ .
3 Te aconsejo que _____ .
4 Al hablar de tu experiencia profesional, _____

5 Tu currículum no debería _____ .

15 Busca en el texto los verbos que van seguidos siempre de una preposición (del tipo *quejarse de*) ¿Qué significan? Escribe una frase con cada uno de ellos.

16 Te presentamos un modelo de currículum, ¿por qué no redactas el tuyo?

CURRÍCULUM VÍTAE

DATOS PERSONALES

Apellidos y nombre: Mendiola Puig, Raúl
DNI: 50 127 674 X
Dirección: C/ Ceuta, 17 - 28015 Madrid
Teléfono: 654 687 359
E-mail: mendi232@organiz.net

FORMACIÓN ACADÉMICA

- Titulación: Ingeniero de Materiales (Universidad Rey Juan Carlos, 2012).
- Cursos: "Los materiales orgánicos" (60 horas, Universidad Politécnica).
- "Aproximación a la organización de materiales" (45 horas, Universidad Autónoma de Madrid).
- Idiomas: Inglés. Nivel Superior.
     Alemán. Nivel Intermedio.
- Informática: Nivel usuario.

EXPERIENCIA PROFESIONAL

- Repsol YPF. Julio-diciembre 2012. Becario en prácticas.
- Matspan. Marzo-junio 2013. Teleoperador de ventas.
- Muralim. Enero-septiembre 2014. Asistente de dirección.
- Director de I+D. Desde septiembre de 2014.

OTROS MÉRITOS

- Disponibilidad para viajar.
- Carné de conducir. Vehículo propio.

Autoevaluación

1 **¿Estarías dispuesto** _____ **vivir nuevas experiencias?**
a ☐ en
b ☐ a
c ☐ de

2 **Mis padres se dedican** _____ **la enseñanza; son profesores de Historia.**
a ☐ a
b ☐ en
c ☐ de

3 **En esa oferta de empleo se requiere tener experiencia** _____ .
a ☐ en un puesto similar
b ☐ a un puesto similar
c ☐ por un puesto similar

4 **Estoy pensando** _____ **estudiar Filología. ¿Qué te parece?**
a ☐ de
b ☐ en
c ☐ a

5 **No te quejes** _____ **no tener trabajo. ¡No te interesa ninguno!**
a ☐ en
b ☐ a
c ☐ de

6 **¡_Vuelve_ inmediatamente aquí! En esta frase, el imperativo introduce** _____ .
a ☐ una duda
b ☐ una orden
c ☐ un consejo

7 **Te recomiendo que** _____ **ese trabajo.**
a ☐ aceptarías
b ☐ aceptas
c ☐ aceptes

8 **Yo, en tu lugar,** _____ **un máster.**
a ☐ haré
b ☐ haga
c ☐ haría

9 **En la secretaría me aconsejan que** _____ **ahora.**
a ☐ me matriculo
b ☐ me matricule
c ☐ me matricularía

10 **Yo que tú, no** _____ **a llamar.**
a ☐ volvería
b ☐ volvere
c ☐ vuelvas

11 **Tu currículum vítae contiene:**
a ☐ tu biografía personal.
b ☐ tu biografía académica y profesional.
c ☐ tus experiencias del último año.

12 **¿Qué significa E/LE?**
a ☐ Español Lingüística Extranjera.
b ☐ Español Lengua Expresiva.
c ☐ Español Lengua Extranjera.

13 **Un cartero trabaja en:**
a ☐ correos.
b ☐ un avión.
c ☐ un hospital.

14 **Un auxiliar de vuelo realiza su trabajo**
a ☐ en un helicóptero.
b ☐ en una cafetería.
c ☐ en un avión.

15 **El femenino de _cantante_ es:**
a ☐ cantanta.
b ☐ cantante.
c ☐ cantaora.

16 **_Solicitar_ un trabajo es sinónimo de:**
a ☐ pedir un trabajo.
b ☐ buscar un trabajo.
c ☐ encontrar un trabajo.

17 **En un anuncio de empleo, los _requisitos_ hacen referencia a:**
a ☐ lo que debe cumplir el solicitante.
b ☐ lo que quiere el solicitante.
c ☐ lo que ofrece la empresa.

18 **Estoy estudiando español para** _____ **más posibilidades de empleo.**
a ☐ que tendría
b ☐ tener
c ☐ teniendo

19 **Luis ha escrito a sus jefes para** _____ **una cita.**
a ☐ que concierte
b ☐ concertando
c ☐ concertar

20 **Para** _____ **el trabajo, debes ser el mejor.**
a ☐ que te den
b ☐ que te darían
c ☐ que darte

Total: _____ de 20

Funciones
- Expresión de la probabilidad, duda y suposición (en el pasado, en el pasado reciente y en el presente)
- Hablar de acciones y proyectos futuros, relativamente seguros
- Expresión de la condición

Gramática
- Futuro simple
- Futuro compuesto
- *Quizá(s)* | *tal vez* | *probablemente* + presente de subjuntivo / indicativo

Léxico
- Situaciones habituales en un viaje

Cultura
- Autores contemporáneos españoles

Sin Europa en contacto.
Hola, ¿cómo estáis?
Yo bien, el viaje bien, el hotel muy bonito.
Todo bien.
Besos.

Con Europa en contacto.
Además te contará que mañana tiene pensado subir a lo más alto de la Torre Eiffel.

Además te contará que hace un tiempo estupendo y que le ha venido muy bien el gorro que metió en la maleta para protegerse del sol.

Que ya empieza a conocer la ciudad y que ya "casi" no necesita el mapa para moverse por ella.

Y además te contará que se ha comprado una mochila en un mercadillo y que le ha costado muy poco dinero.

SIMPLEMENTE MARCA EL
120
+
SU NÚMERO MOVISTAR

PORQUE AHORA, CON EUROPA EN CONTACTO, SI LLAMAS DESDE ESPAÑA A ALGUIEN QUE ESTÁ EN EL EXTRANJERO MARCANDO EL 120+ SU NÚMERO MOVISTAR, LA LLAMADA RECIBIDA NO LE COSTARÁ NADA Y PODRÉIS HABLAR MUCHO MÁS.

Infórmate en el 609.

www.movistar.com

Telefónica
MoviStar

+ en el 609 para consultar la disponibilidad del servicio en los diferentes países-El número llamante asume todo el coste de la llamada: tanto el tramo nacional com internacional de la llamada. Establecimiento de llamada MoviStar Plus: 0,30 euros. Establecimiento de llamada MoviStar Activa: 0,34 euros. Precio de la llamada: 0,8... in Facturación por segundos después del primer minuto completo. Impuestos indirectos no incluidos.

● Empezamos

1 Después de leer el anuncio, contesta a estas preguntas. Puedes responder de dos formas: con presente si quieres expresar más seguridad o con futuro si quieres expresar probabilidad o quieres formular suposiciones.

	¿Dónde *están* las chicas?
Con seguridad	*Están* en una calle de París.
Probabilidad / Suposición	*Estarán* en una calle de París.

1. ¿Qué producto se anuncia en la publicidad?
2. ¿Desde dónde reciben las llamadas las chicas?
3. ¿Por qué están en París?
4. ¿Qué crees que van a hacer los próximos días?
5. ¿Por qué hablan tan poco sin *Europa en contacto*?

2 Vuelve a leer el anuncio y di si estas afirmaciones te parecen verdaderas (V) o falsas (F). ¿Por qué?

1. ☐ Han pensado que no van a subir a la Torre Eiffel.
2. ☐ Han comprado unos gorros.
3. ☐ Hace muy buen tiempo.
4. ☐ No han necesitado un mapa para conocer la ciudad.
5. ☐ Han estado en un mercadillo.
6. ☐ Una de ellas ha comprado una mochila.

3 Formula algunas suposiciones en relación con las chicas del anuncio con estructuras del cuadro de Comunicación.

1 *Quizás estén de viaje de fin de curso.*

2 _____

3 _____

COMUNICACIÓN

Expresar probabilidad, duda y suposición

Para expresar probabilidad o duda y hacer suposiciones sobre acciones presentes y futuras, podemos usar:

Quizás / Quizá
Tal vez + presente de subjuntivo /
Probablemente indicativo

Probablemente *la fiesta es / sea el sábado.*

Existen las dos formas: *quizá* y *quizás*. Se usan indistintamente.

Quizá(s) / tal vez / probablemente[1] pueden ir seguidos de presente de indicativo cuando las posibilidades de que la acción se realice son mayores.

No sé si ir. ***Quizás*** *está / esté cerrado.*

[1] Expresa más seguridad que *quizás* o *tal vez*.

4 ¿Qué ventajas tiene llamar con *Europa en contacto*? Lee el cuadro de Comunicación y escribe una frase con las estructuras para expresar condiciones.

COMUNICACIÓN

Expresar condiciones

- *Si* + presente de indicativo, futuro
  Si llamas con Europa en contacto, ***ahorrarás*** *dinero en las llamadas.*

- Futuro, *si* + presente de indicativo
  Ahorrarás *dinero en las llamadas* ***si llamas*** con Europa en contacto.

5 Completa las siguientes frases.

1 Si vamos a París, _____

2 Iré de vacaciones si _____

3 Si ahorras suficiente dinero, _____ .

4 Viajaremos en coche si _____ .

Avanzamos

6 Antes de ir a París, las chicas del anuncio del ejercicio 1 imaginaban cómo sería su viaje. Escucha este diálogo y completa la tabla.

Lo que creen que harán	Lo que tal vez o quizás hagan

GRAMÁTICA

Futuro simple de indicativo

Además de utilizar este tiempo para hacer suposiciones, también se usa para hablar de acciones y proyectos futuros.

Verbos regulares		Verbos irregulares[1]	
llamar- ver- subir-	-é	cabr-é	querr-é
	-ás	dir-é	sabr-é
	-á	habr-é	saldr-é
	-emos	har-é	tendr-é
	-éis	pondr-é	valdr-é
	-án	podr-é	vendr-é

La semana que viene ***terminaremos*** *el curso y* ***nos iremos*** *de vacaciones.*
Saldremos *de viaje el sábado.*

[1] La irregularidad está en la raíz del verbo, no en las terminaciones.

7 Ya están en París. ¿Qué crees que harán las chicas del anuncio en estos casos? Señala tu grado de seguridad con las siguientes estructuras.

	futuro simple	*quizás* + presente de subjuntivo
Si les roban las mochilas,	*irán a una comisaría de policía.*	*quizás llamen a sus padres.*
Si no encuentran el hotel,		
Si no suena el despertador,		
Si pierden el autocar de la excursión a Versalles,		
Si no les gusta la comida,		
Si no hablan francés,		

COMUNICACIÓN

Formular hipótesis

Podemos formular hipótesis en pasado, presente y futuro:

Expresión de probabilidad, duda y suposición		
En el pasado	**En el pasado reciente**	**En el presente**
• condicional simple	• futuro compuesto	• futuro simple
Llegarían a París hace unos días. Ayer **estarían** muy cansadas y por eso no salieron.	Hoy se **habrán levantado** temprano para tener más tiempo.	**Estarán** en un hotel céntrico y barato.

GRAMÁTICA

Futuro compuesto de indicativo

	futuro de *haber*	participio pasado
(yo)	habré	
(tú)	habrás	regal**ado**
(él/ella, usted)	habrá +	perd**ido**
(nosotros/-as)	habremos	part**ido**
(vosotros/-as)	habréis	
(ellos/-as, ustedes)	habrán	

- *¿Todavía no han llegado? ¡Qué raro!*
- **Habrán perdido** *el tren.*

8 Imagina que estás en las siguientes situaciones y escribe una posible respuesta expresando probabilidad, duda o suposición.

1 No encuentro las llaves del coche.

2 ¿Qué ocurre? Hay un coche de bomberos en la calle.

3 Ayer había leche en el frigorífico y hoy no queda nada.

4 Luisa ha vuelto de vacaciones muy contenta.

9 En parejas. Fíjate en estas situaciones y formula hipótesis. Coméntalas con tu compañero.

1 Tu jefe / *profe* no ha aparecido por el trabajo en una semana.	*Le habrá tocado un millón de euros en la lotería.*
2 Pensabas aprobar el examen, pero has suspendido.	
3 Mandaste treinta currículos, pero no te ha respondido ninguna empresa.	
4 Tus compañeros de trabajo no te han felicitado y saben que hoy es tu cumpleaños.	
5 Las chicas de París hoy no han hecho ninguna visita.	
6 Has llegado a casa a las diez de la noche, pero no hay nadie.	

10 En parejas. París es una ciudad con mucho encanto. Imagina que estás en París solo un día. Habla con tu compañero y cuéntale las cosas que harás con seguridad y las que probablemente hagas si te da tiempo.

Iré al Museo del Louvre y tal vez vaya a visitar la torre Eiffel. ¿Y tú?

● **Ampliamos**

11 Lee los dos textos y contesta a las preguntas.

1 ¿Qué crees que quieren transmitir los autores? Haz hipótesis sobre ello.

2 ¿Crees que los dos textos tienen algo en común o no? ¿Por qué?

3 ¿Qué significa, en tu opinión, la última frase del texto "Vivir a prueba": *Es importante la buena memoria, pero más valioso aún es el buen olvido.*

4 En el texto "Microrrelato", se repite constantemente la expresión "el día de mañana"? ¿A qué crees que se refiere?

Reflexiones sobre el pasado y el presente

MICRORRELATO

Como muchos de su tiempo, mis padres se pasaron la vida pensando en el día de mañana. "Hay que ahorrar para el día de mañana", "tú, piensa en el día de mañana", me decían.

Pero el día de mañana no llegaba. Pasaban los días y los años, y el día de mañana no llegaba.

De hecho, mis padres ya están muertos y el día de mañana aún no ha llegado.

Julio Llamazares
(Microrrelato - *El País Semanal*)

VIVIR A PRUEBA

Una parte considerable de la vida la pierde uno haciendo exámenes, sometiéndose a pruebas, demostrando que sabe cosas, cosas que en la mayor parte de las ocasiones no le importan nada y se le olvidan en cuanto termina la necesidad de tenerlas almacenadas en la memoria, cuando ha pasado la prueba o el examen y uno disfruta el alivio, siempre provisional, de no tener que volver a examinarse de nada en el futuro próximo.

Es importante la buena memoria, pero más valioso aún es el buen olvido (...).

Antonio Muñoz Molina
(Vivir a prueba - *El País Semanal*)

12 Reflexiona sobre el pasado y el presente y escribe un texto con tus conclusiones. Después, compártelo con tus compañeros.

Autoevaluación

1 Un *mercadillo* es:

a ☐ un mercado pequeñito.

b ☐ un mercado de cosas variadas y baratas al aire libre.

c ☐ un mercado de pescado y carne.

2 Para proteger la cabeza del sol, me pongo:

a ☐ un gorro.

b ☐ unos guantes.

c ☐ unas gafas.

3 Sirve para guardar cosas y se lleva a la espalda:

a ☐ una mochila.

b ☐ un saco.

c ☐ una maleta.

4 Un viaje de fin de curso _____ .

a ☐ se organiza todos los años

b ☐ se hace al final de un ciclo educativo

c ☐ se hace solo al final de la Educación Infantil

5 Hemos paseado _____ la ciudad.

a ☐ en

b ☐ por

c ☐ sobre

6 *Quizás vengan mañana* significa:

a ☐ tal vez vengan mañana.

b ☐ seguro que vienen mañana.

c ☐ ¡ojalá vengan mañana!

7 *Probablemente ya estén aquí* significa:

a ☐ tal vez estén aquí.

b ☐ seguro que están aquí.

c ☐ llegarán mañana.

8 En ese autocar no _____ todos. Es demasiado pequeño.

a ☐ quepamos

b ☐ cabremos

c ☐ cabíamos

9 ¡Esperadme aquí, chicas! _____ en un momento.

a ☐ Volveré

b ☐ Vuelve

c ☐ Vuelva

10 Tal vez no _____ al museo antes de las diez. Tenemos tiempo para tomarnos un café.

a ☐ entremos

b ☐ habíamos entrado

c ☐ entraríamos

11 2.ª persona del plural del condicional del verbo *hacer*:

a ☐ haríais.

b ☐ haréis.

c ☐ haráis.

12 1.ª persona del singular del condicional del verbo *querer*:

a ☐ quería.

b ☐ querría.

c ☐ querida.

13 El año que viene, el billete de metro _____ el doble.

a ☐ valdría

b ☐ valga

c ☐ valdrá

14 No tengo reloj, pero _____ las dos.

a ☐ serán

b ☐ será

c ☐ sean

15 *Me pregunto dónde habrá ido Emma* significa:

a ☐ no sé dónde ha ido.

b ☐ sé dónde ha ido.

c ☐ Emma ha vuelto ya.

16 ¡Qué raro! Mi amiga no ha bajado a desayunar todavía.

a ☐ ¡No habrá oído el despertador!

b ☐ ¡Oiría el despertador!

c ☐ ¡Que oiga el despertador!

17 *El avión habrá llegado tarde* implica:

a ☐ suposición.

b ☐ deseo.

c ☐ condición.

18 *Provisional* es lo mismo que _____ .

a ☐ posicional.

b ☐ capacidad de hacer pruebas.

c ☐ temporal.

19 Recuerdo todo lo que he visto. Tengo _____ .

a ☐ buen recuerdo

b ☐ buenos recuerdos

c ☐ buena memoria

20 La expresión "el día de mañana" se usa normalmente como _____ .

a ☐ mañana

b ☐ el futuro que nos espera

c ☐ mañana de día   Total: _____ de 20

23 Noticias sorprendentes

Empezamos

1 Lee las siguientes noticias y elige uno de estos títulos para cada una de ellas.

A DESCUBREN UN PLANETA SIMILAR A LA TIERRA
B ESPOSO DEMANDA A SU ESPOSA
C LECHUGA ESPACIAL

D EXPERTA EN MATEMÁTICAS POR UN GOLPE
E LORO EXPULSADO DE SU CASA
F MUEREN POR SALVAR A SU HIJO

☐ **1** Los padres de un menor han muerto en el desierto por deshidratación, su hijo logró salir con vida gracias al agua que estos le reservaron para él. Se encontraban de vacaciones en Estados Unidos cuando se perdieron.

☐ **2** En la NASA descubren un planeta con características muy similares a la Tierra llamado Kepler-452b situado a 1400 años luz de la Tierra. Cuenta con unas dimensiones parecidas a nuestro planeta y gira alrededor de una estrella semejante al Sol y a una distancia casi igual.

☐ **3** Un grupo de astronautas de la Estación Espacial Internacional ha probado la primera lechuga cultivada en el espacio. Según la NASA, si los astronautas pueden cultivar su propia comida durante los viajes espaciales, tendremos más posibilidades de vivir en el espacio en el futuro.

☐ **4** Una granjera se ha convertido en una experta en matemáticas después de darse un golpe en la cabeza mientras cuidaba a sus gallinas. Cuando despertó en el hospital sufría amnesia y no podía caminar, pero con el paso del tiempo recobró la memoria y comenzó a demostrar grandes habilidades para las ciencias exactas.

☐ **5** Un hombre ha demandado a su esposa por daños psicológicos después de verla sin maquillaje. Cuando se despertó después de la noche de bodas y vio a su mujer sin maquillaje, decidió demandarla por fraude y daños psicológicos.

☐ **6** Hariyal, un loro que vive en la India, ha tenido que declarar ante la policía de Rajura, en el estado de Maharastra al ser acusado por una mujer de insultarlo presuntamente inducido por su hijastro. Este hecho no pudo ser probado. Sin embargo, el loro fue expulsado de la casa.

2 ¿Con qué noticia relacionas cada una de estas frases?

1. ☐ Es raro que *hayan acusado* a un animal.
2. ☐ Es increíble que *se pueda* cultivar en el espacio.
3. ☐ Es una locura que *haya demandado* a un animal.
4. ☐ Es interesante que *se haya encontrado* otro planeta como el nuestro.
5. ☐ Es lógico que los padres *ayuden* a sus hijos.
6. ☐ Es sorprendente *aumentar* la capacidad mental por un accidente.
7. ☐ Es una pena que *hayan muerto* de sed.
8. ☐ Es evidente que el hombre *estaba* muy enfadado.

3 Fíjate en los verbos utilizados en las expresiones anteriores, ¿en qué modo están?

4 ¿Qué palabras o expresiones utilizadas en las noticias significan lo mismo que las siguientes?

1. un niño _____
2. sobrevivir _____
3. idéntico/-a _____
4. un equipo _____
5. denunciar _____
6. estimular _____
7. demostrar _____
8. engaño _____
9. encontrar _____
10. chocar _____
11. trastorno _____
12. probabilidad _____

Avanzamos

5 En parejas. Leed estos titulares y expresad vuestra opinión utilizando las siguientes palabras.

increíble • verdad • una pena • una locura • indudable • normal
interesante • raro • claro • evidente • lógico • una ventaja

Es increíble que haya tenido un hijo...

Rajo Devi Lohan, una mujer india, ha tenido un hijo a los 70 años. Se trata de la mamá más vieja del mundo registrada hasta el momento.
1

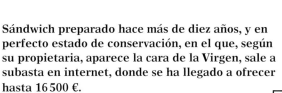

La modelo brasileña Gisele Bundchen ofrece 2000 dólares como recompensa para quien encuentre a su mascota, una perrita de siete años de raza Yorkshire.
4

Una universidad china ha demostrado que las personas que comen mucho pescado tienen menos riesgo de padecer depresión.
2

Sándwich preparado hace más de diez años, y en perfecto estado de conservación, en el que, según su propietaria, aparece la cara de la Virgen, sale a subasta en internet, donde se ha llegado a ofrecer hasta 16 500 €.
5

Una joven filipina se ha graduado en Física en la Universidad de Filipinas a los 16 años. Actualmente es profesora en la misma universidad y es estudiante de doctorado.
3

Más de un millón de españoles se registra en páginas web para buscar pareja. Esta cifra es tan elevada porque el servicio es gratuito.
6

GRAMÁTICA

Presente y pretérito perfecto de subjuntivo

Para hacer valoraciones y opinar utilizamos estas estructuras:

Verbo *ser* + adjetivo y sustantivo:

Adjetivo		
raro		
normal		
interesante		
increíble		
malo / bueno	**infinitivo**	
peor / mejor	+	
Es + *importante*	*que* + subjuntivo	
necesario	(presente, perfecto)[1]	
lógico		

Sustantivo
una pena
una vergüenza
una ventaja
una locura
una suerte

Es necesario que te cuides. / **Es una pena** que haya suspendido.

	cierto	
	evidente	
Es +	*verdad*	*que* + indicativo
	obvio	
	indudable	

Es obvio que tiene razón.

Pretérito perfecto de subjuntivo

presente de subjuntivo de *haber*		participio pasado
(yo)	haya	
(tú)	hayas	separ**ado**
(él/ella, usted)	haya +	com**ido**
(nosotros/-as)	hayamos	ven**ido**
(vosotros-/as)	hayáis	
(ellos/-as, ustedes)	hayan	

[1] Cuando la valoración es sobre algo que ha ocurrido en el pasado utilizamos el pretérito perfecto de subjuntivo.

6 Completa las frases con una expresión de valoración.

1 _____ que el gobierno _____ los impuestos.
2 _____ que en los próximos años _____ ir a la luna de vacaciones.
3 _____ que en el sur de Japón _____ una isla habitada por gatos.
4 _____ que _____ dinero para la investigación de enfermedades raras.
5 _____ que las calles de esta ciudad _____ sucias.
6 _____ que los niños _____ idiomas desde pequeños.

7 Escucha las siguientes noticias y relaciónalas con tres de estas fotografías.

 A
 B
 C
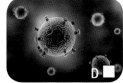 D
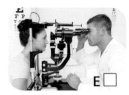 E
 F

8 Ahora vuelve a escuchar las noticias y escribe una frase para valorarlas o dar tu opinión sobre ellas.

1 _____
2 _____
3 _____

RECUERDA
Hay algunos participios que son irregulares:
-**cho**: *dicho, hecho...*
-**to**: *abierto, (des)cubierto, escrito, muerto, puesto, roto, visto, vuelto...*
-**so**: *impreso...*

9 En parejas. Escribid una noticia sorprendente. Podéis buscar información en internet o podéis utilizar vuestra imaginación. Después, leédsela a vuestros compañeros y pedidles que opinen sobre ella.

10 Relaciona las dos columnas.

1 Cuando tenga tiempo, te llamo y quedamos.
2 Cuando tengo tiempo, me gusta leer la revista *¡Hola!*
3 Si tengo tiempo mañana, voy a ir a la peluquería.
4 Cuando llegué, era tarde y no te llamé.

a algo que ocurrió en el pasado
b algo que ocurrirá en el futuro
c una rutina: ocurre siempre
d una condición: puede que ocurra en el futuro o no

GRAMÁTICA

Cuando + presente de subjuntivo

En oraciones subordinadas introducidas por *cuando*, utilizamos el presente de subjuntivo para expresar tiempo futuro.

*Quiere tener niños, pero **cuando tenga** más tiempo.*

Se usa futuro en las preguntas:

- ¿Cuándo **acabarás** los estudios?
- Muy pronto. **Cuando apruebe** estas dos asignaturas, obtendré el grado.

---

11 En parejas. Imaginad que sois las niñas de la fotografía. Pregúntale a tu compañero qué piensa hacer en estas situaciones.

- *¿Qué vas a hacer cuando tengas 60 o 70 años?*
- *¿Yo? Cuando sea mayor voy a dedicarme a hacer todas las cosas que me gustan: ir al cine, pasear, leer...*

¿Qué va a hacer cuando...?
Situación 1
Situación 2
Situación 3
Situación 4
Situación 5

● Ampliamos

12 Antes de leer el artículo, fíjate en el título y en las fotos. ¿Sobre qué crees que tratará?

ADRIANA DOMÍNGUEZ prefiere el cine a la costura

Adolfo Domínguez, que tiene una videoteca con los mejores títulos de la historia, les decía a sus tres hijas: «Venga, niñas, vamos a ver esta película de Orson Welles, que acaban de reeditarla y tiene una escena nueva que...». Después de haberse criado en este apasionado ambiente cinéfilo, no es raro que Adriana, de 28 años, la hija mayor, haya cambiado su brillante carrera de Empresariales por un futuro como actriz. Vive, estudia y trabaja en Los Ángeles, donde ha rodado ya cinco películas.

Cuando Adriana iba a clases de Derecho Mercantil, se le quedaba la mente en blanco. Se acordaba de la semana de vacaciones que se había tomado para ver el rodaje de una película que produjo su padre y de cuando a los 18 años hizo de asistente de producción para ganarse un dinerito. A ella lo que le iba era la literatura, el arte o la historia, pero en casa de Adolfo Domínguez la disciplina escolar es sagrada. Las tres hermanas hablan varios idiomas, tras estudiar en internados europeos desde los ocho años. Valeria, la segunda, ingeniera de robótica, ahora es bróker inmobiliario en Nueva York. Y Tiziana, de 19 años, estudia Arte y es una excelente pintora.

Adriana acabó Empresariales, hizo prácticas en un banco y en un hotel, «pero no me gustaba nada, estaba disgustada, iba descontenta al trabajo». Así que se fue a Nueva York a estudiar dirección, interpretación y guion. Está orgullosa de su educación cosmopolita pero se considera gallega hasta la médula. Y de aldea, como sus abuelos y bisabuelos. Adolfo Domínguez y su familia viven en pleno campo, de forma idílica.

Ninguna de las tres hijas se ha preparado para dirigir la empresa familiar, un auténtico imperio. «Mis padres tienen un equipo fantástico –dice Adriana–, no nos necesitan».

Artículo de María Eugenia Yagüe. EL MUNDO, 26 diciembre de 2004.

13 Lee ahora el artículo y contesta. El sufijo griego *-teca* significa "caja", es decir, "lugar en el que se guarda algo", ¿qué significan estas palabras? ¿Conoces más palabras similares?

1 una videoteca
2 una hemeroteca
3 una filmoteca

14 ¿Sabes lo que significan estas expresiones? Búscalas en el diccionario.

1 *quedársele (a alguien) la mente en blanco*

2 *irle algo (a alguien)*
3 *hacer prácticas*
4 *ser* + adjetivo + *hasta la médula*

15 Completa esta tabla sobre las hijas de Adolfo Domínguez.

nombre	edad	estudios	profesión

16 ¿Qué crees que pensará Adolfo Domínguez sobre sus hijas? ¿Por qué?

1 "Es una pena que ninguna de mis hijas quiera seguir mis pasos".
2 "Es lógico que cada una haya seguido su carrera sin pensar en el negocio familiar".

Autoevaluación

1 Está _____ que son amigos.
a ☐ claro
b ☐ obvio
c ☐ evidente

2 Es importante que el grupo _____ muy unido.
a ☐ está
b ☐ esté
c ☐ ha estado

3 El pretérito perfecto de subjuntivo del verbo *ser* es:
a ☐ ha sido.
b ☐ había sido.
c ☐ haya sido.

4 Un hombre ha demandado a su _____ un día después de la boda.
a ☐ matrimonio
b ☐ esposa
c ☐ casada

5 Es _____ que no se llevan bien.
a ☐ necesario
b ☐ una ventaja
c ☐ obvio

6 Iremos cuando _____ .
a ☐ pongamos
b ☐ podamos
c ☐ podremos

7 _____ a este gato, por favor, llama al 91 345 78 35.
a ☐ Cuando haya visto
b ☐ Si ves
c ☐ Cuando viste

8 El pretérito perfecto de subjuntivo del verbo *romper* es:
a ☐ haya roto.
b ☐ ha rompido.
c ☐ haya rompido.

9 ¿No es raro _____ tanto tiempo separados?
a ☐ que están
b ☐ que estén
c ☐ estén

10 Parece increíble que Laura _____ ese traje de fiesta.
a ☐ haya diseñado
b ☐ diseñar
c ☐ diseñando

11 _____ evidente que no saben nada.
a ☐ Está
b ☐ Es
c ☐ Estoy

12 Es _____ que hayan abandonado los estudios.
a ☐ una pena
b ☐ una ventaja
c ☐ cierto

13 Cuando _____ el artículo, avisadme. ¿Vale?
a ☐ encontráis
b ☐ encontrareis
c ☐ encontréis

14 ¿Es verdad que todos los periodistas _____ llegado ya?
a ☐ han
b ☐ hayan
c ☐ son

15 ¡Es _____ que se haya quedado solo!
a ☐ indudable
b ☐ una pena
c ☐ un raro

16 ¿Cree que es normal que _____ su boda?
a ☐ hayan cancelado
b ☐ han cancelado
c ☐ cancelarían

17 ¿No _____ tanta televisión?
a ☐ es malo ver
b ☐ está malo que vea
c ☐ está malo ver

18 Es importante _____ la ayuda a la investigación.
a ☐ aumentar
b ☐ que aumentará
c ☐ que aumenta

19 Cuando _____ una gira, me hace un regalo. ¡Es muy detallista!
a ☐ haya terminado
b ☐ termina
c ☐ terminará

20 ¿Es cierto que tu primo _____ ?
a ☐ se haya casado
b ☐ se ha casado
c ☐ se habrá casado

Total: _____ de 20

¿México, Venezuela o Chile?

ESCUCHAR

 1 Escucha esta entrevista a tres personas procedentes de tres países de América Latina: México, Venezuela y Chile. ¿En qué orden se mencionan las banderas? ¿Qué tienen en común los tres personajes?

Octavio Paz (1914-1998)
Andrés Bello (1781-1865)
Gabriela Mistral (1889-1957)

1

2

3

4

5

6

2 ¿De qué país es cada bandera? ¿A quién corresponde cada una de las descripciones? Si no lo sabes, haz suposiciones.

> - Futuro simple
> - Quizá(s) / Tal vez / Probablemente + subjuntivo

No sé de qué país es la bandera n.º 1, quizá sea de México. / Será de México. / Es de México.

1 La bandera n.º 1

2 La bandera n.º 2

3 La bandera n.º 3

4 La persona de la foto n.º 4

5 La persona de la foto n.º 5

6 La persona de la foto n.º 6

7 ¿Quién ha sido diplomático?

8 ¿Quién ha recibido el Premio Nobel?

9 ¿Quién ha sido político, además de lingüista?

HABLAR

3 En parejas. Compara tus respuestas del ejercicio anterior con las de tu compañero.

4 ¿A quién de estas tres personas crees que le sucedió...? Pregúntale a tu compañero. Si no lo sabes, haz hipótesis.

Octavio Paz • Andrés Bello • Gabriela Mistral

1 traducir a Lord Byron y Molière

> ■ *¿Quién crees que tradujo a Lord Byron y Molière?*
> ● *No sé, lo traduciría Andrés Bello... era filólogo, ¿no?*

2 viajar a París
3 ser amigo de Albert Camus y de otros intelectuales europeos
4 ser su padre profesor
5 ser rector de la Universidad de Santiago de Chile
6 utilizar pseudónimo
7 ser cónsul en Madrid, Lisboa y Los Ángeles
8 morir tras una larga enfermedad
9 conceder Chile la ciudadanía
10 suicidarse su gran amor
11 viajar a la India y a Japón
12 publicar a los 17 años su primer poema
13 influir en muchos escritores, como Pablo Neruda

COMPRENDER

5 Antes de leer los textos. ¿En qué crees que se basa la economía de...?

1 VENEZUELA _____
2 MÉXICO _____
3 CHILE _____

- artesanía
- minerales: cobre, gas, petróleo, carbón, hierro, aluminio...
- ganadería: carne, leche; ovejas, vacas, cerdos, caballos...
- madera
- agricultura: trigo, arroz, patata, tomate, café, tabaco, maíz, cacao...
- industria

6 Ahora lee los textos y comprueba si tus respuestas son correctas.

VENEZUELA

La economía se basa principalmente en la explotación del petróleo y sus derivados. En las últimas décadas se ha diversificado con exportaciones de hierro, aluminio, carbón y cemento, y productos elaborados con acero. La mayor parte del petróleo se extrae de la cuenca del lago de Maracaibo –en el nordeste–, con el peligro que este hecho encierra para la preservación del medio ambiente. Por ello se creó el Instituto para el Control y la Conservación de la Cuenca del Lago de Maracaibo, que pretende mantener la explotación de este producto sin causar daños irreparables en el entorno. La mayor parte del petróleo se exporta a Estados Unidos, Europa y otros países de Latinoamérica. Venezuela es, además, uno de los principales productores mundiales de gas natural.

Los variados recursos agrarios venezolanos incluyen diversos sistemas productivos que van desde la agricultura desarrollada en pequeñas huertas donde se cultivan productos para el consumo doméstico, hasta plantaciones dedicadas al cultivo de café, cacao, caña de azúcar, tabaco, maíz, arroz, girasol, algodón y otros productos comerciales. En la región centro-occidental se ha establecido una próspera zona de producción intensiva de carne y leche.

MÉXICO

México refleja el cambio de una economía de producción primaria, basada en actividades agropecuarias y mineras, hacia una semiindustrializada.

La actividad agraria, que incluye la cría de ganado, proporciona trabajo a un 25 % de la mano de obra del país. Junto a las pequeñas granjas familiares y las grandes haciendas, las explotaciones comunales, también llamadas *ejidos*, producen una gran variedad de cultivos: maíz, trigo, cebada, arroz, legumbres, patatas, café, algodón, caña de azúcar, fruta y hortalizas. México no solo genera los productos para cubrir la mayoría de sus necesidades básicas, sino que también exporta parte de su producción.

Aproximadamente el 29 % del país está cubierto por bosques. Debido a la tala incontrolada de ricas áreas madereras, la explotación forestal está actualmente regulada por el Gobierno.

El recurso minero de mayor importancia es el petróleo. Su producción está controlada por una agencia perteneciente al Gobierno. La producción de plata también es considerable.

Los productos manufacturados constituyen un creciente porcentaje de su economía, aunque también sigue siendo muy importante su artesanía: objetos hechos de cerámica, madera, oro, plata, textiles y piel.

CHILE

Chile es uno de los principales exportadores de cobre del mundo. El Teniente es la mayor mina de cobre subterránea del mundo. Desde principios del siglo XX, la economía chilena ha estado dominada por la producción de cobre. A partir de la década de 1940, el sector industrial se expandió rápidamente, en gran medida por iniciativas gubernamentales. En la actualidad, Chile es uno de los principales países industrializados de América Latina, así como uno de los más importantes productores de minerales.

La agricultura, y la ganadería son las principales actividades de las regiones del centro y del sur del país. Cultivan trigo, patata, maíz, arroz, remolacha azucarera, tomate y avena. El sector frutícola incluye uva, melón, manzana, melocotón (durazno), albaricoque (damasco), ciruela y cereza; el país cuenta, además, con una prestigiosa industria vinícola: Chile es uno de los principales productores de vino del mundo. Al sur, en Tierra del Fuego, se cría ganado ovino, vacuno, porcino y caballar.

6 ¿Qué productos exporta cada país? ¿Cuál es su destino final?

7 Completa estas frases con información de los textos anteriores.

1 Es normal que en Venezuela _____ el Instituto para el Control y la Conservación de la Cuenca del Lago de Maracaibo para _____ .

2 Es verdad que en México _____ .

3 Es mejor que en México la explotación de la madera _____ .

4 Es indudable que en Chile _____ .

ESCRIBIR

8 ¿Recuerdas las estructuras para dar consejos, recomendaciones y órdenes? Une con flechas.

1 <u>Busca</u> trabajo en...
2 <u>Te aconsejo que</u> busques trabajo en...
3 <u>Te recomiendo que</u> busques trabajo en...
4 <u>No busques</u> trabajo en...
5 Yo que tú, <u>buscaría</u> trabajo en...

a imperativo
b condicional
c verbos de influencia + subjuntivo

9 Da consejos a todas estas personas que buscan trabajo: dónde pueden buscar, en qué país, qué deben hacer, etc.

1 Este año he terminado la carrera de Ingeniería Industrial. Me gustaría trabajar fuera de Alemania y mejorar mi nivel de español.
(Klaus, Alemania)

2 Mi nombre es Tom Lyons, vivo en San Diego (EE.UU.) y tengo una empresa de distribución de vinos españoles. Me gustaría trabajar durante algún tiempo en otro país, para conocer otros productores, intercambiar ideas, etc.
(Tom, Estados Unidos)

3 Soy bióloga y me he especializado en la gestión de residuos industriales. No tengo experiencia, pero sí muchas ganas de aprender.
(Tatiana, España)

HABLAR

10 ¿Cómo sería tu trabajo ideal? Prepara una pequeña exposición.

No olvides incluir:
✔ dónde estaría
✔ tu horario
✔ tus funciones
✔ tu sueldo...

¿QUÉ SABES HACER?

Señala todas las actividades que ya sabes hacer. Si no recuerdas alguna, vuelve a la unidad de referencia y repásala.

COMPRENSIÓN ESCRITA

¿Qué puedes comprender cuando lees?

☐ Comprendo textos sobre temas relacionados con mis intereses, por ejemplo, la comunicación (20).

☐ Soy capaz buscar información específica en folletos o anuncios publicitarios (21 y 22).

☐ Soy capaz de entender instrucciones sencillas (21).

☐ Entiendo la descripción de acontecimientos, sentimientos y hechos, en cartas personales (22).

☐ Entiendo, en líneas generales, textos sobre la biografía de una persona (23).

☐ Puedo buscar datos concretos en textos más o menos extensos (23).

☐ Soy capaz de deducir palabras por el contexto en el que están y, con ello, comprender el texto de forma global (23).

COMPRENSIÓN AUDITIVA

¿Qué puedes entender?

☐ Comprendo conversaciones de la vida cotidiana relacionadas con las vacaciones y los viajes (22).

☐ Soy capaz de entender programas de radio y/o entrevistas cuando la articulación es clara y puedo extraer determinada información (20 y 21).

☐ Puedo entender noticias sobre diferentes temas (23).

EXPRESIÓN ORAL

¿Qué puedes expresar?

☐ Puedo justificar mis opiniones y dar consejos y órdenes (20).

☐ Puedo hablar de la finalidad (21).

☐ Sé preparar una breve presentación sobre un tema conocido (21).

☐ Soy capaz de describir mis sueños (22).

☐ Soy capaz de expresar probabilidad, duda o suposición (22).

☐ Puedo hablar de acciones futuras (22).

☐ Sé expresar la condición (22).

☐ Soy capaz de hacer valoraciones y dar mi opinión sobre temas que me interesan (23).

INTERACCIÓN ORAL

¿Cómo puedes interactuar con los demás?

☐ Puedo intercambiar información, pedir y dar consejos y órdenes sobre un tema que me interese (20).

☐ Soy capaz de describir cómo sería un lugar ideal por medio de una estructura condicional (22).

☐ Soy capaz de expresar y explicar mi opinión, y argumentar un razonamiento (21, 22 y 23).

EXPRESIÓN ESCRITA

¿Qué puedes escribir?

☐ Puedo tomar notas mientras otras personas hablan (20 y 21).

☐ Puedo elaborar un anuncio de una oferta de trabajo (21).

☐ Soy capaz de escribir cartas personales que describen experiencias, sentimientos, para pedir consejos o recomendaciones (21).

☐ Puedo redactar mi propio currículum vítae (21).

☐ Sé exponer mis opiniones (22).

☐ Soy capaz de escribir textos sencillos y coherentes (por ejemplo, una noticia) sobre temas conocidos o que me interesan (23).

> **Soy capaz de utilizar y comprender vocabulario sobre los siguientes temas:**
>
> ☐ El aprendizaje de lenguas (20).
> ☐ Profesiones y actividades laborales (21).
> ☐ Ofertas de empleo (21).
> ☐ Situaciones habituales en un viaje (22).
> ☐ Opiniones y valoraciones (23).

24 ¿Buscas algo?

Funciones
- Describir algo conocido / desconocido
- Hablar del desarrollo de una acción
- Redactar un anuncio

Gramática
- Descripción con indicativo y subjuntivo
- Perífrasis verbales
- Preposiciones

Léxico
- Periódicos, revistas, televisión, internet

Cultura
- Medios de comunicación en español
- Canción *Corazón de tiza*

● Empezamos

1 Escucha a ocho personas y toma nota de lo que quieren o buscan.

1 Laura:
un piso

2 Rafa
_____

3 Manuel
_____

4 Ana
_____

5 Paz
_____

6 Su hermano
_____

7 Luis
_____

8 Sara
_____

2 Ahora lee los siguientes anuncios breves, ¿cuál de ellos les puede interesar a cada uno?

INMOBILIARIA ALQUILER

a SERRANO 91 4809800
Ático, 130 metros, excelentes vistas, dos dormitorios, dos baños, despacho, dos terrazas, 3000 €.

b SOL 91 9086732
Buhardilla, 80 metros, un dormitorio, un baño, mucha luz, amueblado, aire acondicionado, 1100 €.

c SOMOSAGUAS 91 6754320
Piso, 300 metros, cuatro dormitorios, un baño, aseo, urbanización vigilada 24 horas, piscina, garaje, 1300 euros.

d ¿Te gustaría vivir en el corazón de Madrid? Apartamentos de 1 dormitorio y estudios con garaje. En la calle Gaztambide. Información: 91 3907500.

LOCALES / OFICINAS

e ARAVACA 91 7659037
Oficina 130 metros, diáfana, reformada, aseos, alarma, ideal oficina, academia, clínica.

f BRAVO MURILLO 91 7539071
Zona comercial, 60 metros. Válido cualquier comercio. 3300 €.

MOTOR AUTOMÓVILES

g Peugeot 307SW, en perfecto estado, homologado para 7 plazas. Equipado con: manos libres, climatizador automático, volante multifunción, ordenador a bordo, techo panorámico, espejos eléctricos, asientos traseros individuales, etc. Color gris. Tel. 633456721.

h RENAULT 5
ITV pasada. Ideal principiantes. Rojo. Motor revisado. Buen estado. Tel.: 666 850 741.

TRABAJO OFERTAS

i LONDRES
Empleos en hoteles, canguros. www.londonjobs.net

j TELEOPERADORAS
Con conocimientos de informática, 21 a 31 años, recepción de llamadas. Tel.: 91 274 98 50.

PROMOTORA INMOBILIARIA necesita incorporar:

k • Arquitecto
Con experiencia de al menos 3 años en obras y proyectos urbanísticos.

l • Gestor
Licenciatura en Derecho. Incorporación inmediata.

m • Auxiliar administrativo
Conocimientos de contabilidad, inglés y/o alemán.
Interesados enviar CV con fotografía a: rrhh@inmobiliaria.es

VARIOS

n MUEBLES DE OFICINA
Venta de dos despachos completamente equipados. Sin estrenar. Económicos. Tel.: 629 406 092.

ñ SE VENDE POR FALTA DE ESPACIO sofás 2 y 3 plazas, por 450 euros. Azul marino. Usados 2 meses. Tel.: 655 535 200.

o POR SOLO 100 EUROS
Se vende bicicleta de montaña para niños hasta 10 años. Tel.: 91 345 77 30.

3 Ahora vuelve a escuchar a las ocho personas y completa los espacios con los verbos que faltan.

1 Me llamo Laura, tengo treinta y cinco años y un hijo de siete. Acabo de mudarme a Madrid y estoy buscando piso. Necesito que _____ dos habitaciones y un estudio porque mi marido es abogado y trabaja en casa. ¡Ah! Busco algo que _____ céntrico y bien comunicado.

2 Me llamo Rafa y quiero alquilar un estudio o apartamento que no _____ muy grande, es para mí solo. Es imprescindible que _____ garaje.

3 Soy Manuel y estoy buscando un local en una zona tranquila para _____ una clínica dental.

4 Me llamo Ana y estoy a punto de sacarme el carné de conducir. Busco un coche que _____ pequeño y no muy caro.

5 Mi amiga Paz es arquitecta y está buscando trabajo. Quiere _____ a trabajar después de un año sabático. Es una persona muy competente y que lleva trabajando muchos años.

6 Mi hermano necesita _____ su nivel de inglés. Está estudiando Educación Infantil y le gustan mucho los niños.

7 Me llamo Luis. Estoy terminando de decorar mi casa y busco muebles que _____ en buen estado.

8 Soy Sara. Tengo un sobrino de siete años y quiero _____ un regalo.

COMUNICACIÓN

Describir algo conocido o desconocido

Para describir cosas o personas utilizamos estas estructuras. Es importante tener en cuenta si son conocidas o no.

sustantivo + *que* + indicativo: algo conocido, concreto.

*Alquilo un ático que **tiene** cuatro dormitorios, dos baños y un aseo. Está en una urbanización vigilada, que **tiene** piscina y gimnasio.*

sustantivo + *que* + subjuntivo: algo no conocido, no concreto.

*Necesito un piso que **tenga** dos dormitorios y que **esté** bien comunicado.*

---

4 Relaciona el nombre de la persona con su situación.

1 Lleva trabajando muchos años.
2 Está a punto de sacarse el carné de conducir.
3 Está terminando de decorar su casa.
4 Acaba de mudarse a Madrid.
5 Está buscando un local.

a Laura
b Manuel
c Ana
d Luis
e Paz

5 En los anuncios por palabras no suele haber preposiciones. Colócalas.

al por • de • en • para • con • a

1 Alquilo un ático _____ 130 m, _____ excelentes vistas, dos dormitorios y dos baños _____ 3000 euros _____ mes.

2 Vendo un Renault Megane _____ color rojo, es ideal _____ principiantes y está _____ buen estado. Si le interesa, llámeme _____ número 666 850 741, _____ 8 _____ 12, _____ las mañanas.

6 En parejas. Elige tres imágenes y descríbeselas a tu compañero, pero sin decir cuáles son.

Es algo que lees cuando... / Es una revista que trata de...

1 un programa de televisión
2 una película
3 una revista de pasatiempos
4 una revista de cocina
5 una revista del corazón
6 una revista deportiva

Avanzamos

7 Completa estos anuncios de compra-venta con el verbo *tener*.

1 Vendo un coche que _____ 20 000 km.

2 Necesito un auxiliar administrativo que _____ conocimientos de contabilidad.

3 Buscamos estudiantes que _____ más de 18 años.

4 Vendo dos pisos que _____ terraza y vistas al mar.

5 Quiero _____ una casa muy grande en el campo.

6 Estoy buscando una oficina que _____ servicio de portería.

8 Escucha esta conversación y responde si las siguientes afirmaciones son verdaderas (V) o falsas (F).

1 ☐ Laura pasa mucho tiempo con el ordenador.

2 ☐ A Paz no le gusta internet.

3 ☐ Manuel sigue leyendo el periódico en papel.

4 ☐ A Luis no le interesan las páginas web.

5 ☐ Laura no ve nunca la tele.

9 En parejas. Vais a diseñar una página web para colgarla en internet. Fijaos en esta página.

10 Ahora, decidid cómo será vuestra página. Podéis utilizar estas estructuras:

*¿Qué te parece una página **sobre** _____ **con** muchas fotos?*

*Una página que **tenga** información pero sin mucho texto.*

11 En grupos. Pregunta a tus compañeros si han empezado, continúan, han terminado o vuelven a hacer estas actividades. Utiliza los verbos que aparecen en el cuadro de Comunicación.

■ *¿Cuánto tiempo llevas estudiando español?*

● *Empecé hace un año y medio. ¿Y tú? ¿Has dejado de comprar discos?*

Estudiar español   No comprar discos   Morderse las uñas

Hacer la compra por internet   Escribir (poesía, una novela...)

Estudiar en la universidad   Chatear con los amigos   Hacer deporte

Trabajar   No usar el teléfono móvil

COMUNICACIÓN

Hablar del desarrollo de una acción

Para hablar del desarrollo de una acción son muy útiles estas estructuras verbales:
Una misma acción desde diferentes puntos de vista:

Inicio		**Transcurso**		**Final**	
Ir a		Estar		Dejar de	
Ponerse a	**+ leer el periódico**	Seguir	**+ leyendo el periódico**	Parar de	**+ leer el periódico**
Empezar a		Continuar		Terminar de	
Comenzar a		Llevar		Acabar de	
Estar a punto de					

Repetición		**Obligación**	
Soler	**+ leer el periódico**	Tener que	**+ leer el periódico**
Volver a		Deber	
		Haber[1] que	

Estos grupos de verbos se llaman PERÍFRASIS VERBALES.

[1] Solo en la tercera persona de singular: *hay / había / hubo que leer el periódico.*

● Ampliamos

12 A esta canción le faltan las perífrasis verbales. Complétala con los siguientes verbos.

acababan de • vuelvo a • empezaste a • dejaste de • estuve • voy a

CORAZÓN DE TIZA   *(Letra y música: S. Auserón)*

Si te (1) _____ ver pintar
un corazón de tiza en la pared,
te (2) _____ dar una paliza por haber
escrito mi nombre dentro.

Tú lo has hecho porque ayer yo te invité
cuando ibas con tu amiga de la mano.
Se (3) _____ encender todas las luces
Era tarde y nos reímos los tres.
...
Luego (4) _____ esperándote en la plaza
y las horas se marchaban sin saber qué hacer.
Cuando al fin te vi venir yo te llamé por tu nombre,
pero tú no (5) _____ correr.

...
Me parece que aquel día tú (6) _____ ser mayor.
Me pregunto cómo te han convencido a ti,
te dijeron que jugar es un pecado
o es que viste en el cine algún final así.

...
Yo tenía la intención de olvidarlo
y al salir el otro día no pensaba en ti,
pero vi justo en mi puerta dibujado un corazón
y mi nombre estaba escrito junto al tuyo.

...

13 Busca en internet esta canción de Radio Futura (un grupo español de música pop) y comprueba tus respuestas.

14 En grupos de tres. Cada grupo elige una tarjeta y escribe su anuncio. Poned una foto, si es posible. Después, cada grupo explicará su anuncio al resto y por qué ha utilizado indicativo o subjuntivo.

1 Se os ha perdido vuestro gato. Así que habéis decidido poner un cartel con una foto, su nombre, una descripción física, etc., y explicáis dónde se perdió, cuándo, etc. Además ofrecéis una recompensa (100 €).

2 Vuestro compañero de piso se acaba de marchar y estáis buscando a alguien, por eso vais a poner un anuncio donde describís el piso, la habitación y vuestras preferencias. Sois vegetarianos, no fumáis y no os gustan los animales. Buscáis a alguien similar a vosotros.

3 Queréis hacer un intercambio de inglés-español, y decidís poner un anuncio en la facultad. Tenéis que explicar qué tipo de personas buscáis, de qué edad, con qué estudios, aficiones, etc., y también cómo sois vosotros.

Autoevaluación

1 Alquilo un piso céntrico _____ 100 metros _____ 900 euros _____ mes.
   a ☐ con / por / el
   b ☐ de / por / al
   c ☐ de / para / al

2 *Mudarse* es lo mismo que _____.
   a ☐ cambiarse de casa
   b ☐ hacer reformas en una casa
   c ☐ comprar una casa

3 María _____ llegar. Me ha llamado y dice que está aparcando el coche.
   a ☐ termina de
   b ☐ se pone a
   c ☐ está a punto de

4 ¿Tiene el _____ ? Se lo doy por si acaso: rrhh@inmobiliaria.es.
   a ☐ buzón
   b ☐ correo electrónico
   c ☐ dirección postal

5 _____ es la última planta de un edificio.
   a ☐ Un ático
   b ☐ Un local
   c ☐ Un estudio

6 Estoy buscando _____ el periódico, ¿lo has visto?
   a ☐ por
   b ☐ en
   c ☐ ∅

7 Estamos en casa _____ 7.00 _____ 10.00. Llámanos.
   a ☐ de / a
   b ☐ de / hasta
   c ☐ a / de

8 Laura está trabajando _____ Madrid.
   a ☐ para
   b ☐ a
   c ☐ en

9 Lo compraste _____ 100 €, ¿no?
   a ☐ por
   b ☐ con
   c ☐ para

10 Es una casa _____ mucha luz.
   a ☐ de
   b ☐ con
   c ☐ para

11 Manuel empieza _____ mañana.
   a ☐ trabajar
   b ☐ a trabajar
   c ☐ trabajando

12 ¡Llevo una hora _____ esta página!
   a ☐ buscando
   b ☐ a buscar
   c ☐ buscar

13 La semana pasada _____ fumar.
   a ☐ terminó de
   b ☐ acabó de
   c ☐ dejó de

14 ¿Cuándo soléis _____ el telediario?
   a ☐ a ver
   b ☐ ver
   c ☐ viendo

15 ¡ _____ hacer algo con estos muebles! ¿Los vendemos?
   a ☐ Tenemos que
   b ☐ Llevamos
   c ☐ Seguimos

16 Necesitamos un gestor que _____ incorporarse inmediatamente.
   a ☐ puede
   b ☐ pueda
   c ☐ quiere

17 ¿Vendes tu coche? Pero si _____ nuevo.
   a ☐ esté
   b ☐ estás
   c ☐ está

18 Es un programa que _____ debates y entrevistas.
   a ☐ incluya
   b ☐ incluye
   c ☐ trata

19 Busco páginas que no _____ muchas fotos; quiero información, no álbumes.
   a ☐ tengan
   b ☐ tenga
   c ☐ tienen

20 ¿Hay algún programa que no _____ la vida de nadie?
   a ☐ cuenta
   b ☐ tenga
   c ☐ cuente

Total: _____ de 20

¡Qué arte tienes!

Funciones
- Dar opiniones
- Hacer valoraciones
- Describir

Gramática
- Verbos *pensar*, *creer* y *parecer*
- Repaso de los verbos *ser* y *estar*

Léxico
- Pintura y arquitectura

Cultura
- Monumentos de España e Hispanoamérica
- Arte románico
- Gaudí

Empezamos

1 Contesta a estas preguntas y compara tus respuestas con las de tus compañeros.

A

B

C

D

E

F

1 ¿Quién es el autor del cuadro *El triunfo de Baco* o *Los borrachos*?
- a ☐ Creo que es Goya.
- b ☐ Yo pienso que es Velázquez.
- c ☐ Pues, a mí me parece que es Picasso.

2 ¿Por qué es famoso el mexicano Diego Rivera?
- a ☐ Me parece que por sus retratos, pero no estoy seguro.
- b ☐ Yo creo que por sus murales.
- c ☐ Pienso que es conocido por sus esculturas.

3 ¿De qué estilo es *La Sagrada Familia*, de Gaudí?
- a ☐ Pienso que es una catedral románica.
- b ☐ No creo que sea románica, es modernista.
- c ☐ Es barroca.

4 ¿De qué civilización es símbolo la ciudad de Machu Picchu?
- a ☐ Pienso que de la maya.
- b ☐ No creo que sea de la civilización maya, sino de la azteca.
- c ☐ Estoy seguro de que es una ciudad inca.

5 En tu opinión, ¿cuál es el mejor pintor español?
- a ☐ Para mí, sin duda, es Velázquez.
- b ☐ En mi opinión, es Picasso.
- c ☐ Pues, a mí me gusta más Murillo.

6 ¿Qué te parece el Acueducto de Segovia?
- a ☐ Está muy bien conservado. Me gusta.
- b ☐ No sirve para nada.
- c ☐ ¿Qué es un acueducto?

2 En grupos. ¿Con qué nombres de las preguntas del ejercicio anterior relacionáis las imágenes?

3 ¿Qué expresiones utilizas cuando estás más seguro de algo? ¿Qué frases expresan más o menos seguridad?

	+ seguridad	– seguridad
1 Creo que el autor es Goya.		
2 Estoy seguro de que es una ciudad inca.		
3 Me parece que es Picasso.		
4 Es una catedral barroca.		

4 *¿Ser* o *estar*? Completa estas frases.

1 El cuadro *El triunfo de Baco* _____ en el Museo del Prado.
2 Diego Rivera _____ de México.
3 Machu Picchu _____ en Perú, cerca de Cuzco.
4 La Alhambra y la Mezquita de Córdoba _____ dos joyas del arte musulmán en España.

5 Completa la tabla con ejemplos del ejercicio 1. Aquí tienes algunas palabras más que puedes añadir:

palacio • neoclásico • Frida Kahlo • abstracto • iglesia • *El Guernica*

Artistas	Obras	Estilos	Tipos de obra
Goya	*El triunfo de Baco*	*románico*	*retrato*

Avanzamos

6 Antes de escuchar, relaciona los significados de estas dos columnas.

1 un gran impulso
2 los estudiosos
3 arco y bóveda
4 integración
5 Derecho romano
6 vías de comunicación
7 aislado
8 rural
9 contrapunto
10 sufrimiento

a mal comunicado
b contraste, lo diferente
c carreteras, puentes, caminos
d los investigadores
e dolor
f leyes del Imperio romano
g elementos arquitectónicos
h un gran auge
i unificación
j no urbano

7 Escucha este fragmento del primer capítulo de una serie de televisión dedicada al arte románico y completa esta ficha.

Tema	El arte románico
1 ¿Cuándo?	
2 ¿Dónde?	
3 ¿Por qué se llama así?	
4 ¿Qué trae el Imperio romano a la Península Ibérica?	
5 ¿Qué ocurre después de la caída del Imperio romano?	

8 En parejas. ¿Qué información recuerdas del texto que acabas de escuchar? Haz una lista con tu compañero. Escucha otra vez el fragmento y contesta.

1 ¿Qué pasa en el año 1000?

2 ¿En qué reinos se produce el arte románico?

3 ¿Qué significa que es un arte integrador?

4 ¿Cuál es la institución más importante del Imperio romano?

5 ¿Puedes dar algún ejemplo de obras públicas?

6 ¿Qué lengua trajo el Imperio romano?

7 ¿Están bien comunicadas las ciudades en los siglos XII y XIII?

8 ¿Por qué están preparados los cristianos para toda clase de sacrificios en el año 1000?

9 ¿Los árabes llegan a España justo después de la caída del Imperio romano?

9 Relaciona las opiniones de las dos columnas.

	a el Museo del Prado está en Madrid.
	b este edificio sea románico.
1 Creo que	**c** este cuadro sea un Picasso.
2 No creo que	**d** en Andalucía hay mucho barroco.
	e en México haya arte románico.
	f Velázquez es un pintor del siglo XVII.

10 En parejas. ¿Son verdaderas o falsas estas afirmaciones? Pregúntale a tu compañero qué opina y luego da tu opinión.

▪ *Creo que la catedral de Barcelona es románica.*

● *Pues yo no creo que sea románica, es claramente gótica, ¿no ves los arcos apuntados?*

1 ☐ Gaudí es un arquitecto modernista.

2 ☐ El museo más grande de Picasso está en Málaga.

3 ☐ Diego Rivera es un pintor colombiano.

4 ☐ Botero es el mejor artista latinoamericano del siglo XX.

5 ☐ La obra *Guernica* de Picasso representa la felicidad.

6 ☐ *Los girasoles* de Van Gogh es uno de los cuadros más caros de la historia.

7 ☐ El único Museo Guggenheim del mundo está en Bilbao.

COMUNICACIÓN

Dar opiniones y hacer una valoración

● Si es afirmativa:
Creo / Pienso / Me parece que + indicativo

Creo que este edificio **es** una verdadera obra de arte.

● Si es negativa:
No creo / No pienso / No me parece que + subjuntivo

No me parece que Renoir **sea** el mayor representante del impresionismo.

● Si es una pregunta:
¿(No) crees / (No) piensas / (No) te parece que + indicativo*?*

¿No crees que está bien conservado?
¿Te parece que está bien conservado?

● También usamos:
En mi opinión,
Para mí,
Desde mi punto de vista,

▪ **Para mí,** el mejor pintor español es Velázquez.
● **En mi opinión**, es Picasso.

11 En parejas. Uno elige una foto y tiene que describirla a su compañero sin decir el lugar. El compañero tiene que adivinar de qué edificio se trata.

Está en España, es de estilo...

A Iglesia de la Compañía (Quito)

B Pirámide del Sol (Teotihuacán)

C Museo Guggenheim (Bilbao)

D La Alhambra (Granada)

12 Completa las frases con *ser* o *estar*.

1 Este edificio _____ el más alto de la ciudad.

2 ¿Dónde _____ la inauguración de la exposición de Sorolla?

3 Esta escultura _____ de Botero.

4 El cuadro del siglo XVIII que compró su tío _____ muy bien conservado.

5 La puerta de la catedral _____ abierta, ¿entramos?

6 La comida peruana _____ muy rica.

7 Alfredo _____ de guía en el museo.

8 Los murales de este edificio _____ de un artista mexicano.

GRAMÁTICA

Ser y *estar*

Para describir también usamos *ser* y *estar*:

ser	estar
• característica **Es** (una catedral) *barroca*.	• estado *Este edificio* **está** *muy bien conservado*.
• identificación *Ese* **es** *Picasso*.	• proceso: *estar* + gerundio **Está estudiando** *Arte*.
• origen o nacionalidad *Picasso* **es** *español*.	• profesión o actividad temporal (**estar de**) *Estudio Filología, pero ahora* **estoy de** *guía turístico*.
• profesión *Picasso* **es** *pintor*.	
• localización de un acto, evento... *¿Dónde* **es** *la conferencia?*	• localización de un lugar *La Alhambra* **está** *en Granada*.

Algunos adjetivos se utilizan con *ser* y *estar*: *guapo, delgado, alegre, grande, alto, ...* con un significado ligeramente diferente:

Es *un edificio alto y muy grande* (descripción objetiva o características permanentes).
Luis **está** *muy alto para su edad* (descripción no objetiva o características temporales).

Otros adjetivos cambian su significado totalmente según se usen con *ser* o con *estar*: *listo, rico, abierto, cerrado...*

Era *una persona muy abierta* (abierta de carácter, extrovertida).
La puerta **está** *abierta, ¿entramos?* (*abierta* es lo contrario de *cerrada*).

Ampliamos

13 En parejas. Cada uno va a leer una parte de la biografía de Gaudí. Luego, harás preguntas a tu compañero para completar tu cuestionario.

ANTONIO GAUDÍ fue un arquitecto catalán y el máximo representante del Modernismo y uno de los principales pioneros de las vanguardias artísticas del siglo xx.

ESTUDIANTE A

A comienzos del siglo xx levantó otras tres obras no menos sorprendentes en la capital catalana: en 1900 empezó el proyecto del Parque Güell; en 1904 comenzó a trabajar en la casa Batlló; y en 1906 la casa Milá, conocida como La Pedrera. El Parque Güell iba a ser una ciudad jardín, una comunidad independiente de unas 60 viviendas, con muchos jardines y senderos para pasear. El proyecto no se terminó nunca: se construyeron varios pabellones, el mercado, un banco en forma de serpiente y otros elementos decorativos.

Gaudí también fue un destacado diseñador: realizó forjas para balcones y puertas de casas; diseñó muebles para distintos encargos privados. Su obra ejerció innumerables influencias sobre las vanguardias: hay paralelismos con el expresionismo alemán y el movimiento surrealista.

Gaudí, que en sus últimos años se centró en la construcción de la Sagrada Familia, murió en Barcelona el 10 de junio de 1926, atropellado por un tranvía frente a su inacabada obra maestra.

1 Lugar y fecha de nacimiento: _____
2 Estudios: comienzo, fin, lugar: _____
3 ¿Quién era Eusebio Güell? _____
4 ¿Qué pasó en 1883? _____

ESTUDIANTE B

Gaudí nació el 25 de junio de 1852 en Reus (Tarragona). A los 15 años publicó algunos dibujos en una revista escolar. En 1873 empezó los estudios de Arquitectura en la Escuela Superior de Arquitectura de Barcelona y se graduó en 1878. Su primer encargo como arquitecto fue la casa Vicens (1883-1888), un edificio neogótico en el que ya se ve su fuerte personalidad. Poco después comenzó a trabajar para el empresario textil Eusebio Güell: primero hizo las caballerizas de su finca en Pedralbes, y más tarde el palacio Güell (1885-1889) en Barcelona, un edificio lleno de espacios y formas innovadoras. Durante esta primera etapa también construyó algunas obras fuera de Cataluña, entre las que cabe reseñar el palacio episcopal de Astorga (comenzado en 1887) y la casa de los Botines (1891-1892) en León.

En 1883 aceptó continuar las obras del templo de la Sagrada Familia en Barcelona, una catedral neogótica que el joven Gaudí modificó totalmente: lo convirtió en una especie de bosque de elevadas torres.

1 ¿Qué era el proyecto del Parque Güell? _____
2 Obras como diseñador: _____
3 Influyó en: _____
4 Lugar y fecha de su muerte: _____

14 ¿Te gustan las obras de este artista? ¿Era un genio o estaba loco? Discútelo con tus compañeros.

15 Busca información sobre tu artista favorito, puede ser un pintor, un escultor, un arquitecto..., y escribe su biografía.

Autoevaluación

1 El autor de ese retrato _____ Van Gogh.
 a ☐ está
 b ☐ es
 c ☐ sea

2 Machu Picchu _____ en Perú.
 a ☐ está
 b ☐ tiene
 c ☐ es

3 ¿A ti _____ que pinta bien?
 a ☐ crees
 b ☐ te parece
 c ☐ piensas

4 ¿La catedral _____ en el centro?
 a ☐ es
 b ☐ sea
 c ☐ está

5 Pienso que no _____ estudiando Bellas Artes, sino Arquitectura.
 a ☐ está
 b ☐ esté
 c ☐ es

6 _____ opinión, es el mejor escultor.
 a ☐ Para mí
 b ☐ En mi
 c ☐ Por mí

7 ¿De dónde _____ ?
 a ☐ seas
 b ☐ estás
 c ☐ eres

8 ¿Crees que Rivera _____ bien?
 a ☐ pinte
 b ☐ pinta
 c ☐ pintes

9 No, no pienso que él _____ bien.
 a ☐ pinte
 b ☐ pinto
 c ☐ pintura

10 La obra de Gaudí es de estilo _____ .
 a ☐ románico
 b ☐ gótico
 c ☐ modernista

11 Hace dos meses que _____ de recepcionista en un museo.
 a ☐ está
 b ☐ es
 c ☐ esté

12 ¿Crees que _____ diseñador muy famoso? Yo no lo conozco de nada.
 a ☐ es un
 b ☐ es
 c ☐ está

13 _____ que termine a tiempo la obra. Empezó muy tarde.
 a ☐ Creo
 b ☐ Para mí,
 c ☐ No creo

14 Pues yo _____ .
 a ☐ creo que sí
 b ☐ no creo que no
 c ☐ me parece sí

15 Yo quiero _____ profesor de Arte e ir a visitar museos con los estudiantes.
 a ☐ siendo
 b ☐ ser
 c ☐ estar

16 ¿Por qué _____ tan complicado dibujar un buen retrato?
 a ☐ es
 b ☐ está
 c ☐ sea

17 El Templo de Debod _____ en Madrid, aunque _____ egipcio.
 a ☐ es / está
 b ☐ está / es
 c ☐ esté / sea

18 ¿No te parece que _____ una verdadera obra de arte?
 a ☐ es
 b ☐ sea
 c ☐ está

19 No creemos que _____ un buen arquitecto.
 a ☐ sea
 b ☐ esté
 c ☐ haya

20 Esta iglesia _____ totalmente _____ .
 a ☐ está / reformando
 b ☐ está / reformada
 c ☐ esté / reformada

Total: _____ de 20

¿A qué dedica el tiempo libre?

Funciones	Gramática	Léxico
• Expresar gustos	• Verbo *gustar* en presente, pretérito indefinido y condicional	• Ocio y tiempo libre
• Formular deseos	• Repaso del presente de subjuntivo	• Aficiones e intereses
• Hacer hipótesis y expresar condiciones	• Pretérito imperfecto de subjuntivo	• Deportes
		Cultura
		• Cine

Empezamos

🎧 **1** Lee, escucha y responde a las preguntas.

1 ¿Por qué llega tarde Javi?
2 ¿Qué películas quiere ver Javi? ¿Por qué?

3 Y Marisa, ¿qué película quiere ver?
4 ¿Qué película ven al final?

En la cola del cine...
Marisa: Perdona, ¿tienes hora?
Raquel: Sí, son las seis y diez.
Marisa: ¡Qué tarde! ¡Siempre igual! A mí me gusta mucho venir al cine, pero siempre que quedo con mi novio llega tarde... ¡Ahí viene!
Javi: ¡Perdona, perdona...! ¡Es que el metro ha tardado siglos! Si tuviera coche, llegaría antes a los sitios... Estoy seguro.
Marisa: Vale, vale, me lo imaginaba... Sabes que me molesta que llegues tarde; no me gusta nada tener que esperar... Venga, ¿cuál vemos?
Javi: Pues, no sé. La de Emilio Martínez-Lázaro tiene que estar bien, ¿no? Dicen que es divertida...
Marisa: ¿Cuál? ¿*Ocho apellidos vascos*? Pues, qué quieres que te diga, a mí no me gusta mucho ese humor...

Javi: Venga, vale. Entonces, ¿vemos *El niño*?
Marisa: ¿*El niño*? ¿De qué va?
Javi: Pues es una película de acción basada en hechos reales. Los actores son muy buenos...
Marisa: Es que no quiero ver una película de acción. A mí me gustaría ver una película chilena que se llama *Gloria*. Me han dicho que está genial, y además creo que le dieron un Goya, pero...
Javi: No sé si me apetece...
Taquillero: ¡Hola! ¡Buenas tardes!
Marisa: Dos para..., no sé..., ¿para el documental sobre Cuba? Seguro que en un par de semanas lo quitan de la cartelera.
Javi: Venga, vale... Dos entradas para *Suite Habana*, para la sesión de las seis y media.

2 ¿Qué película crees que le gustaría a cada persona? Coméntalo con tus compañeros.

CARTELERA

OCHO APELLIDOS VASCOS [1]. España. 2014. **Comedia**. Director: Emilio Martínez-Lázaro. Intérpretes: Dani Rovira, Clara Lago, Carmen Machi, Karra Elejalde. Rafa es un joven andaluz que no ha salido de su Sevilla natal para conseguir lo único que le importa en la vida: el fino [2], el Betis y las mujeres. Todo cambia cuando conoce a Amaia, una chica vasca, que se resiste a sus encantos. Para conquistarla, se traslada al pueblo de ella y se hace pasar por vasco.

EL MISTERIO DE LA FELICIDAD. Argentina. 2013. **Comedia romántica**. Director: Daniel Burman. Intérpretes: Guillermo Francella, Inés Estévez, Fabián Arenillas. Santiago y Eugenio, además de amigos, son socios de toda la vida en un negocio de electrodomésticos. Un día Eugenio desaparece sin dejar rastro. Su mujer y Santiago empiezan a buscarlo, pero se dan cuenta de que, en realidad, no quieren encontrarlo.

EL NIÑO. España. 2014. **Acción**. Director: Daniel Monzón. Intérpretes: Luis Tosar, Eduard Fernández, Sergi López, Bárbara Lennie. Dos jóvenes, El Niño y El Compi, quieren iniciarse en el mundo del tráfico de hachís en el estrecho de Gibraltar. Jesús y Eva son dos agentes de la policía antidroga que llevan años intentando demostrar que la ruta del hachís es ahora una de las principales vías de entrada de la cocaína en Europa. Su objetivo es El Inglés, el hombre que mueve los hilos desde Gibraltar. Los destinos de estos personajes se cruzan en un enfrentamiento peligroso y moralmente ambiguo.

SUITE HABANA. Cuba. 2003. **Documental**. Director: Fernando Pérez. Música: Edesio Alejandro y Ernesto Cisneros. Amanece en La Habana. La ciudad despierta y comienza un día y también el film. Un documental que nos habla de un lugar, su espacio, su sonido, su luz y en el que acompañamos a diez habaneros en su día a día.

GLORIA. Chile-España. 2013. **Drama**. Director: Sebastián Lelio. Intérpretes: Paulina García, Sergio Hernández, Coca Guazzini. Gloria tiene 58 años y está sola en la vida. Llena sus días de actividades y por las noches busca el amor en fiestas para solteros adultos. Su vida cambia cuando conoce a Rodolfo, un hombre de 65 años, recientemente separado, que se obsesiona con ella.

[1] Vasco: originario del País Vasco, al norte de España.   [2] Fino: tipo de vino típico de Andalucía.

1 Diego. 25 años. Activista político.
2 Laura. 60 años. Abogada.
3 Ernesto. 30 años. Cantante en un grupo pop.
4 María. 15 años. Estudiante.

3 Escribe frases con información sobre Marisa y Javi.

| A Marisa
A Javi | no le gustan
le molesta
le gustaría | que llegue tarde.
ver *El niño*.
las comedias. |

4 ¿Qué pasaría si...? Completa estas frases.

Si tuviera coche, llegaría antes a los sitios.

1 Si tuviera tiempo el sábado, _____ .
2 Si midiera más de dos metros, _____ .
3 Si fuera deportista, _____ .
4 Si fuera millonario/-a, _____ .
5 Si tuviera muy buena voz, _____ .
6 Si fuera famoso/-a, _____ .

● Avanzamos

5 ¿Sabes cómo se llaman estos deportes en español? Observa las imágenes y completa con las palabras que conozcas relacionadas con cada deporte.

fútbol
balón
portería
ganar un partido

6 En parejas. Con ayuda de las fotos habla con tu compañero sobre vuestros deportes favoritos y sobre lo que os gusta o no os gusta del deporte.

No me gusta la violencia en el fútbol.

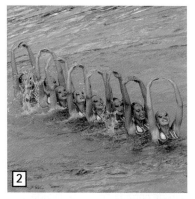

COMUNICACIÓN

Expresar gustos (1)

Podemos expresar y preguntar sobre nuestros gustos de varias formas:

Me gusta Me molesta No me gusta	*el cine* (sustantivo). *ir* al cine (infinitivo). *que* mi novio me **invite** al cine (presente de subjuntivo).

*¿Te gusta **el fútbol**?*
*¿Te gusta **jugar al fútbol** o **verlo** en la televisión?*
*Me gusta **que gane** mi equipo.*

7 En parejas. Piensa en la última vez que realizaste las siguientes actividades. ¿Qué te gustó?, ¿Qué no te gustó? ¿Qué te molestó más? Habla con tu compañero.

1 Fuiste al cine.
   ■ *¿Cuándo fuiste al cine por última vez. ¿Qué te gustó?*
   ● *Me gustó que la película fuera en versión original.*

2 Montaste en avión.

3 Fuiste a un concierto.

4 Quedaste con un amigo.

5 Jugaste al fútbol.

6 Fuiste a un museo.

7 Viste una película en la televisión.

8 Fuiste de compras.

9 Visitaste una ciudad.

10 Te encontraste con un/-a exnovio/-a.

COMUNICACIÓN

Expresar gustos (2)

Para expresar nuestros gustos sobre algo concreto que ocurrió en el pasado decimos:

Me gustó Me molestó No me gustó	*la película* (sustantivo). *ir* al cine (infinitivo). *que* la gente **comiera** palomitas en el cine (imperfecto de subjuntivo).

GRAMÁTICA

Pretérito imperfecto de subjuntivo

	jugar	correr	vivir
(yo)	jug**ara**/jug**ase**	corr**iera**/corr**iese**	viv**iera**/viv**iese**
(tú)	jug**aras**/jug**ases**	corr**ieras**/corr**ieses**	viv**ieras**/viv**ieses**
(él/ella, usted)	jug**ara**/jug**ase**	corr**iera**/corr**iese**	viv**iera**/viv**iese**
(nosotros/-as)	jug**áramos**/jug**ásemos**	corr**iéramos**/corr**iésemos**	viv**iéramos**/viv**iésemos**
(vosotros/-as)	jug**arais**/jug**aseis**	corr**ierais**/corr**ieseis**	viv**ierais**/viv**ieseis**
(ellos/-as, ustedes)	jug**aran**/jug**asen**	corr**ieran**/corr**iesen**	viv**ieran**/vis**iesen**

Formación del imperfecto de subjuntivo:

¿Recuerdas cómo era la 3.ª persona de plural del pretérito indefinido de indicativo?
Solo hay que eliminar la terminación **-on** y añadir las terminaciones del imperfecto:

| *Ellos jugar**on*** | *jugar-* + *-a* | *yo jug**ara**/jug**ase*** |
| *Ellos estuvier**on*** | *estuvier-* + *-a* | *yo estuv**iera**/estuv**iese*** |

Esta regla funciona siempre, con los verbos regulares y con los irregulares.

> *Me molestó que no **vinieras** a mi fiesta.*
> *Nos gustó que **vinierais** a visitarnos.*

---

8 En parejas. Ahora, formulad deseos para vosotros, para la clase, para el mundo...

Nos gustaría que en la clase escucháramos más canciones.

COMUNICACIÓN

Expresar deseos

Cuando formulamos deseos, utilizamos el verbo *gustar* en la forma condicional *(gustaría)*:

| *Me gustaría* | ***ir** al cine mañana* (infinitivo). |
| | ***que** la gente no **comiera** palomitas* (imperfecto de subjuntivo). |

9 En grupos. Pregúntales a tus compañeros qué actividades harían si pudieran, tuvieran tiempo..., y anótalas en la columna correspondiente. También puedes preguntarles cuándo, cómo, por qué, etc.

	SÍ	NO
1 Ir al gimnasio		
2 Leer más		
3 Estudiar una carrera		
4 Ser actor / actriz		
5 Practicar algún deporte		
6 Ir al teatro		
7 Tocar la guitarra		
8 Escribir un libro		
9 Colaborar con una ONG		

● Ampliamos

10 ¿Te gusta ver películas en español? ¿Conoces alguna?

 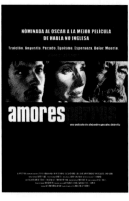    

11 Lee la ficha técnica y la sinopsis de la película *Te doy mis ojos*. ¿A qué género crees que pertenece esta película: acción comedia, drama, terror...? ¿Por qué?

Dirección: Iciar Bollaín **Guion:** Icíar Bollaín y Alicia Luna
Música: Alberto Iglesias **Fotografía:** Carles Gusi
Producción: Producciones La Iguana y Alta Producción
Duración: 106 min. **País:** España
Año de producción: 2003
Reparto: Laia Marull, Luis Tosar, Candela Peña, Rosa María Sardá, Kity Manver, Sergi Calleja, Dave Mooney, Nicolás Fernández Luna, Elisabet Gelabert, Chus Gutiérrez, Elena Irureta.
Premios: 2003: Festival de San Sebastián: Concha de Plata al Mejor actor (Tosar) y a la Mejor actriz (Marull); 7 Premios Goya incluyendo Mejor película, dirección, actriz y actor; 2004: Premios Ariel: Nominada a Mejor película iberoamericana.

SINOPSIS: Una noche de invierno, una mujer, Pilar, sale huyendo de su casa y se refugia en la de su hermana. Lleva consigo apenas cuatro cosas y a su hijo, Juan. Antonio no tarda en ir a buscarla. Pilar es su sol, dice, y además, "le ha dado sus ojos"... A lo largo de la película, los personajes irán reescribiendo ese libro de familia en el que está escrito quién es quién y qué se espera que haga, pero en el que todos los conceptos están equivocados y donde dice hogar se lee infierno, donde dice amor hay dolor y quien promete protección produce terror. La película recibió, entre otros, siete Premios Goya y dos conchas de Plata en el Festival Internacional de Cine de San Sebastián.

12 Vuelve a leer la ficha técnica y marca cuáles de las siguientes informaciones son verdaderas.

1 ☐ Se estrenó hace más de diez años.
2 ☐ Recibió un Óscar.
3 ☐ La directora también es la guionista.
4 ☐ Dura más de dos horas.

13 En grupos. Los personajes que rodean a la pareja protagonista son la hermana, la madre y las amigas de ella, el hermano de él, el psicólogo al que él acude y el grupo de terapia. ¿Qué harías tú si fueras alguno de estos personajes?

Yo, si fuera su hermana, hablaría con Pilar.

14 En grupos. ¿Cómo creéis que termina la historia? Buscad varios finales posibles.

Autoevaluación

1 **A M.ª José le gustan _____ .**
   a ☐ que vamos al cine
   b ☐ las películas de acción
   c ☐ el tenis

2 **_____ los deportes de riesgo.**
   a ☐ Me gusta
   b ☐ Me gustan
   c ☐ Me gusta que

3 **No nos gusta que _____ tarde.**
   a ☐ llegareis
   b ☐ llegáis
   c ☐ lleguéis

4 **Fueran es la 3.ª persona del plural del imperfecto de subjuntivo _____ .**
   a ☐ del verbo ir
   b ☐ de los verbos ir y ser
   c ☐ del verbo ser

5 **La raqueta y la pelota son imprescindibles para _____ .**
   a ☐ jugar al tenis
   b ☐ jugar al baloncesto
   c ☐ practicar natación

6 **A mis primos les encanta _____ .**
   a ☐ los ordenadores
   b ☐ la fotografía digital
   c ☐ hacen fotos

7 **¿Te molesta que _____ tu raqueta?**
   a ☐ use
   b ☐ que usar
   c ☐ uso

8 **No les gustó nada _____ a su casa.**
   a ☐ que vayamos
   b ☐ que van
   c ☐ que fuéramos

9 **_____ que ganara mi equipo favorito.**
   a ☐ Me gustara
   b ☐ Me gustaría
   c ☐ Me está gustando

10 **¿Iríais al concierto _____ la entrada?**
   a ☐ si os regalen
   b ☐ si os regalan
   c ☐ si os regalaran

11 **Le molestó _____ su guitarra.**
   a ☐ que use
   b ☐ que usara
   c ☐ usar

12 **Un equipo de fútbol está compuesto de _____ .**
   a ☐ diez jugadores y un portero
   b ☐ diez jugadores y dos porteros
   c ☐ dos jugadores y una portería

13 **¿Os gustaría _____ esta obra de teatro?**
   a ☐ ver
   b ☐ vierais
   c ☐ que veáis

14 **1.ª persona del imperfecto de subjuntivo de poder:**
   a ☐ yo pueda.
   b ☐ yo pude.
   c ☐ yo pudiera.

15 **Me molesta _____ . ¿Puedes bajarla?**
   a ☐ la música
   b ☐ que la música
   c ☐ las músicas

16 **Si el resultado de un partido es 5-5, decimos que ha habido _____ .**
   a ☐ empatar
   b ☐ empate
   c ☐ igual

17 **Los esquiadores bajan por _____ .**
   a ☐ carreteras
   b ☐ pistas
   c ☐ caminos o senderos

18 **En fútbol, solo _____ puede coger el balón con la mano.**
   a ☐ el jugador
   b ☐ el portero
   c ☐ el delantero

19 **Si _____ , _____ a la playa.**
   a ☐ pudiera / iría
   b ☐ fuera / iré
   c ☐ podría / fuera

20 **Me gustó mucho _____ .**
   a ☐ que vinieras
   b ☐ que vengas
   c ☐ que vienes

Total: _____ de 20

27 Deje su mensaje después de la señal

Funciones
- Transmitir las palabras dichas por otras personas

Léxico
- Conversaciones telefónicas
- Recetas de cocina

Cultura
- Los nuevos españoles

Gramática
- Correlación de tiempos verbales en el estilo indirecto

Empezamos

 1 Mira las ilustraciones, escucha y relaciónalas con los diálogos.

A ☐ B ☐ C ☐ D ☐ E ☐

1 ■ ¡Hola! ¡Buenos días! ¿Eres Daniel?
- Sí, soy yo.
■ ¡Hola! Soy Bea. ¿Está Sebastián por ahí?
- No, no ha llegado todavía.
■ Vaya... Es que **tenemos** una reunión a las 9.30 en la oficina, pero **estoy** en el médico y **llegaré** sobre las 10. ¿Puedes decírselo de mi parte?
- Sí, voy a intentarlo en el móvil. Hasta luego...

2 ■ Sebastián, llamó Beatriz a las 9. **Dijo que teníais** una reunión a las 9.30, pero que **llegaría** sobre las 10, el caso es que son ya son las 10.30... **Dijo que estaba** en el médico...
- Vale, gracias. No te preocupes...

3 *A la hora del café...*
- Mario, ¿vienes esta noche a cenar a casa?
- Vale, no tengo planes...
■ Tenemos setas... Tú, que eres tan buen cocinero, ¿sabes alguna receta fácil? **Me ha preguntado** Óscar **si yo sabía** alguna, pero no tengo ni idea... soy un desastre en la cocina...
- A ver, déjame pensar... ¡Ah, sí! Hice el otro día

una que vi en el periódico..., vamos a ver si me acuerdo. Necesitas un vaso de...
■ Espera, espera, que lo voy a apuntar...
- Yo puedo hacerla, si quieres..., voy un poco antes y ya está. Tú, compra vino de Oporto, queso de Cabrales y... nata líquida. Supongo que ajo, sal y pimienta tienes, ¿no?
■ Sí, sí... Vale, genial. Llamo ahora mismo a Óscar y se lo digo...

4 Óscar, soy Beatriz, ya tengo la receta de las setas. Al final, Mario viene a cenar... y la hace él. **Me ha pedido que compres** vino de Oporto, nata líquida y queso de Cabrales. El resto, lo tenemos. ¡Hasta luego!

5 ■ ¿Está Mario?
- No, ha salido un momento.
■ ¿Han aprobado el presupuesto?
- Pues, no lo sé. Podemos buscar en esta carpeta... Mira, aquí están los impresos... pero no, no están rellenos... **llévatelos** si quieres y **ven** dentro de media hora, que ya habrá vuelto Mario.

● Avanzamos

2 Imagina que te transmiten este mensaje. Léelo y escribe cuáles crees que fueron las palabras exactas de Margarita.

Llamó Margarita y dijo que estaba en el banco porque necesitaba solucionar un problema que tenía con el seguro de su coche. Me pidió que la llamaras si era urgente.

3 Julia le cuenta a su jefa su conversación con Diego. Completa la información que falta.

Ellas están en otra oficina, así que el verbo **traer** se convierte en **llevar** y **venir** en **ir**.

«Mario no estaba. Hemos encontrado los impresos, pero no están firmados. Diego me ha dicho que me los
(1) _____ y que (2) _____ dentro de media hora».

4 Fíjate en este cómic. ¿Qué le pide él a ella? ¿Y ella a él?

Él le pide a ella que (1) _____ y ella le dice que solo si le (2) _____ .
Entonces él, extrañado, le contesta que
(3) _____ y ella le dice que (4) _____
y además le pide que le (5) _____ .

(DNI: Documento Nacional de Identidad)

5 Mario le cuenta a Beatriz cómo prepara las setas. Después, Beatriz le explica la receta a Óscar. Completa las palabras de Beatriz con las formas adecuadas.

Primero, **saltea** las setas con el ajo. Aparte, **mezcla** el queso y el vino. Cuando las setas estén blandas, **añade** la mezcla del Cabrales y el Oporto. **Sube** el fuego y **remueve** todo durante 5 minutos. Finalmente **echa** la nata, y **espera** otros 5 o 6 minutos. Ya está, es muy fácil. Tienes sal y pimienta ¿no? Pues, no olvides echarle un poco.

Mario me ha dicho que, primero, (1) _____ las setas con el ajo y que, aparte, (2) _____ el queso y el vino. Y que cuando las setas estén blandas, (3) _____ la mezcla. Luego me ha dicho que (4) _____ el fuego y que (5) _____ todo durante cinco minutos. Finalmente, me ha recomendado que (6) _____ la nata y que (7) _____ cinco o seis minutos.

GRAMÁTICA

Estilo indirecto

Si queremos transmitir las palabras que otras personas han dicho utilizamos estas estructuras:

Para transmitir información:

Decir		*que* + indicativo
Contar	+	*(que) si*
Explicar		*(que) qué / quién / cuándo /*
Preguntar		*cómo / dónde... + indicativo*

*Elena **ha dicho** que **viene** más tarde.*

Para transmitir órdenes o peticiones:

Querer		
Pedir	*+ que* + subjuntivo
Decir		

***Me pidió** que **fuéramos** a su casa esta tarde.*

Cuando transmitimos las palabras que ha dicho otra persona, cambian:
- Los **pronombres** y las personas de los verbos.
- **Aquí** y **acá** se convierten en **allí** y **allá**.
- **Este** se convierte en **ese** o **aquel**.
- **Traer** y **venir** se convierten en **llevar** e **ir**.
- **Los tiempos verbales**, cuando la situación temporal cambia, el mensaje pierde su valor.
  ***"Llevaré** un pastel a la fiesta".*
  *Dijo que **traería** un pastel pero no lo ha hecho.*

6 Transforma en estilo indirecto los siguientes mensajes. Haz los cambios necesarios.

1 "Olvídalo".

Dice que _____.

Dijo que _____.

2 "Trae el libro".

Dice que _____.

Dijo que _____.

3 "Quiero comprar ese vestido".

Dice que _____.

Dijo que _____.

4 "¿Vamos al cine esta tarde?"

Dice que _____.

Dijo que _____.

5 "Dile la verdad".

Dice que _____.

Dijo que _____.

6 "Vuelve mañana, hoy no está Valeria".

Dice que _____.

Dijo que _____.

7 En parejas. ¿Qué creéis que han dicho...?

1 En la situación n.º 1, creemos que el chico de la cámara les ha preguntado _____.

2 En la situación n.º 2, ella _____ y él le ha dicho _____.

3 En la situación n.º 3, _____.

4 En la situación n.º 4, _____.

5 En la situación n.º 5, _____.

GRAMÁTICA

Correspondencia y cambios de tiempos verbales en el estilo indirecto

	El tiempo verbal no cambia	El tiempo verbal cambia
	Dice / Ha dicho...	**Ha dicho / Dijo...**
"**Quiero** hablar con ella". PRESENTE	... que **quiere** hablar contigo. PRESENTE	... que **quería** hablar contigo. IMPERFECTO
"**Iré** el jueves". FUTURO	... que **vendrá** el jueves. FUTURO	... que **vendría** el jueves. CONDICIONAL
"**Llámame**". IMPERATIVO	... que la **llames**. PRESENTE SUBJUNTIVO	... que la **llamaras**. IMPERFECTO SUBJUNTIVO

8 En parejas. Lee el texto, piensa en la situación y en algunos detalles que podrías incluir. Haz tu llamada telefónica y toma nota del recado para luego transmitirlo.

ESTUDIANTE A	ESTUDIANTE B
Mañana necesitas el coche, pero lo tiene tu hermano Javier y quieres que te lo traiga. Llámale.	Eres la mujer de Javier. Él no está en casa. Suena el teléfono... Cuando llega Javier a casa, le dices:

ESTUDIANTE A	ESTUDIANTE B
Eres la secretaria de Javier. Él no está en la oficina. Suena el teléfono... Cuando al día siguiente llega Javier, le dices:	Tienes una reunión con Javier mañana a las 10 y no puedes ir. Sí que podrías un poco más tarde, a las 11. Pregúntale si es posible cambiar la hora. Llámale.

9 Escucha los mensajes del contestador de Clara. Señala en el calendario cuándo (día y hora) ha recibido cada uno, y el nombre de la persona y/o de la empresa que ha llamado.

L	M	X	J	V	S	D
	1	2	3	4	5	6
7	8	9	10	11	12	13
14	15	16	17	18	19	20

10 Escucha de nuevo los mensajes e indica en el calendario qué cosas debería hacer Clara cada día.

11 Ahora, imagina que eres su compañero de piso y has escuchado estos mensajes. Clara está de viaje y vuelve el día 12, así que decides escribirle un correo electrónico contándole las llamadas que ha recibido.

Para: clara_cifuentes@yahoo.es
CC:
Asunto: mensajes

¡Hola, Clara! Espero que te lo estés pasando bien. Yo he tenido mucho trabajo esta semana y hoy, sábado, he quedado para ir al cine con Celia. Ya te contaré.

Te escribo porque esta semana te han dejado varios mensajes en el contestador y, aunque sé que estás de vacaciones, creo que te interesarán. Te llamó _____ y dijo…

● **Ampliamos**

11 Lee rápidamente estas entrevistas y contesta a estas preguntas.

   1 ¿Cuánto tiempo llevan estas personas en España?   **2** ¿Dónde trabajan?

Los nuevos españoles

DE NIGERIA A SEVILLA
Steve Aba Martin y Sonia

Entrevistador: ¿Por qué vinisteis a Sevilla?
Steve: No hay una razón especial. Solo conocíamos Madrid y Barcelona, pero nos gusta Sevilla por la gente y el clima.
Entrevistador: ¿Cómo fue el viaje?
Sonia: Lo estuvimos pensando durante mucho tiempo. Cuando tomamos la decisión, hace ya cinco años, conseguimos el dinero suficiente para pagar el viaje y cruzamos el desierto de Marruecos hasta llegar a España. En total, la travesía duró algo más de medio año, toda una odisea.
Entrevistador: ¿Cuál es vuestra situación laboral?
Sonia: Steve trabaja como pintor industrial y yo cuido de José, que tiene un año.

Entrevistador: ¿Cómo veis el futuro de vuestro hijo?
Steve: Nos gustaría que fuera médico.

DE MARRUECOS A SANTIAGO DE COMPOSTELA
Messaoud Elomari, de 33 años, marroquí de origen, gallego de adopción

Entrevistador: ¿Cuándo viniste a Santiago?
Elomari: Tenía 19 años, acabé el bachillerato y vine aquí. Al principio vendía ropa y bisutería, pero lo dejé porque todos los marroquíes hacían eso y yo quería algo diferente. Estudié varios cursos de relaciones laborales y política social. Y también aprendí gallego.
Entrevistador: ¿Cuál es tu situación laboral?
Elomari: Me encargo del Centro de Información de Trabajadores Extranjeros del sindicato Comisiones Obreras.

DE CHINA A VALENCIA
Chen Weijie (Silvia) y Zhon Wei (David) llegaron a España hace 25 y 15 años, respectivamente

Entrevistador: ¿Cómo os conocisteis?
Silvia: Nuestras familias se conocían y planearon un encuentro en la estación de autobuses de Valencia. Tras medio año de conversaciones por teléfono, nos casamos.
Entrevistador: ¿Dónde trabajáis?
David: Somos propietarios de dos restaurantes... La aventura empresarial no ha sido nada fácil.
Entrevistador: ¿Cambió mucho vuestra vida al llegar a España?
Silvia: En China disfrutábamos de la vida mucho más que aquí, donde solo trabajamos y dormimos. Trabajamos 15 horas al día para que nuestros hijos no tengan que hacerlo en el futuro.

13 Haced tres grupos. Cada uno elige una de las entrevistas y la trasforma en un breve artículo, cambiando el estilo directo de la entrevista a estilo indirecto.

Autoevaluación

1 Dice que _____ quedar esta tarde contigo.
   a ☐ quieres
   b ☐ puede
   c ☐ querrás

2 Dijo que _____ en la oficina hasta las tres, pero no contesta nadie.
   a ☐ estaría
   b ☐ sería
   c ☐ estás

3 Acaban de llamar para decirme que ya _____.
   a ☐ vinieron
   b ☐ venían
   c ☐ vengan

4 Sus compañeros me _____ que lo harán mañana.
   a ☐ digan
   b ☐ ha dicho
   c ☐ han dicho

5 He dicho que _____ la puerta ahora.
   a ☐ cierres
   b ☐ cerraras
   c ☐ cierras

6 Te dije que _____ cuanto antes.
   a ☐ vengas
   b ☐ vinieras
   c ☐ ven

7 Me aseguró que _____ a tiempo.
   a ☐ llegué
   b ☐ llegara
   c ☐ llegaría

8 Le pidió que _____ las entradas hoy.
   a ☐ compraría
   b ☐ comprara
   c ☐ compraba

9 Nos ha contado Óscar que esta tarde Antonio _____ a su novia.
   a ☐ nos presentará
   b ☐ nos presente
   c ☐ nos presentara

10 Les pidió que le _____ una foto.
   a ☐ hayan hecho
   b ☐ hiciera
   c ☐ hicieran

11 Le he pedido a Olga que _____ a Lola.
   a ☐ llames
   b ☐ llame
   c ☐ llamaba

12 Siempre le dice que _____ bien, pero no es verdad.
   a ☐ está
   b ☐ es
   c ☐ esté

13 Me ha prometido que no lo _____ a hacer.
   a ☐ volviera
   b ☐ vuelva
   c ☐ volverá

14 Me _____ no dijera nada.
   a ☐ pidió
   b ☐ pidió que
   c ☐ pidió si

15 Le he preguntado _____ la conoce y me ha dicho que no.
   a ☐ que
   b ☐ si
   c ☐ si que

16 No me preguntes _____ llegó porque no lo sé.
   a ☐ cuándo
   b ☐ cuando
   c ☐ que

17 "Tráeme el informe a mi despacho, por favor".
   a ☐ Me pidió que se lo trajera a mi despacho.
   b ☐ Me dijo que se lo llevara a su despacho.
   c ☐ Me preguntó que se lo traiga a su despacho.

18 Nadie me explicó que tuviera que _____.
   a ☐ ir aquí
   b ☐ ir acá
   c ☐ venir aquí

19 "No la conozco de nada". Mario _____ dijo que no _____ conocía.
   a ☐ la / nos
   b ☐ nos / le
   c ☐ nos / la

20 Quería _____ su trabajo.
   a ☐ que yo hice
   b ☐ que yo hiciera
   c ☐ que yo hago

Total: _____ de 20

¿Sabes quién es Mario Vargas Llosa?

COMPRENDER

1 Lee el siguiente fragmento de la novela *Pantaléon y las visitadoras* del premio Nobel Mario Vargas Llosa y completa las definiciones con las palabras resaltadas en azul.

1 Humedecer la barba con agua y jabón para afeitarla es _____.

2 Un distintivo de una clase del ejército es _____.

3 Una persona que camina por la calle es un viandante o _____.

4 _____ significa echar gotas de algún líquido, por ejemplo, agua.

5 La cubierta de un edificio por la que se puede andar se llama _____.

6 Los restos de pan que quedan en la mesa después de comer se llaman _____.

7 En algunas zonas de América Latina los mosquitos se llaman _____.

8 Relativo al rey o magnífico es sinónimo de _____.

9 _____ significa sentir placer con la esperanza de conseguir algo.

– Despierta, Panta –dice Pochita–. Ya son las ocho. Panta, Pantita.
– ¿Las ocho ya? Caramba, qué sueño tengo –bosteza Pantita–. ¿Me cosiste mi **galón**?
– Sí, mi teniente –se cuadra Pochita–. Uy, perdón, mi capitán. Hasta que me acostumbre vas a seguir de teniente, amor. Sí, ya, se ve **regio**. Pero levántate de una vez, ¿tu cita no es a...?
– Las nueve, sí –se **jabona** Pantita–. ¿Dónde nos mandarán, Pocha? Pásame la toalla, por favor. ¿Dónde se te ocurre, chola?
– Aquí, a Lima –contempla el cielo gris, las **azoteas**, los autos, los **transeúntes** Pochita–. Uy, **se me hace agua la boca**: Lima, Lima, Lima.
– No sueñes, Lima nunca, qué esperanza –se mira en el espejo, se anuda la corbata Panta–. Si al menos fuera una ciudad como Trujillo o Tacna, me sentiría feliz.
[...]
– Como nos mandaran de nuevo a Chiclayo –recoge las **migas** en un plato y retira el mantel la señora Leonor–. Después de todo, allá hemos estado tan bien ¿no es cierto? Para mí, lo principal es que no nos alejen mucho de la costa. Anda, hijito, buena suerte, llévate mi bendición.
[...]
– ¿A Iquitos? –deja de **rociar** la camisa y alza la plancha Pochita–. Uy, qué lejos nos mandan, Panta.
[...]
– Y sobre todo qué lejos del mar –suelta la aguja, remacha el hilo y lo corta con los dientes la señora Leonor–. ¿Habrá muchos **zancudos** allá en la selva? Son mi suplicio, ya sabes.

2 Vuelve a leer el fragmento con la conversación entre Pantaleón Pantoja, también conocido como Panta o Pantita, su esposa Pocha y la señora Leonor, su madre, y elige la respuesta correcta.

1 Pantaleón Pantoja _____ despertarse.
   a empieza a
   b acaba de
   c vuelve

2 Pantaleón Pantoja _____.
   a sigue siendo teniente
   b acaba de ser nombrado capitán
   c empieza a ser capitán

3 Pantaleón estaría muy contento, si lo enviaran a _____, pero le parece imposible.
   a Lima
   b Iquitos
   c Trujillo

4 A la señora Leonor le _____ en Chiclayo.
   a gustó dejar de vivir
   b disgustó vivir
   c gustaría volver a vivir

5 Pantaleón Pantoja _____ ir a una reunión muy importante.
   a hay que
   b tiene que
   c suele

6 A la señora Leonor no le _____.
   a gusta la costa
   b gustan los mosquitos
   c gusta coser

3 Transforma el diálogo en una narración en estilo indirecto.

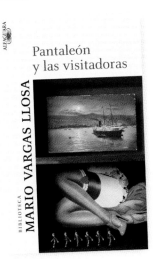

Son las ocho de la mañana y Pochita le dice a Pantaleón que _____ .
Él le pregunta _____ y ella le contesta _____ y le pide otra vez
_____ .

4 En parejas. Pantaleón y su familia (su madre y su mujer) tienen que mudarse a una nueva ciudad. Completad este párrafo con *ser* y *estar* sobre las ciudades de las que hablan los personajes.

Lima y Chiclayo (1) _____ en la costa; Chiclayo (2) _____ más al norte. El clima de Lima (3) _____ templado, a pesar de su situación geográfica, gracias al efecto de la corriente fría de Humboldt. Trujillo (4) _____ a 500 m de altitud sobre el nivel del mar, (5) _____ la capital del departamento de La Libertad y (6) _____ en una región costera desértica, en la costa del Pacífico. Tacna (7) _____ muy cerca de la frontera con Chile; (8) _____ un importante centro comercial y agrícola. La ciudad de Iquitos (9) _____ en plena selva amazónica y su clima (10) _____ tropical.

HABLAR

5 ¿Cómo reacciona cada uno de los personajes al conocer la noticia? ¿Qué crees que piensan? ¿Están contentos? ¿Por qué? ¿Qué piensa tu compañero?

Recuerda que puedes utilizar estas estructuras para dar tu opinión.

> ✓ *Creer*
> ✓ *Parecer*
> ✓ *Pensar*
> ✓ *En mi opinión*
> ✓ *Para mí,*
> ✓ *Desde mi punto de vista*

ESCRIBIR

6 Imagina que eres Pantaleón Pantoja y que, cuando llegas a Iquitos, necesitas buscar una casa para vivir. Decides poner un anuncio explicando el tipo de casa que necesitas.

Ten en cuenta que:
-tienes dos coches y un perro
-te gusta hacer deporte (nadar y jugar al tenis)
-pronto tendrás un hijo
-Iquitos está en la selva y tiene clima tropical

ESCUCHAR

7 Escucha esta entrevista con Esther Muñoz, profesora de la Universidad Nacional Mayor de San Marcos (una de las más antiguas de América, fundada en Lima, en 1551), y especialista en el escritor Mario Vargas Llosa y responde si las siguientes afirmaciones son verdaderas (V) o falsas (F).

1 ☐ Vargas Llosa es casi tan importante como Cortázar, Fuentes y García Márquez.

2 ☐ En 1984 Vargas Llosa ganó el Premio Biblioteca Breve.

3 ☐ Vargas Llosa es miembro de la Real Academia Española desde 1995.

4 ☐ En las novelas de este escritor solo encontramos recursos tradicionales, desde el punto de vista técnico.

5 ☐ En sus obras utiliza, entre otras, estas técnicas narrativas: varias voces o narradores y diálogos breves.

6 ☐ *La ciudad y los perros* es su primera novela.

7 ☐ En *La tía Julia y el escribidor* Vargas Llosa cuenta cómo empezó a escribir novelas.

8 ☐ A Esther Muñoz no le gustó nada el argumento de *Pantaleón y las visitadoras*.

8 ¿Qué historias se cuentan en estas novelas? ¿De qué tratan?

1 *La ciudad y los perros* _____

2 *Pantaleón y las visitadoras* _____

3 *La tía Julia y el escribidor* _____

9 De las novelas de Vargas Llosa, ¿cuál crees que te gustaría más? ¿Por qué? Pregúntale a tu compañero.

10 En parejas. ¿Qué tipo de novelas sueles leer? Pregúntale a tu compañero.

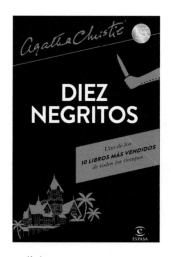

policíaca

romántica

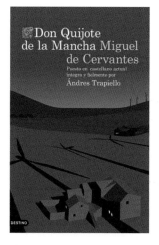

de aventuras

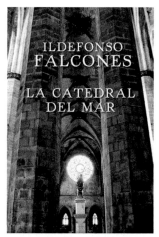

histórica

11 ¿Cuál es el último libro que has leído? ¿Te ha gustado? ¿Por qué? Pregúntale a tu compañero.

▪ *El último libro que he leído ha sido una novela policíaca. Es de un autor escandinavo que se llama...*

● *¿Y qué te ha parecido? ¿Te ha gustado?*

12 Si tuvieras delante a tu escritor favorito, ¿qué harías? ¿Y tu compañero?

	Yo	Mi compañero
Pedirle un autógrafo		
Invitarle a cenar		
Regalarle mi libro favorito		

¿QUÉ SABES HACER?

Señala todas las actividades que ya sabes hacer. Si no recuerdas alguna, vuelve a la unidad de referencia y repásala.

COMPRENSIÓN ESCRITA
¿Qué puedes comprender cuando lees?

☐ Soy capaz de comprender anuncios breves del periódico y buscar información específica (24 y 26).

☐ Entiendo, en líneas generales, textos sobre la biografía de una persona y soy capaz de extraer información específica (25).

☐ Puedo comprender mensajes breves (27).

COMPRENSIÓN AUDITIVA
¿Qué puedes entender...?

☐ Soy capaz de comprender los detalles esenciales de mensajes grabados relacionados con temas que conozco (24).

☐ Comprendo conversaciones sobre temas cotidianos (24).

☐ Soy capaz de entender programas de televisión cuando la articulación es clara y puedo extraer determinada información (25).

☐ Comprendo conversaciones sobre temas de tiempo libre (26).

☐ Puedo entender mensajes grabados en contestadores automáticos y tomar nota de algunos detalles (27).

EXPRESIÓN ORAL
¿Qué puedes expresar?

☐ Soy capaz de describir algo aunque no conozca su nombre (24).

☐ Soy capaz de hacer valoraciones y descripciones, y dar mi opinión sobre temas que me interesan, por ejemplo, la pintura y la arquitectura (25).

☐ Puedo expresar deseos (*me gustaría...*) (26).

☐ Sé formular hipótesis sobre una información dada (26).

☐ Puedo transmitir las palabras dichas por otra persona (27).

INTERACCIÓN ORAL
¿Cómo puedes interactuar con los demás?

☐ Puedo intercambiar información sobre el desarrollo de diferentes actividades (24).

☐ Soy capaz de expresar mi opinión y pedir la opinión a otra persona sobre un tema conocido (25).

☐ Puedo intercambiar información sobre aficiones, gustos y deseos (26).

☐ Soy capaz de mantener conversaciones telefónicas sencillas y de dejar mensajes para otra persona (27).

EXPRESIÓN ESCRITA
¿Qué puedes escribir?

☐ Puedo escribir un anuncio para colocarlo en un tablón, en el que describo lo que busco o necesito (24).

☐ Soy capaz de redactar un final a un texto dado (26).

☐ Soy capaz de escribir una carta breve o correo electrónico para transmitir una serie de mensajes recibidos (27).

☐ Puedo comprender una entrevista breve y transformarla en un pequeño artículo (27).

Soy capaz de utilizar y comprender vocabulario sobre los siguientes temas:

☐ Medios de comunicación: periódicos, revistas, televisión, internet (24).

☐ Pintura y arquitectura (25).

☐ Ocio y tiempo libre (26).

☐ Aficiones e intereses (26).

☐ Deportes (26).

☐ Conversaciones telefónicas (27).

☐ Recetas de cocina (27).

Verbos

MODO INDICATIVO: Presente

Verbos regulares en -AR / -ER / -IR

trabajar	aprender	vivir
trabajo	aprendo	vivo
trabajas	aprendes	vives
trabaja	aprende	vive
trabajamos	aprendemos	vivimos
trabajáis	aprendéis	vivís
trabajan	aprenden	viven

Verbos irregulares de uso frecuente

ser	estar	ir	tener
soy	estoy	voy	tengo
eres	estás	vas	tienes
es	está	va	tiene
somos	estamos	vamos	tenemos
sois	estáis	vais	tenéis
son	están	van	tienen

Verbos irregulares con cambio vocálico

querer e>ie	poder o>ue	pedir e>i
quiero	puedo	pido
quieres	puedes	pides
quiere	puede	pide
queremos	podemos	pedimos
queréis	podéis	pedís
quieren	pueden	piden

Presente continuo

estar + gerundio		
estoy		
estás		jugando
está	+	viendo
estamos		escribiendo
estáis		
están		

Otros verbos irregulares con cambio vocálico:

e>ie: comenzar, divertirse, encender, fregar, mentir, perder, sentarse, sentir, divertirse…

o>ue: contar, doler, encontrar, llover, morir, mostrar, mover, probar, soler, acostarse, volver…

e>i: corregir, despedir, servir, seguir, vestirse…

Verbos irregulares en la 1.ª persona del singular

coger	conocer	dar	hacer	poner	saber	salir	traer
cojo	conozco	doy	hago	pongo	sé	salgo	traigo

Verbos reflexivos

Levantarse

me levanto
te levantas
se levanta
nos levantamos
os levantáis
se levantan

Verbos valorativos

me		
te		
le	+	gusta / encanta
nos		gustan / encantan
os		
les		

Otros verbos reflexivos:

ducharse, lavarse, bañarse, afeitarse, dormirse, acostarse, vestirse, despertarse, peinarse, sentarse, maquillarse

Pretérito indefinido

Verbos regulares en -AR / -ER / -IR		
trabajar	**perder**	**vivir**
trabaj**é**	perd**í**	viv**í**
trabaj**aste**	perd**iste**	viv**iste**
trabaj**ó**	perd**ió**	viv**ió**
trabaj**amos**	perd**imos**	viv**imos**
trabaj**asteis**	perd**isteis**	viv**isteis**
trabaj**aron**	perd**ieron**	viv**ieron**

Verbos irregulares con cambio vocálico			
dormir o>u	**oír ui>y**	**leer e>y**	**pedir e>i**
dorm**í**	o**í**	le**í**	ped**í**
dormiste	oiste	leíste	pediste
d**u**rmió	o**y**ó	le**y**ó	p**i**dió
dormimos	oímos	leímos	pedimos
dormisteis	oisteis	leisteis	pedisteis
d**u**rmieron	o**y**eron	le**y**eron	p**i**dieron

Verbos irregulares de uso frecuente									
estar	**hacer**	**ir / ser**	**poder**	**tener**	**decir**	**venir**	**poner**	**dar**	**querer**
estuve	hice	fui	pude	tuve	dije	vine	puse	di	quise
estuviste	hiciste	fuiste	pudiste	tuviste	dijiste	viniste	pusiste	diste	quisiste
estuvo	hizo	fue	pudo	tuvo	dijo	vino	puso	dio	quiso
estuvimos	hicimos	fuimos	pudimos	tuvimos	dijimos	vinimos	pusimos	dimos	quisimos
estuvisteis	hicisteis	fuisteis	pudisteis	tuvisteis	dijisteis	vinisteis	pusisteis	disteis	quisisteis
estuvieron	hicieron	fueron	pudieron	tuvieron	dijeron	vinieron	pusieron	dieron	quisieron

Pretérito imperfecto

Verbos regulares en -AR / -ER / -IR		
estudiar	**tener**	**vivir**
estudi**aba**	ten**ía**	viv**ía**
estudi**abas**	ten**ías**	viv**ías**
estudi**aba**	ten**ía**	viv**ía**
estudi**ábamos**	ten**íamos**	viv**íamos**
estudi**abais**	ten**íais**	viv**íais**
estudi**aban**	ten**ían**	viv**ían**

Verbos irregulares		
ser	**ver**	**ir**
era	veía	iba
eras	veías	ibas
era	veía	iba
éramos	veíamos	íbamos
erais	veíais	ibais
eran	veían	iban

Pretérito perfecto

presente de *haber* + participio pasado		
he		
has		bajado
ha	+	establecido
hemos		vivido
habéis		
han		

Pretérito pluscuamperfecto

presente de *haber* + participio pasado		
había		
habías		cuidado
había	+	tenido
habíamos		vivido
habíais		
habían		

Participios irregulares	
morir – **muerto**	hacer – **hecho**
poner – **puesto**	romper – **roto**
volver – **vuelto**	decir – **dicho**
abrir – **abierto**	escribir – **escrito**

Futuro imperfecto

Verbos regulares	
-ar / -er / -ir	
trabajar ver escribir	**-é** **-ás** **-á** **-emos** **-éis** **-án**

Futuro inmediato

Presente de *ir* + a + infinitivo		
voy		
vas		empez**ar**
va	+ a +	aprend**er**
vamos		repet**ir**
vais		
van		

Verbos irregulares									
decir	**haber**	**hacer**	**poner**	**poder**	**querer**	**saber**	**salir**	**tener**	**venir**
dir-é	**habr**-é	**har**-é	**pondr**-é	**podr**-é	**querr**-é	**sabr**-é	**saldr**-é	**tendr**-é	**vendr**-é

Condicional simple

Verbos regulares	
-ar / -er / -ir	
llamar ver subir	**-ía** **-ías** **-ía** **-íamos** **-íais** **-ían**

Verbos irregulares			
caber	**decir**	**haber**	**hacer**
cabr-ía	**dir**-ía	**habr**-ía	**har**-ía
poner	**poder**	**querer**	**saber**
pondr-ía	**podr**-ía	**querr**-ía	**sabr**-ía
salir	**tener**	**valer**	**venir**
saldr-ía	**tendr**-ía	**valdr**-ía	**vendr**-ía

MODO SUBJUNTIVO:
Presente

Verbos regulares en -AR / -ER / -IR		
contaminar	**vender**	**consumir**
contamin**e**	vend**a**	consum**a**
contamin**es**	vend**as**	consum**as**
contamin**e**	vend**a**	consum**a**
contamin**emos**	vend**amos**	consum**amos**
contamin**éis**	vend**áis**	consum**áis**
contamin**en**	vend**an**	consum**an**

Verbos irregulares con formas propias		
ser	**ir**	**saber**
sea	vaya	sepa
seas	vayas	sepas
sea	vaya	sepa
seamos	vayamos	sepamos
seáis	vayáis	sepáis
sean	vayan	sepan

Verbos irregulares también irregulares en 1.ª persona de singular en presente de indicativo								
hacer	**tener**	**salir**	**poner**	**decir**	**venir**	**oír**	**conocer**	**producir**
ha**g**a	ten**g**a	sal**g**a	pon**g**a	di**g**a	ven**g**a	oi**g**a	cono**z**ca	produ**z**ca
ha**g**as	ten**g**as	sal**g**as	pon**g**as	di**g**as	ven**g**as	oi**g**as	cono**z**cas	produ**z**cas
ha**g**a	ten**g**a	sal**g**a	pon**g**a	di**g**a	ven**g**a	oi**g**a	cono**z**ca	produ**z**ca
ha**g**amos	ten**g**amos	sal**g**amos	pon**g**amos	di**g**amos	ven**g**amos	oi**g**amos	cono**z**camos	produ**z**camos
ha**g**áis	ten**g**áis	sal**g**áis	pon**g**áis	di**g**áis	ven**g**áis	oi**g**áis	cono**z**cáis	produ**z**cáis
ha**g**an	ten**g**an	sal**g**an	pon**g**an	di**g**an	ven**g**an	oi**g**an	cono**z**can	produ**z**can

Pretérito imperfecto

Verbos regulares en -AR / -ER / -IR		
jugar	**comer**	**vivir**
jugara/jugase	comiera/comiese	viviera/viviese
jugaras/jugases	comieras/comieses	vivieras/vivieses
jugara/jugase	comiera/comiese	viviera/viviese
jugáramos/jugásemos	comiéramos/comiésemos	viviéramos/viviésemos
jugarais/jugaseis	comierais/comieseis	vivierais/vivieseis
jugaran/jugasen	comieran/comiesen	vivieran/viviesen

Pretérito perfecto

Presente de subjuntivo de *haber* + participio pasado		
haya		
hayas		separado
haya	+	comido
hayamos		venido
hayáis		
hayan		

MODO IMPERATIVO

Imperativo afirmativo

Verbos regulares en -AR / -ER / -IR			
	hablar	**leer**	**escribir**
tú	habl-a	le-e	escrib-e
vosotros/-as	habl-ad	le-ed	escrib-id
usted	habl-e	le-a	escrib-a
ustedes	habl-en	le-an	escrib-an

Imperativo negativo

Verbos regulares en -AR / -ER / -IR			
	hablar	**leer**	**escribir**
tú	no habl-es	no le-as	no escrib-as
vosotros/-as	no habl-éis	no le-áis	no escrib-áis
usted	no habl-e	no le-a	no escrib-a
ustedes	no habl-en	no le-an	no escrib-an

Verbos irregulares								
hacer	**tener**	**poner**	**ir**	**decir**	**salir**	**venir**	**ser**	**oír**
haz	ten	pon	ve	di	sal	ven	sé	oye
haced	tened	poned	id	decid	salid	venid	sed	oíd
haga	tenga	ponga	vaya	diga	salga	venga	sea	oiga
hagan	tengan	pongan	vayan	digan	salgan	vengan	sean	oigan

FORMAS NO PERSONALES		
	infinitivo	**gerundio**	**participio**
-ar	terminar	terminando	terminado
-er	beber	bebiendo	tenido
-ir	vivir	viviendo	vivido

PERÍFRASIS VERBALES + gerundio
Transcurso
Estar
Seguir
Continuar
Llevar

PERÍFRASIS VERBALES + infinitivo			
Inicio	**Final**	**Obligación**	**Repetición**
ir a	dejar de	tener que	soler
ponerse a	parar de	deber	volver a
empezar a	terminar de	haber que	
comenzar a	acabar de		
estar a punto de			

Transcripciones

0 ¿Empezamos?

El abecedario español

1

A de avión
Be de barco
Ce de casa
De de dedo
E de España
Efe de foto
Ge de gato
Hache de huevo
I de isla
Jota de jirafa
Ka de koala
Ele de libro
Eme de mano
Ene de nube
Eñe de niño
O de ojo
Pe de pato
Cu de queso
Erre de ratón
Ese de sol
Te de taza
U de uvas
Uve de vaca
Uve doble de waterpolo
Equis de taxi
I griega de yogur
Zeta de zorro

2

1 ge-a-te-o
2 u-uve-a-ese
3 te-a-zeta-a
4 be-a-erre-ce-o
5 hache-u-e-uve-o
6 ene-i-eñe-o

Saludos y despedidas

4

Saludos
Hola
Buenos días
Buenas tardes
Buenas noches
Despedidas
Adiós

Hasta luego
Hasta pronto

Expresiones para la comunicación en clase

5

1 Más despacio, por favor.
2 Más alto, por favor.
3 ¿Cómo se dice *to spell* en español?
4 ¿Qué significa *deletrear*?
5 ¿Cómo se deletrea *huevo*?
6 ¿Cómo se escribe, con be o con uve?
7 No entiendo, ¿puedes repetir, por favor?
8 ¿Cómo? Otra vez, por favor.

1 En la biblioteca

● Empezamos

2

Necesito un ordenador
Hilde: Hola, buenos días. Necesito un ordenador para mandar un *e-mail*.
Ana: Muy bien. ¿Cómo se llama usted?
Hilde: Hilde Oksavik.
Ana: Perdón, ¿cómo se escribe?
Hilde: Hache-i-ele-de-e o-ka-ese-a-uve-i-ka.

Te presento a Ana
Pablo: Birgit, te presento a Ana, una compañera de clase.
Birgit: Hola, ¿qué tal?
Ana: Encantada. ¿Hablas español, Birgit?
Birgit: Un poquito, no mucho.
Ana: ¿Y de dónde eres?
Birgit: Soy alemana, de Berlín.

● Avanzamos

8

1 ■ ¿Cómo te llamas?
　● Me llamo Miguel Sánchez.
　■ ¿De dónde eres?
　● Soy español.
　■ ¿Qué haces?
　● Trabajo en un banco.
2 ■ ¿Cómo se llama?
　● Me llamo Carmen García.
　■ ¿De dónde es?

- Soy argentina.
- ¿Dónde trabaja?
- No, no trabajo; estudio inglés.

3
- ¿Cómo se llama?
- Me llamo Marta Costa.
- ¿De dónde es?
- Soy brasileña.
- Y, ¿qué estudia?
- Estudio español.

11

1 Hola, amigos, me llamo Jean y soy de París. Hablo francés y un poco de español.

2 Me llamo Rocío, soy española, de Sevilla. Hablo español, inglés y alemán.

3 Hola, ¿qué tal? Me llamo Isabel y soy de Brasil, de Río de Janeiro. Hablo portugués y español.

4 Yo soy Michiko, soy japonesa. Estudio en un colegio internacional y hablo japonés, inglés y español.

2 Busco estudiante para compartir piso

● Empezamos

2

Busco piso para una amiga

Fernando: ¿Dígame?

Beatriz: Hola, buenas tardes, llamo por el anuncio del cibercafé. Tengo una amiga extranjera que busca un piso para compartir en Madrid. Ahora vive en Londres y llega el próximo mes para estudiar español.

Fernando: Sí, sí, claro. Tengo una habitación libre.

Beatriz: ¿Dónde está la casa?

Fernando: En la calle Luisa Fernanda, muy cerca de la calle Princesa y del metro de Ventura Rodríguez.

Beatriz: ¿Y cuál es el precio?

Fernando: 400 euros al mes.

En casa de Fernando

Fernando: Mira, esta es la habitación.

Beatriz: No es muy grande, ¿verdad?

Fernando: No, pero es muy tranquila y tiene mucha luz porque da a la calle.

Beatriz: Sí, es verdad. ¿Vives tú solo en la casa?

Fernando: No, somos tres: una chica ecuatoriana que es enfermera, un chico sevillano que es dependiente en una tienda de ropa y yo. Y tu amiga, ¿qué hace?

Beatriz: Es arquitecta, se llama Alice. Es estadounidense.

● Avanzamos

7

Sra. Blanco: ¿Diga?

Tú: Buenas noches, llamo por el anuncio de la habitación.

Sra. Blanco: Sí, sí.

Tú: ¿Dónde está la casa?

Sra. Blanco: En la Cuesta de San Vicente, muy cerca de la estación del Norte.

Tú: ¿Está cerca del metro?

Sra. Blanco: Claro, al lado de la estación de Príncipe Pío. También hay tren de cercanías y autobuses.

Tú: ¿Cuál es el precio?

Sra. Blanco: 450 euros al mes.

Tú: ¿Viven otros estudiantes en la casa?

Sra. Blanco: Sí, una chica de Marruecos y un coreano.

Tú: Me gustaría ver el piso...

10

Policía: Buenos días, señorita. Necesito unos datos para rellenar su ficha. A ver, ¿cómo se llama?

Alice: Alice Moore. El apellido es Moore, con dos oes.

Policía: ¿Cómo se escribe, por favor?, ¿puede repetirlo?

Alice: Sí, claro. M, eme de Madrid, O, O, dos oes, R, E.

Policía: ¿Número de pasaporte?

Alice: 346 891 83.

Policía: Sexo: mujer. Bien, veamos. ¿Su fecha de nacimiento?

Alice: El 9 de julio de 1978, uno nueve siete ocho.

Policía: ¿Y el lugar de nacimiento? ¿Dónde nació?

Alice: En Eugene, Oregón. Eugene se deletrea E-U-G-E-N-E.

Policía: Muy bien, muy bien. Nacionalidad, estadounidense, ¿verdad? ¿A qué se dedica? ¿Cuál es su profesión?

Alice: Soy arquitecta, trabajo en un estudio de arquitectura.

Policía: Arquitecta, de acuerdo. ¿Y dónde vive en España?

Alice: Sí..., mi dirección en Madrid es calle Luisa Fernanda, 5, 3.º B, de Barcelona.

Policía: Un teléfono de contacto, por favor.

Alice: El de mi amiga Beatriz es 643 28 30 47 y el de mi futura casa, 91 254 78 35.

Policía: Muy bien, señorita Moore, eso es todo. Muchas gracias.

3 No vivo lejos de aquí

● Empezamos

1

Mi casa está muy lejos

Paula: Oye, ¿tú vives lejos de la universidad?

Michelle: ¡Uy! Mi casa está muy lejos. Tardo casi una hora en llegar. Tengo que coger dos autobuses y el metro. ¿Y tú?

Paula: No muy lejos, a unos diez minutos andando.

Michelle: ¡Qué suerte!

2

¿Hay un supermercado cerca de aquí?

Lucía: Perdona, ¿hay un supermercado cerca de aquí?

Ernesto: Sí, hay uno en la calle Reina Cristina. Tienes que coger la primera calle a la derecha y continúas recto hasta una plaza, donde está la estación de trenes. Cruzas la plaza y la primera calle a la izquierda, después de una farmacia. No es difícil llegar.

3

En la estación de Goya

Rosa: Por favor, ¿para ir a Metropolitano?

Juan: Sí, tienes que coger la línea 4, en dirección a Pinar de Chamartín hasta Avenida de América. Allí cambias a la línea 6, la Circular, y creo que hay cuatro o cinco estaciones hasta Metropolitano.

Rosa: Vale, gracias.

Avanzamos

7

A ver, a ver, en la mesa que hay al lado del sofá está la lamparita, la lámpara pequeña que enciendo cuando veo la tele.

Bueno, ¿qué más? La planta, sí, la planta está a la derecha del mueble de la tele.

Entre el sofá y el mueble, delante del sofá, está la mesa de centro, en la que como normalmente y dejo las revistas, las gafas... Hay una alfombra debajo de la mesa.

Y, por supuesto, mi sillón favorito, al otro lado del sofá y delante de una ventana, para tener luz suficiente y poder leer.

4 ¿Por qué no vamos los tres?

Empezamos

1

El sábado voy a ir a Toledo

Kioko: Oye, el sábado que viene me dan el coche y voy a ir a Toledo. ¿Por qué no vamos los tres?

Mauro: ¿El sábado? Yo no puedo, voy a ir a Segovia con unos compañeros de la embajada.

Kioko: ¡Qué pena! Y tú, Emma, ¿quieres venir?

Emma: No sé... El sábado por la mañana voy a descansar. No quiero levantarme pronto.

Kioko: Bueno, podemos salir sobre las doce, ¿vale?

¿Qué hora es?

Mauro: Chicas, me voy, son las diez... Adiós.

Tres horas después...

Kioko: Emma, Emma, despierta, ¡vamos!

Emma: ¿Por qué? ¿Qué hora es? Tengo sueño...

Kioko: Muy tarde, es la una menos cuarto, no vamos a llegar nunca.

Emma: No, un poquito más, por favor, Kioko.

5

El contestador de Rosana

Hola, este es el contestador automático de Rosana. Ahora no estoy en casa, pero, si quieres, puedes dejar un mensaje después de la señal. Gracias.

Mauro: Rosana, soy Mauro. Mañana no puedo ir a clase de tenis porque voy a ayudar en la fiesta de la embajada. Lo siento. Creo que Emma y Kioko sí pueden ir. Hablamos, ¿vale?

Emma: Hola Rosana, soy Emma. Mira, son las cinco y tengo

entradas para el concierto de esta noche en el auditorio, ¿vamos? Si puedes ir, llámame antes de las siete. Ciao.

Avanzamos

10

Carmen: ¿Por qué no vamos a Bilbao un día de esta semana? Hay una exposición extraordinaria en el Guggenheim, yo puedo a finales de semana, el jueves o el viernes. Y tú, ¿cuándo puedes ir, Carlos?

Carlos: El lunes no puedo, porque tengo inglés a las tres y el martes voy al hospital a las cuatro menos cuarto. Si quieres, el jueves está bien. ¿Tú puedes, María?

María: El jueves..., no, lo siento. Voy a la biblioteca todo el día, el miércoles por la mañana, al banco, y el martes..., el martes voy también al hospital, a eso de las tres.

Carmen: Entonces, los tres podemos el viernes, ¿no?

5 Un día de mi vida

Empezamos

3

¿Qué estás viendo?

Olga: ¡Hola Irene!, ¿qué estás viendo?

Irene: Un partido amistoso entre España y Suecia. Están jugando muy bien...

Olga: ¿Y Richard?

Irene: Está hablando por teléfono con su novia, en su habitación, ¡lleva tres cuartos de hora!

Olga: ¡Oh, Dios mío! Hoy no cenamos antes de las once.

Avanzamos

7

A las nueve menos cinco, Pablo se despierta. Su despertador está sonando. Tiene sueño, pero es hora de levantarse. A las diez está cogiendo un autobús, cerca de su casa. A las once menos veinte, está llegando al Museo de Arte Contemporáneo. A las once menos diez, está cambiándose de ropa. Desde las once hasta las siete de la tarde está moviéndose sin parar, andando, recorriendo las salas... ¿Sabes ya a qué se dedica Pablo?

6 Me gusta estar en familia

Empezamos

2

¡Hola! Esta es una foto de mi familia, en nuestra casa de Segovia, durante las vacaciones de Semana Santa. Podéis ver a mis padres; a mi hermano y a su mujer; a mis sobrinos, a mi marido y a mis dos hijos.

Mirad, yo soy Raquel. Estoy de pie, a la izquierda, y a mi lado está mi marido, se llama Paco.

Delante de mi marido está mi hermano, que también se llama Paco. A su lado está Blanca María, su mujer.

En el centro de la foto están mis sobrinos, Irene y Raúl, que tienen, respectivamente, dieciocho y veintiún años.

A la derecha de la foto, sentados, están mis padres. Mi madre se llama Lina y mi padre Paco, como mi marido. Sí, es que en España es un nombre muy frecuente. En realidad, se llama Francisco, pero lo llamamos Paco. A la izquierda de mi padre, está Daniel, mi hijo, que tiene 3 años.

Bueno, y ya estamos todos. ¡Ah, no! Mi madre tiene en brazos a Raúl, que solo tiene 6 meses. Ahora sí estamos todos.

Avanzamos

5

Entrevistador: ¡Hola, buenos días! Estamos haciendo una encuesta sobre los gustos de los jóvenes. ¿Tienes un momento?

Rubén: Sí, bueno, cinco minutos, tengo un poco de prisa.

Entrevistador: Vale, muy rápido. Primero, ¿qué tipo de coche te gusta?

Rubén: Me gustan los carros pequeños, no gastan mucho y puedes estacionar bien. ¡Vivo en la ciudad de Caracas!

Entrevistador: Y la música, ¿qué te gusta más?

Rubén: Me encanta Eric Clapton, el guitarrista, y también me gusta mucho la música de El Canto del Loco. También me gustan los cantautores, como Erykah Badú o Jorge Drexler.

Entrevistador: Por último, ¿prefieres el campo o la ciudad para vivir?

Rubén: Me gusta pasar los fines de semana en el campo, pero prefiero vivir en la ciudad. Creo que, en el fondo, me gustan los atascos y la gente.

Entrevistador: Gracias por contestar. Es todo.

7 Toda una vida

Avanzamos

10

Tony es piloto de una compañía aérea italiana. Le encanta su trabajo. Ayer Tony voló a Roma desde Helsinki, Finlandia. Se levantó a las siete, se duchó y se afeitó. A las ocho menos cuarto desayunó y salió de casa. Llegó al aeropuerto y subió al avión. Se sentó a los mandos y observó el cielo limpio y claro desde la cabina. A mediodía llegó a Roma. Por la tarde, descansó un rato y, por la noche, cenó en una pizzería cerca de su casa, con unos amigos. A las once y cuarto, se acostó porque estaba muy, muy cansado.

Repaso 4–7

2

Sí, bueno, nací en la ciudad de Rosario, en mi querida Argentina, en 1955. Mis padres me enseñaron el amor por el arte y la literatura, desde bien chica. Con diez años, en 1965, empecé a

estudiar música con un profesor particular, el señor Arconada, no puedo olvidar su nombre. Dos años más tarde, mi padre encontró un trabajo mejor en Buenos Aires y todos nos cambiamos allá. Con solo catorce años, gané el Concurso infantil de cuentos de mi escuela, fue una gran satisfacción para mí y para mi familia. En 1975, cuando estudiaba en la Facultad de Filosofía y Letras, en Buenos Aires, conocí al amor de mi vida, a Daniel. Recuerdo que fue un amor a primera vista, nos enamoramos rápidamente y durante siete años vivimos un noviazgo muy feliz. Entonces, en el verano de 1982, el 30 de julio, nos casamos en París, "la ciudad más romántica del mundo", sin duda. Nuestro primer hijo, Daniel, nació en Argentina cinco años después, en 1987. Yo tenía 32 años.

Todavía tardé tres años más en conseguir mi primer gran éxito, que llegó con mi novela *La extraña realidad*. En 1994, nacieron mis gemelas, Paulina y Valeria. Cinco años más tarde, durante la primavera del 99, nos trasladamos a Estados Unidos. Vivimos allá seis años, en Nueva York, pero añorábamos Argentina y volvimos de nuevo en el año 2005. Dos años más tarde, en el año 2007 llegó el reconocimiento internacional, cuando Hollywood llevó al cine mi novela *La extraña realidad*. La vida de mi familia y la mía cambió por completo a partir de ese momento.

8 ¿Y qué tal fue el viaje?

Empezamos

2

¿Qué hiciste el fin de semana pasado?

▪ Oye, ¿qué tal el fin de semana pasado?

● Fenomenal, viajamos por una parte de Andalucía. El viernes estuvimos en Granada y el sábado por la noche fuimos a Sevilla.

▪ ¿Y qué te gustó más?

● A mí me encantó Granada. Creo que La Alhambra es el monumento más espectacular de España. Nos quedamos en los jardines casi dos horas y luego paseamos por el Albaicín, el barrio más famoso.

▪ ¿Y qué tal el tiempo?

● Tuvimos mucha suerte porque no hizo demasiado calor.

El mejor viaje de mi vida

▪ ¿Cuál es el mejor viaje de tu vida, Armando?

● ¿El mejor viaje de mi vida? El que hice a Viena en 2005.

▪ Sí, Viena es una ciudad muy bonita, ¿verdad?

● Sí, pero lo más importante es que allí conocí a Silvia, en el viaje que organizaron a Bratislava. Empezamos a salir y, ¡mira!, nos casamos el verano pasado.

9 Ropa de invierno y ropa de verano

● Empezamos

1 🎧 25

Mi maleta no aparece

- ■ Vas muy rápido, Esther, ¿qué pasa?
- ● Voy al mostrador de "Reclamación de equipajes", mi maleta no aparece, no está en la cinta. Seguro que ya está en Nueva York o en Pekín...
- ■ ¡Qué mala suerte!
- ● Sí, toda mi ropa está dentro y mi abrigo... Y aquí hace mucho frío. Están en invierno, no como en Buenos Aires.
- ■ Bueno, pues vamos a buscar la maleta.

En el mostrador de "Reclamación de equipajes"

- ■ Mire, aquí solo tenemos estas maletas pequeñas verdes y ese bolso rojo.
- ● No, no, mi maleta es muy grande, azul y llena de pegatinas.
- ■ Lo siento, tiene que rellenar esta hoja de reclamación.
- ● Sí, y mientras aparece mi maleta, ¿qué ropa me pongo yo?

● Avanzamos

11 🎧 26

Ana: ¡Mira qué sol, Héctor! ¡Qué buen tiempo! No hay ni una nube en el cielo. Podemos bajar a la playa y tomar el sol.

Héctor: Sí, ¡tenemos mucha suerte con el tiempo! Muy cerca de aquí, en la República Dominicana, hay tormenta y, en cambio, aquí el cielo está muy despejado.

Ana: Bueno, en Centroamérica también está muy soleado, como aquí.

10 ¿A qué hora te has levantado hoy?

● Avanzamos

10 🎧 27

1. ■ ¡Qué raro! Son las siete y cuarto y María no ha llegado todavía.
   - ● Siento llegar tarde, chicas, es que el metro se ha parado quince minutos en Ramblas. ¿Ya habéis comprado las entradas?
   - ■ Sí, las tiene Mónica. Anda, vamos a tomar algo.
2. ■ Tony, ¿y tú has estado alguna vez en Japón?
   - ● No, no he estado nunca. ¿Y tú?
   - ■ Sí, tres veces, por motivos de trabajo. La primera vez fui hace cuatro años y el año pasado estuve dos veces, en primavera y en otoño.
3. ■ ¡Qué cara de sueño tienes! ¿A qué hora te has levantado esta mañana, Alberto?
   - ● A las cinco y media. Últimamente he dormido muy poco y estoy cansadísimo. Esta semana, en total, creo que he dormido solo unas treinta horas.
   - ■ Ya veo, ya.

11 Tienes que cuidarte

● Empezamos

1 🎧 28

No tienes buena cara. ¿Qué te pasa?

- ■ Oye, no tienes buena cara. ¿Qué te pasa?
- ● No sé, últimamente no me encuentro muy bien. Me duele todo el cuerpo, estoy siempre cansada...
- ■ ¿Y por qué no vas al médico, Susana? Tienes que cuidarte.
- ● Es que no tengo tiempo, estoy muy ocupada...
- ■ Sí, pero la salud es lo primero, tienes que ir al médico.

Llamo para pedir cita

- ■ Clínica del Mar, buenos días.
- ● Buenos días. Llamo para pedir cita con el doctor Zamorano ¿Puede ser el lunes?
- ■ Sí, el lunes a las cinco. ¿Cómo se llama?
- ● Susana Aguirre.

2 y 3 🎧 29

- ■ Buenos días. ¿Qué le ocurre?
- ● No sé qué tengo... pero siempre estoy agotada y a menudo tengo dolor de espalda, dolor de cabeza... Me duele todo.
- ■ ¿Tiene usted mucho estrés?
- ● Bueno, últimamente sí.
- ■ Hay que tomarse las cosas con calma. El estrés es muy perjudicial para la salud. Tiene que trabajar menos y estar más tranquila
- ● Sí, sí. Lo sé.
- ■ Le vamos a hacer un análisis de sangre. Puede tener un poco de anemia.
- ● De acuerdo, muchas gracias, doctor.

● Avanzamos

9 🎧 30

1. ■ Veamos, ¿qué le pasa?
   - ● Pues verá, últimamente me duele mucho la cabeza, noto la nariz siempre congestionada y me acatarro con facilidad. Cuando salgo a la calle y me da el sol, siento un pinchazo muy fuerte, aquí, entre las cejas, sobre la nariz, ¿puede ser sinusitis?
2. ■ Cuénteme, ¿qué le pasa?
   - ● Verá doctor, desde hace un par de meses me canso mucho y parece que el corazón va demasiado rápido. La verdad es que estoy un poco nervioso...
3. ■ A ver, ¿en qué puedo ayudarla?
   - ● Es la rodilla. Creo que tengo algo. Siento que me falla, la noto sin fuerzas, a veces corro para coger el autobús y estoy a punto de caerme. No sé...

12 Antes todo era diferente

Avanzamos

9 31

De pequeña tenía una habitación amarilla. Había dos camas. Yo dormía en la de la derecha y mi hermano en la de la izquierda. Tenía muchas muñecas en una estantería y un oso muy grande.

Ampliamos

12 32

Tradiciones navideñas: el día de los Reyes Magos.

Muchos países y pueblos han mantenido las tradiciones de Navidad a través del tiempo. Las costumbres navideñas forman parte de nosotros y, por tanto, de nuestra cultura. En España, por ejemplo, el 6 de enero se celebra el día de los Reyes Magos. Los Reyes Magos de Oriente, Melchor, Gaspar y Baltasar, traen regalos y juguetes a los niños en la noche del 5 al 6. Ese día de Reyes trae recuerdos muy entrañables, no solo en España.

Para mí, el día de los Reyes Magos era muy feliz. Durante todo el año, esperaba con ilusión los juguetes que me traían los Magos de Oriente. A veces no era lo que yo pedía, pero siempre tenía regalos. Recuerdo que siempre dejaba a los Reyes dulces navideños y un poquito de anís, ¡seguro que estaban cansados!, y me acostaba pronto. Estaba nerviosa y casi no podía dormir. Por la mañana, me levantaba muy temprano para ver mis regalos. ¡Nunca olvidaré la ilusión que sentía al ver las cajas y los paquetes!

Aunque en Perú solemos dar los regalos el día de Navidad, en algunas regiones, el 6 de enero se celebra la Bajada de Reyes. Mi familia se reunía todos los años en casa de mis abuelitos y cada uno ayudábamos a guardar las figuritas del Nacimiento. Los niños, de uno en uno, bajábamos las figuras y las guardábamos en una caja. Mi abuelito siempre ponía algunos papeles con premios escondidos debajo de las figuras: golosinas, juguetes, etcétera. Después, comíamos y bailábamos juntos. Era muy divertido.

13 Apaguen sus móviles, por favor

Empezamos

3 33

Ring, ring...

- Información Telefónica, buenos días. ¿En qué puedo ayudarle?
- Buenos días, quería el teléfono del restaurante San Marco, en la calle Betis, en Sevilla.
- Un momento, por favor. Tome nota.
- El teléfono solicitado es: 954 280 310.

Avanzamos

8 34

Teléfono fijo

1. ■ ¡Hola!, ¿está Lola?
   ● ¿Lola? No, aquí no hay ninguna Lola.
   ■ ¡Vaya! Lo siento.
2. *(Tono de llamada)*
   ¿Dónde estarán estos chicos?
3. *(Sonido de teléfono comunicando)*
   ¡Siempre ocupado!
4. *(Tono de llamada)*
   ■ ¡Hola!, has llamado al 96 346...
   ■ Otra vez igual, siempre tengo que hablar con el contestador.
5. *(Sonido de alguien marcando un número)*
   ¡Qué raro! Marco y no da ninguna señal, creo que está roto.

Teléfono móvil

1. *(Sonido de recepción de un mensaje)*
   ■ ¡Hombre!, un mensaje nuevo, debe de ser mi hermana.
2. Javier, oye, oye, esto se va a cortar, me estoy quedando sin batería.
3. 655 437 439. No está disponible. Deje su mensaje.
4. ORANGE información gratuita. Ha sido imposible establecer la conexión. El teléfono móvil solicitado está apagado o fuera de cobertura.
5. ■ ¡Oye!, ¿puedo usar tu móvil un momento?
   ● Verás, es que no tengo saldo.
   ■ Pues a ver si recargas pronto, ¿no?

14 Y entonces le conté mis recuerdos

Avanzamos

6 35

1. Raquel y Paco se conocían desde hacía muchos años. Se veían de vez en cuando, en fiestas y cumpleaños de amigos comunes; solo eran amigos. Pero un día, de repente, como en una película de amor...
2. Jaime trabajaba en una compañía de importación de coches y Sayako también, era la traductora de japonés. A Jaime le interesaba mucho Japón y su cultura y, por eso, un día...
3. María trabajaba de camarera en un bar del centro. Klaus estudiaba español en una academia de español para extranjeros; todas las mañanas desayunaba en ese bar y hablaba con María, hasta que un día, por fin, Klaus...

7 36

1. María trabajaba de camarera en un bar del centro. Klaus estudiaba español en una academia de español para extranjeros;

todas las mañanas desayunaba en ese bar y hablaba con María, hasta que un día, por fin, Klaus la invitó al cine.

2 Raquel y Paco se conocían desde hacía muchos años. Se veían de vez en cuando, en fiestas y cumpleaños de amigos comunes; solo eran amigos. Pero un día, de repente, como en una película de amor, sintieron que eran más que amigos.

3 Jaime trabajaba en una compañía de importación de coches y Sayako también, era la traductora de japonés. A Jaime le interesaba mucho Japón y su cultura y, por eso, un día decidió a hablar con ella sobre su país.

15 ¿Qué nos traerá el futuro?

Empezamos

1

¿Y cómo lo reconocerás?

Carlos: ¡Hola, Laura!, ¿has llamado ya al chico del intercambio de inglés?

Laura: Sí, ayer hablé con él. Nos veremos el viernes, delante del Museo de Arte.

Carlos: ¿Y cómo lo reconocerás si nunca lo has visto?

Laura: Bueno, me ha dicho que es rubio, alto y con ojos azules. Tiene gafas y lleva un pendiente. Además, ese día llevará un abrigo azul y una bufanda verde.

Carlos: Mira, parece una cita a ciegas de una película romántica.

Laura: ¡Qué gracioso, Carlos! A mí no me parece tan divertido.

Carlos: Bueno, en serio, si Ronald conoce gente interesada en otro intercambio, dímelo. A mí también me gustaría mejorar mi inglés.

Laura: Sí, en ese caso, le daré tu número de teléfono y una foto tuya, ¿vale?

Avanzamos

4

A – Terminarás tus estudios universitarios y te graduarás con muy buenas notas.

– Llegarás a ser directora de Recursos Humanos de una importante empresa de importación y exportación.

– Viajarás mucho a Hispanoamérica, donde tu empresa tendrá muchas inversiones.

B – Dejarás tu trabajo como jefa de Pediatría en un hospital de tu ciudad.

– Entrarás en una organización de las que ayuden en países pobres.

– Viajarás al continente africano, donde trabajarás como voluntaria en un centro de salud para niños enfermos.

C – Estudiarás español y aprobarás el examen oficial con muy buena nota.

– Después de unos años, te casarás con tu profesora de español y vivirás en Madrid.

– Tendrás tres niños muy guapos que hablarán perfectamente inglés y español.

16 Nos vamos de fiesta

Empezamos

1

¿Dónde has estado?

Laura: ¡Cuánto tiempo sin veros!, ¿no?

Sonia: Sí, sí, hace bastante que no venimos por aquí...

Manuel: Es que hemos estado fuera... Este fin de semana hemos ido a Valencia, a las Fallas.

Laura: ¿Ah, sí? ¿Y qué tal?

Sonia: Muy bien. Fenomenal.

Manuel: Nos quedamos en casa de Luis y nos llevó a ver la "cremá" de las Fallas. Impresiona mucho ver cómo arden esas figuras tan grandes.

Sonia: Para mí, hay demasiado ruido. Lo mejor es que también se puede ir a la playa, comer paella..., eso sí me gusta.

Laura: Pues a mí me encantan las Fallas y siempre que puedo voy... Por cierto, ¿sabes que en febrero estuve en Cádiz?

Sonia: ¿En Carnaval?

Laura: Sí, y me lo pasé fenomenal. Todo el mundo se disfraza, es divertidísimo. Hay un montón de gente, y también se puede ir a la playa, pero nosotros no nos bañamos.

Manuel: Oye, ¿por qué no os venís a Sevilla? Estamos pensando en ir a la Feria de Abril.

Laura: Mmmm... Es que... el flamenco no me va mucho... ni sé bailar sevillanas... No sé, podemos pensar algo para este verano. Yo todos los años voy a Buñol, en Valencia también, es genial, lanzar tomates relaja muchísimo.

Manuel: Sí, sí... yo quiero probar.

Sonia: Yo también, yo también.

Laura: Pues nada, este año todos a Buñol.

Avanzamos

6

Las fiestas de San Fermín se celebran del 6 al 14 de julio en Pamplona, ciudad situada en la Comunidad de Navarra, desde hace más de 400 años. A pesar del trasfondo religioso que tiene la fiesta, reflejado en procesiones y misas, el acto con más personalidad es el encierro, es decir, la carrera de los jóvenes o mozos pamploneses delante de los toros, a lo largo de unos 800 metros, por las calles de la ciudad, y que dura dos o tres minutos, si todo va bien. Para participar no hay que inscribirse en ningún sitio, solo vestirse de blanco, con un pañuelo rojo en el cuello, y ser muy, muy valiente. Si no quieres jugarte la vida y poner tu vida en peligro, el mejor sitio para ver el encierro es la televisión, sentado en el sillón de tu casa: puedes ver todo el recorrido y, además, ¡es en directo!

17 Vamos a recordar el pasado

Empezamos

4

Su nombre completo es Alejandro Sánchez Pizarro y nació en Madrid el 18 de diciembre de 1968. Su primer juguete fue uno de piezas pequeñas para construir castillos. A los siete años, sus padres le regalaron una guitarra.

Cuando Alejandro empezó a ganar dinero, compró un coche de lujo a su padre y montó una peluquería para su madre.

Siente pasión por la lectura -entre sus autores favoritos están Gustavo Adolfo Bécquer, Pablo Neruda y Gabriel García Márquez y sus ciudades españolas favoritas son Madrid y Sevilla.

Alejandro se casó en el año 2000 con la modelo mexicana Jaydy Mitchel y al año siguiente nació su hija Manuela. Él y su mujer declararon entonces: "Manuela es lo mejor que nos ha pasado en la vida". En 2005, cinco años después, se separaron.

Alejandro Sanz ha conseguido vender más de veintiún millones de discos a lo largo de su carrera y ha superado la marca de "Número 1" en ventas de discos, en manos de Julio Iglesias. Sin duda, Alejandro Sanz es el cantante español no solo de los 90, sino también del siglo XXI.

Avanzamos

11

Sara: Ayer escuché en la radio una entrevista a Joaquín Cortés sobre su último viaje a Japón.

Pedro: ¿Ah, sí?, ¿y qué contó? A mí me encantaría visitar Japón.

Sara: Bueno, dijo que él ya ha estado muchas veces, pero que esta última ha sido especial porque ha ido invitado por el Instituto Cervantes de Tokio.

Pedro: ¿Y solo estuvo en Tokio?

Sara: No, no, actuó en dos ciudades más. Primero, en Osaka; luego, en Kioto; y el último lugar, sí, fue Tokio.

Pedro: ¿Pero no hizo nada de turismo?

Sara: Bueno, contó que no tuvo mucho tiempo, aunque pudo visitar algunos templos de Kioto, donde la gente que lo reconoció se fotografió con él. ¿Sabes? En el tren bala que lo llevó de Kioto a Tokio concedió una entrevista para la televisión japonesa.

Pedro: Ya veo que no perdió ni un momento, ¿eh?

Sara: Ya conoces la expresión: "El tiempo es oro". Joaquín Cortés contó que, en Tokio, probó el mejor sushi del mundo, ¡ah! y que volvió a visitar el Palacio Imperial.

Pedro: Ya, no me digas que lo recibió el emperador...

Sara: ¿Tú qué crees?

18 Recordar el pasado: los viajes

Avanzamos

8

1 Ya me lo habían dicho, pero no podía creerlo, ¡en París un café te cuesta 3 o 4 euros, sí, sí, en serio!

2 ¡Menos mal que cuando regresé a Barcelona ya había terminado la huelga en los aeropuertos!

3 En nuestro último viaje a Grecia, todavía no habían terminado las obras del nuevo aeropuerto de Atenas, así que tuvimos que despegar desde el antiguo.

Avanzamos

9

Paco: Bueno, la verdad es que nuestras vacaciones han cambiado mucho en los últimos años. Ahora tenemos dos niños pequeños, Daniel, de cinco años, y Raúl, de tres. Creo que eso lo explica todo, ¿no?

Raquel: Antes viajábamos a menudo al extranjero, sobre todo en verano. Podíamos organizar viajes largos fuera de España, como el de Florida, que duró tres semanas, o el de Australia, en el verano de 2002, que duró un mes entero.

Paco: No teníamos compromisos familiares, así que la duración del viaje no resultaba un problema para nosotros.

Raquel: Ahora, en cambio, si queremos salir, tenemos que contar con la ayuda de mi madre y de Pura. Las dos nos ayudan un montón con los niños.

Paco: Pero mira, las Navidades, por ejemplo. Ahora son más especiales, más emotivas. Con niños pequeños las vives de una manera más familiar, no sé, con más ilusión. A mí antes no me gustaban y ahora, en cambio...

Raquel: Sí, antes eran solo vacaciones. Los niños les dan un sentido más humano, ¿verdad?

Paco: Piensa también en los fines de semana. ¿Cómo han cambiado?

Raquel: Pues ahora son mucho más activos, sí, normalmente antes nos quedábamos en casa, leíamos, escuchábamos música y dormíamos unas siestas... ¿Te acuerdas de las siestas, Paco?

Paco: Claro que me acuerdo, ya, ya... pero olvídate de las siestas, que los peques no duermen. Mira la parte positiva: ahora tenemos más actividad que el resto de la semana: cines, cumpleaños, parques, museos...

Raquel: Sí, sí, más actividad, desde luego, eso está clarísimo.

19 ¡Ojalá cuidemos nuestro planeta!

Avanzamos

9

Entrevistadora: Buenas tardes y bienvenidos a nuestro espacio diario sobre ecología. Hoy nos acompaña Juan Álvarez, representante del partido ecologista *Por una tierra verde*. Sr. Álvarez, bienvenido, ¿cree usted que los ciudadanos somos conscientes de que los recursos naturales pueden llegar a agotarse en un futuro no muy lejano?

Juan: Hola, buenas tardes, gracias por invitarme a su programa. Para responder a su pregunta, le voy a poner el ejemplo del petróleo. Durante siglos, el hombre ha explotado este recurso natural y ha llegado casi a agotarlo. ¿Nos preguntamos alguna vez si dentro de 500 años nos quedará petróleo con el actual ritmo de consumo? Yo creo que no somos muy conscientes.

Entrevistadora: ¿Y del problema de la contaminación que provocan estas energías? ¿qué tiene que decir?

Juan: Verá, esa es otra cuestión fundamental. El humo procedente de la quema de carburantes es un buen ejemplo de peligro real para nuestro medio ambiente. Sería deseable potenciar el desarrollo de las energías renovables, y esto es algo por lo que todos, ciudadanos y políticos, tenemos que preocuparnos.

Entrevistadora: Sí, todos compartimos, además, que uno de los principales problemas ambientales de muchos países, hoy en día, es la energía.

Juan: Por supuesto, por eso es tan importante invertir en el desarrollo de esas energías renovables, tomar medidas concretas. Fíjese, una de las urgencias medioambientales es el cambio climático. Greenpeace, por ejemplo, propone aprovechar el calor del sol para combatir esta realidad que es el cambio climático. La energía solar térmica puede proporcionar grandes cantidades de electricidad en países soleados como España y alcanzar el 5 % de toda la demanda eléctrica mundial en menos de 40 años. Estas cuestiones sí son importantes de verdad, todos debemos ser conscientes de ello.

● Ampliamos

11

Las energías renovables: el futuro del medio ambiente

Debemos apostar por las energías renovables porque son las únicas capaces de evitar el constante y rápido deterioro de nuestro medio ambiente.

En el viento, en el Sol o en la fuerza del agua es posible encontrar los sustitutos adecuados para esas otras fuentes de energía con las que el hombre ha ido contaminando y destruyendo nuestros ecosistemas. Además, muchos de los recursos naturales de los que proceden esas fuentes de energía han sido tan explotados que se han agotado o están a punto de hacerlo.

Por todo ello, todos los gobiernos confían en las energías renovables y esperan que su desarrollo ayude a frenar fenómenos naturales con tantas repercusiones negativas sobre nuestro planeta y nuestras vidas como es, por ejemplo, el cambio climático.

"¡Ojalá los países inviertan cada vez más en energías renovables y se den cuenta de su necesidad!", ha dicho recientemente en Barcelona el portavoz de la organización Greenpeace. Y ese es el camino que debemos seguir.

Queremos una naturaleza no contaminada, queremos que esté limpia, para nosotros y para los futuros habitantes de esta tierra. No queremos que los ríos y los mares aparezcan llenos de basuras y de restos industriales. Esperamos, sin duda, que vosotros, los jóvenes, los españoles y los de todo el mundo, comprendáis la importancia de estas fuentes de energía inagotables y que aprendáis a valorarlas y a usarlas racionalmente.

● Escuchar

5

Entrevistador: ¿Es la primera vez que visitas Argentina?

Sonia: Sí, y la primera vez que estoy en el hemisferio sur... Ha sido realmente impactante.

Entrevistador: ¿Por qué? ¿Qué es lo que más te ha llamado la atención?

Sonia: En primer lugar, el cambio de estación. Aquí es primavera. Y, aparte de eso, lo grande que es Argentina. Nosotros estuvimos diez días, cogimos varios aviones para movernos por el país, y aun así, tengo la sensación de que no vimos casi nada... Espero volver pronto para visitar más sitios.

Entrevistador: ¿Fuiste con un viaje organizado o por tu cuenta?

Sonia: Las dos cosas. Estuvimos diez días, como te he dicho antes. Llegamos a Buenos Aires y al día siguiente empezamos un circuito, de norte a sur del país, con un grupo de 20 personas, primero fuimos a Iguazú y después al sur, a la Patagonia, y terminamos en Buenos Aires, donde estuvimos cuatro días, ya por nuestra cuenta. Nos quedamos en un hotel céntrico, muy cerca de la Plaza de Mayo.

Entrevistador: ¿Qué tal en Iguazú?

Sonia: Las cataratas son espectaculares, tienen hasta 70 u 80 metros de altura, y hay más de 200 saltos a lo largo de casi tres kilómetros. Luego está la vegetación, exuberante es la palabra: 2 000 especies de plantas, árboles gigantes, helechos, lianas, orquídeas; y 400 tipos de aves: loros, colibríes, tucanes... Nosotros hicimos un recorrido por el parque, vimos la Garganta del Diablo, que es el salto más importante...

Entrevistador: ¿Es verdad que se pueden ver muchos arcoíris al mismo tiempo?

Sonia: Sí, sí, totalmente. La fuerza del agua es tal que al caer provoca una densa nube de vapor y ahí se forman los arcoíris.

Entrevistador: ¿Y Buenos Aires?

Sonia: Buenos Aires es una ciudad muy activa, con mucha vida, y muy elegante. Heterogénea, con zonas muy europeas y con una gran oferta cultural y comercial. Una noche fuimos al Teatro Colón, a la ópera, y fue maravilloso. Y ¿cómo no? también nos apuntamos a un espectáculo de tango en El Viejo Almacén, que es un local muy famoso.

Entrevistador: ¿Se ve claramente la influencia de la inmigración europea?

Sonia: Sí y, además, no hay muchos indígenas. Bueno, depende un poco de la zona, supongo. Hay muchos apellidos italianos y alemanes... La gente es muy amable en todas partes. Y la forma de hablar es muy especial: todo el mundo utiliza la forma *vos* en vez de *tú*, y dice, por ejemplo, *Vos tenés un acento que no es de acá*. También hay muchas palabras que son diferentes... ¿Sabes qué es un *colectivo*?

Entrevistador: Mmmm...

Sonia: ¿No?, pues un autobús. La piscina es la *pileta*; la falda... no me acuerdo, pero también había otra palabra.

Entrevistador: ¿También fuisteis a Córdoba...?

20 Aprender lenguas

Avanzamos

5

En nuestros días, es fundamental dominar el arte de la comunicación. Debemos saber lo que se puede y no se puede hacer para intervenir con éxito en una conversación.

En el programa de hoy te enseñaremos cómo no descubrir tus sentimientos y emociones ante tu interlocutor. Tus movimientos hablan por ti. No lo olvides.

- No sonrías exageradamente, puede parecer fingido y poco natural.
- No cambies constantemente de postura, parece que estás cansado, nervioso o aburrido.
- No mires constantemente el reloj. Es síntoma de aburrimiento. Si quieres saber la hora, mira otro reloj disimuladamente, no el tuyo.
- No hables con las manos metidas en los bolsillos. Esto demuestra mala educación o indiferencia.
- No toques o des golpecitos en la espalda o en el hombro a personas que te acaban de presentar. Hay algunas personas que se sienten molestas si les tocan.

21 Yo, en tu lugar, trabajaría en el extranjero

Avanzamos

7

Entrevistadora: Buenas tardes y bienvenidos a nuestro espacio semanal sobre el mundo del trabajo. En la entrevista de hoy, dedicada a las profesiones con futuro, contaremos con Enrique Díaz, sociólogo y director de Recursos Humanos de la empresa de trabajo temporal *Ahora sí*. Don Enrique, para empezar, señale a nuestros oyentes las dos profesiones que, en su opinión, tienen más futuro hoy en día.

Sociólogo: Hola, Julia, buenas tardes, gracias por invitarme a su programa. Le voy a responder a su pregunta de una manera muy directa: el medio ambiente y el turismo.

Entrevistadora: Medio ambiente y turismo, me sorprende su respuesta. ¿Por qué son profesiones con mucho futuro?

Sociólogo: Es evidente que la preocupación por la conservación de la naturaleza, provocada por los efectos adversos del cambio climático, ha disparado la demanda de profesionales del sector medioambiental. Por otro lado, la gestión del tiempo libre y del ocio y, en concreto, del sector turístico, es una puerta siempre abierta para la incorporación de profesionales de diferentes sectores laborales. Los expertos en turismo harán nuestra vida más agradable, incluso si decidimos pasar nuestras vacaciones en el espacio.

Entrevistadora: Bueno, lo del espacio aún no está al alcance de todos... Estos últimos días, en los medios de comunicación, han aparecido diversas noticias relacionadas con las graves consecuencias del estrés y la presión laboral sobre los trabajadores. En este sentido, ¿hay alguna profesión con buenas salidas laborales?

Sociólogo: Así es, mi querida Julia: la Psicología. Los psicólogos, además, son una pieza clave a la hora de asesorar a la empresa sobre la persona más adecuada para un determinado puesto. Queridos jóvenes, les recomiendo que no duden a la hora de estudiar Psicología, es una profesión con salida laboral asegurada.

22 ¿Dónde estarán ahora?

Avanzamos

6

- Estoy deseando llegar a París, ¿vosotras no?
- Pues claro, ¡qué romántico!
- Bueno, bueno, tú siempre igual con el romanticismo, ¡qué pesada! Vives en las nubes.
- Sí, sí, en las nubes... En París encontraré al chico de mi vida mientras vosotras perdéis el tiempo, como siempre. Entraré en un café y allí estará él, esperándome.
- Ya... esperando la cuenta para pagar y marcharse.
- Pues yo creo que pasearemos un montón, visitaremos museos magníficos y veremos muchas tiendas en los Campos Elíseos. Quizás compremos algo, ¿no?
- No, ¡qué va! París es carísimo, miraremos y ya está. Seguro.
- Bueno, tal vez tengamos dinero para comprar algo interesante, ¿no?
- Sí, tal vez compremos un diccionario de francés...
- ¡Qué graciosa!
- Compraremos los típicos recuerdos para la familia y ya está, lo de siempre.
- ¡De verdad! ¡Qué poca imaginación! Quizás subamos a la Torre Eiffel y allí...

[*Al unísono:*] Sí, allí conoceremos al hombre de nuestra vida.

23 Noticias sorprendentes

Avanzamos

7 y 8

1 Los países integrantes de la Unión Europea se han puesto de acuerdo para poner en marcha un plan estratégico para apoyar el desarrollo en África, tanto al norte como al sur del Sáhara. La estrategia se centra en la paz y la seguridad, el buen gobierno, el crecimiento económico y la inversión en las personas. En los próximos años, los países de la orilla sur del Mediterráneo obtendrán grandes beneficios gracias a este acuerdo.

2 Como cada año, la literatura científica ha continuado aportando pruebas del cambio climático y predicciones sobre sus consecuencias. Y sí casi todas estas son aterradoras. Ahora se ha descubierto que existe la posibilidad de que la desaparición de los hielos permanentes libere microorganismos potencialmente patogénicos que se han conservado frescos en los suelos helados durante millones de años y que pue-

den provocar enfermedades. En marzo, un equipo de científicos rescató de Siberia un virus hasta ahora desconocido y que ha resultado ser el de mayor tamaño jamás hallado. Después de 30 000 años bajo el hielo, este virus llamado *Pithovirus sibericum* volvió a la vida. Ha sido solo una advertencia, ya que el virus no es peligroso para los humanos. Pero otros podrían serlo.

3 Según un estudio reciente, la visión de hombres y mujeres no es igual. Las mujeres son mejores diferenciando los colores, mientras que los hombres tienen una mayor percepción de los movimientos rápidos y las distancias (algo que posiblemente provenga de las funciones primitivas de cada género). El estudio, dirigido por el profesor de psicología del Brooklyn College, Israel Abramov, ha investigado a adultos jóvenes con visión normal a través de una serie de pruebas.

Repaso 20-23

Escuchar

1

A: ¿Cómo es la bandera de tu país?

B: Pues es verde, blanca y roja. Tres franjas y, en la central, hay dibujada un águila.

C: La bandera de mi país tiene también tres franjas: en la primera hay un escudo y en la segunda, siete estrellas formando un semicírculo. ¡Ah! los colores son amarillo, azul y rojo.

D: La del mío es azul, blanca y roja, con una estrella a la izquierda.

A: En tu opinión, ¿quién es un buen representante de tu país?

B: Un ensayista, novelista y poeta, que además fue diplomático durante 20 años. Una de sus obras más famosas es el ensayo *El laberinto de la soledad*, donde reflexiona sobre aspectos de la cultura del país.

C: Aquí nació el autor de la *Gramática de la lengua castellana destinada al uso de los americanos*, publicada en 1847. Uno de los textos más importantes en la Historia científica de la lengua española. Además de filólogo, era poeta, humanista y político.

D: El primer Premio Nobel de Literatura en Latinoamérica lo recibió una escritora nacida en este país. Fue en 1945 y era poeta.

24 ¿Buscas algo?

Empezamos

1 y 3

1 Me llamo Laura, tengo treinta y cinco años y un hijo de siete. Acabo de mudarme a Madrid y estoy buscando piso. Necesito que tenga dos habitaciones y un estudio porque mi marido es abogado y trabaja en casa. ¡Ah! Busco algo que esté céntrico y bien comunicado.

2 Me llamo Rafa y quiero alquilar un estudio o apartamento que no sea muy grande, es para mí solo. Es imprescindible que tenga garaje.

3 Soy Manuel y estoy buscando un local en una zona tranquila para poner una clínica dental.

4 Me llamo Ana y estoy a punto de sacarme el carné de conducir. Busco un coche que sea pequeño y no muy caro.

5 Mi amiga Paz es arquitecta y está buscando trabajo. Quiere volver a trabajar después de un año sabático. Es una persona muy competente y que lleva trabajando muchos años.

6 Mi hermano necesita mejorar su nivel de inglés. Está estudiando Educación Infantil y le gustan mucho los niños.

7 Me llamo Luis. Estoy terminando de decorar mi casa y busco muebles que estén en buen estado.

8 Soy Sara. Tengo un sobrino de siete años y quiero hacerle un regalo.

Avanzamos

8

Laura: Yo paso tanto tiempo delante del ordenador que internet no me llama nada la atención.

Paz: ¿No? No puede ser, Laura. A mí me encanta navegar, ir de una página a otra… Lo uso para todo… Aunque a veces me pierdo y no sé lo que estaba buscando.

Manuel: Pues yo sigo prefiriendo leer en papel, por ejemplo, el periódico, ¿quién lo puede leer en internet?

Paz: Nadie. Tienes razón, cansa mucho. La verdad es que yo tampoco leo mucho. Busco más bien información concreta.

Luis: ¿Ah, sí? Pues yo seré un anticuado, pero sigo usando las enciclopedias, las Páginas Amarillas y escuchando la radio, y no quiero saber nada de páginas web.

Paz: Luis, siempre estás igual… Fíjate, yo no tengo ni radio en casa, y no la echo de menos. Prefiero mil veces la tele…

Laura: ¡Qué exagerada eres, Paz! Bueno, yo también veo bastante la tele, quizá demasiado, y… me gusta.

25 ¡Qué arte tienes!

Avanzamos

7 y 8

Antes del año 1000 todo el mundo piensa que el fin del mundo está cerca, pero después de este año hay un gran impulso en Europa. Hay un arte, el Románico, que es el primer arte de la unidad europea. Se pueden estudiar las manifestaciones culturales y sociales del Románico a través de sus ciudades, la defensa, los castillos y monasterios, la vida espiritual, etcétera.

Los estudiosos del siglo XIX dan el nombre de Románico al arte unitario que ven por toda Europa, es un arte que se ha producido en los siglos XII y XIII en los reinos cristianos de entonces, y le dan el nombre de Románico precisamente porque piensan que se parece mucho a la arquitectura que había en Roma. Ven, por ejemplo, que utilizan el arco y la bóveda con gran facilidad.

El Románico es un arte de integración. No solamente recoge lo que viene del río abundante de Roma, sino que es permeable a los distintos pueblos que rodean el Imperio, los pueblos bárbaros por el norte –como los visigodos–, Bizancio, y también las influencias árabes, que son notables.

Roma trajo a la Península Ibérica la forma más perfecta de organización humana que se conocía, el Estado, el estado romano con sus instituciones. La principal de todas era el ejército, que era el que garantizaba la ocupación de los distintos pueblos. Pero trajo también el latín, como lengua unificadora, muy moderna. Trajo el Derecho romano y, sobre todo, la obra pública. La obra pública en las ciudades, bien equipadas para sus habitantes, y en las carreteras, puentes y acueductos para dar calidad de vida a los habitantes del Imperio.

Tras la caída de Roma desaparece el Estado, desaparecen las ciudades y la vida se traslada al campo. Las vías de comunicación se debilitan y la gente queda aislada en un ambiente más rural. Como contrapunto al lujo del Imperio romano, la religión católica defiende el sufrimiento y el sacrificio.

Los cristianos están preparados para toda clase de sacrificios porque piensan que ya está próximo el fin del mundo con la llegada del año 1000.

Los visigodos se implantan en España tras la caída del Imperio romano. Es un pueblo que procede de la Bretaña francesa...

26 ¿A qué dedica el tiempo libre?

● Empezamos

1

En la cola del cine...

Marisa: Perdona, ¿tienes hora?

Raquel: Sí, son las seis y diez.

Marisa: ¡Qué tarde! ¡Siempre igual! A mí me gusta mucho venir al cine, pero siempre que quedo con mi novio llega tarde... ¡ahí viene!

Javi: ¡Perdona, perdona...! ¡Es que el metro ha tardado siglos! Si tuviera coche, llegaría antes a los sitios... estoy seguro.

Marisa: Vale, vale, me lo imaginaba... Sabes que me molesta que llegues tarde, no me gusta nada tener que esperar... Venga, ¿cuál vemos?

Javi: Pues, no sé. La de Emilio Martínez-Lázaro tiene que estar bien, ¿no? Dicen que es divertida...

Marisa: ¿Cuál? ¿*Ocho apellidos vascos*? Pues, que quieres que te diga, a mí no me gusta mucho ese humor...

Javi: Venga, vale. Entonces, ¿vemos *El niño*?

Marisa: ¿*El niño*? ¿De qué va?

Javi: Pues es una película de acción basada en hechos reales. Los actores son muy buenos...

Marisa: Es que no quiero ver una película de acción. A mí me gustaría ver una película chilena que se llama *Gloria*. Me han dicho que está genial, y además creo que le dieron un Goya, pero...

Javi: No sé si me apetece...

Taquillero: ¡Hola! ¡Buenas tardes!

Marisa: Dos para... no sé... ¿para el documental sobre Cuba? Seguro que en un par de semanas lo quitan de la cartelera.

Javi: Venga, vale... Dos entradas para *Suite Habana*, para la sesión de las seis y media.

27 Deje su mensaje después de la señal

● Empezamos

1

1 **Beatriz:** ¡Hola! ¡Buenos días! ¿Eres Daniel?

Daniel: Sí, soy yo.

Beatriz: ¡Hola! Soy Bea. ¿Está Sebastián por ahí?

Daniel: No, no ha llegado todavía.

Beatriz: Vaya... Es que tenemos una reunión a las 9.30 en la oficina, pero estoy en el médico y llegaré sobre las 10. ¿Puedes decírselo de mi parte?

Daniel: Sí, voy a intentarlo en el móvil. Hasta luego...

2 **Daniel:** Sebastián, llamó Beatriz a las 9. Dijo que teníais una reunión a las 9.30, pero que llegaría sobre las 10, el caso es que ya son las 10.30... Dijo que estaba en el médico...

Sebastián: Vale, gracias. No te preocupes...

3 **Beatriz:** Mario, ¿vienes esta noche a cenar a casa?

Mario: Vale, no tengo planes...

Beatriz: Tenemos setas... Tú, que eres tan buen cocinero, ¿sabes alguna receta fácil? Me ha preguntado Óscar si yo sabía alguna, pero no tengo ni idea... soy un desastre en la cocina...

Mario: A ver, déjame pensar... ¡Ah, sí! Hice el otro día una que vi en el periódico... vamos a ver si me acuerdo. Necesitas un vaso de...

Beatriz: Espera, espera, que lo voy a apuntar...

Mario: Yo puedo hacerla, si quieres..., voy un poco antes y ya está. Tú, compra vino de Oporto, queso de Cabrales y... nata líquida. Supongo que ajo, sal y pimienta tienes, ¿no?

Beatriz: Sí, sí... Vale, genial. Llamo ahora mismo a Óscar y se lo digo...

4 **Beatriz:** Óscar, soy Beatriz, ya tengo la receta de las setas. Al final, Mario viene a cenar... y la hace él. Me ha pedido que compres vino de Oporto, nata líquida y queso de Cabrales. El resto, lo tenemos. ¡Hasta luego!

5 **Julia:** ¿Está Mario?

Diego: No, ha salido un momento.

Julia: ¿Han aprobado el presupuesto?

Diego: Pues, no lo sé. Podemos buscar en esta carpeta... Mira, aquí están los impresos... pero no, no están rellenos... llévatelos si quieres y ven dentro de media hora, que ya habrá vuelto Mario.

● Avanzamos

9 y 10 58

■ El servicio contestador automático le informa de que tiene cinco mensajes: Mensaje número 1. Recibido el día 2, a las 20 horas 35 minutos:

¡Hola Clara! Soy Vanesa, ya veo que no estás en casa y el móvil está desconectado... Era para decirte que el sábado es el cumpleaños de Coque y vamos a cenar todos en su casa. Llámame para decirme si puedes venir. Un beso.

■ Mensaje número 2. Recibido el día 3, a las 10 horas 5 minutos: Este es un mensaje para Clara. Soy Almudena, de Iberia Viajes. Ya tienes confirmado el vuelo a Dublín. Puedes pasarte la semana que viene a recoger los billetes, ¡ah! y que no se te olvide el resguardo que te di cuando hicimos la reserva.

■ Mensaje número 3. Recibido el día 3, a las 11 horas 50 minutos: Buenos días, este es un mensaje para Clara Cifuentes. Le llamamos de la librería Gamero. Esta mañana ha llegado el libro que encargó. Ya sabe que lo tiene reservado dos semanas, hasta el día 17. Hasta luego.

■ Mensaje número 4. Recibido el día 3, a las 16 horas 10 minutos: Buenas tardes, soy Joaquín de la empresa Todo Reformas. Les llamo para avisarles de que el lunes 14, a las 9 de la mañana, vamos a ir a pintarles el techo del cuarto de baño. Les dejo nuestro número de teléfono para que nos confirmen que va a haber alguien en casa ese día. Es el 956 57 34 20.

■ Mensaje número 5. Recibido el día 4, a las 9 horas 20 minutos: Este mensaje es para Clara Cifuentes. Le llamo de la revista *MAX*. Hemos recibido su currículum y nos gustaría mantener una entrevista con usted la próxima semana. Llámenos para concretar día y hora. Nuestro número es el 949 34 78 20. Pregunte por Mariam Seco.

● Escuchar

7 59

Entrevistadora: ¿Quién es para usted Mario Vargas Llosa?

Esther Muñoz: En mi opinión, y aunque casi sea un tópico, es uno de los escritores hispanoamericanos más importantes de la segunda mitad del siglo XX, junto a Julio Cortázar, Carlos Fuentes y Gabriel García Márquez.

Entrevistadora: ¿Cuál es el reflejo del reconocimiento internacional?

Esther Muñoz: En primer lugar, sus obras han sido traducidas a muchísimas lenguas y ha ganado los mayores premios literarios internacionales, entre ellos el Premio Biblioteca Breve y el Premio Cervantes en 1994. Y un año después fue elegido académico de la Real Academia Española. Ah, se me olvidaba lo más importante, recibió el premio Nobel en 2010.

Entrevistadora: Desde el punto de vista técnico, ¿cuáles son las características de sus obras?

Esther Muñoz: Vargas Llosa es un innovador vanguardista. Utiliza recursos originales y las técnicas más novedosas de la novela contemporánea, por ejemplo, introduce varios narradores, mezcla varias historias o líneas argumentales, superpone planos espacio-temporales, incorpora el monólogo interior...

Entrevistadora: ¿Qué temas trata en sus novelas?

Esther Muñoz: En general, sus obras reflejan la sociedad peruana, con todos sus conflictos de tipo racial, sexual, moral y político. Por ejemplo, la acción de su primera novela *La ciudad y los perros* transcurre en un colegio militar en Lima, un ambiente cerrado que resume la corrupción y la violencia del mundo actual. En dos de sus novelas posteriores, la objetividad con que refleja la sociedad peruana deja paso a una línea argumental más lúdica y humorística. Estas novelas son *Pantaleón y las visitadoras*, en la que un capitán del ejército debe organizar un servicio de prostitutas para los militares que están en la selva. Y la otra, *La tía Julia y el escribidor*, donde narra episodios de su primer matrimonio y sus comienzos literarios.

Entrevistadora: ¿El estilo de estas novelas está menos cuidado que el de las novelas más "serias"?

Esther Muñoz: Sin lugar a dudas, no. Técnicamente son igual de complejas que el resto... solo que los temas son más... más ligeros.

Entrevistadora: Personalmente, qué prefiere ¿las novelas más serias o estas más divertidas?

Esther Muñoz: Tengo que reconocer que, cuando empecé a leer *Pantaleón*, no me gustó mucho el argumento, me pareció de mal gusto. Me molestó que mezclara el tema de la prostitución con los militares. Después de 20 páginas, cambié de opinión. Me gustaría que la gente leyera esta novela... ¡es tan divertida!